"六位一体"
课程创新系列

从课程创新到
学校育人创新

超越自我
担当未来......
——北京一零一中学自主课程实验的创新探索

丛书主编：李 奕 杨德军

CHAOYUE ZIWO
DANDANG WEILAI

BEIJING YILINGYI ZHONGXUE
ZIZHU KECHENG SHIYAN DE
CHUANGXIN TANSUO

主编：郭 涵 熊永昌

北京师范大学出版集团
BEIJING NORMAL UNIVERSITY PUBLISHING GROUP
北京师范大学出版社

图书在版编目(CIP)数据

超越自我　担当未来：北京一零一中学自主课程实验的创新探索/郭涵，熊永昌主编. —北京：北京师范大学出版社，2016.12
("六位一体"课程创新系列)
ISBN 978-7-303-21314-6

Ⅰ. ①超… Ⅱ. ①郭… ②熊… Ⅲ. ①课程建设－教学研究－高中 Ⅳ. ①G632.3

中国版本图书馆 CIP 数据核字(2016)第 238110 号

营 销 中 心 电 话　010-58802181　58805532
北师大出版社高等教育分社网　http://gaojiao. bnup. com
电 子 信 箱　gaojiao@bnupg. com

出版发行：北京师范大学出版社　www. bnup. com
　　　　　北京市海淀区新街口外大街 19 号
　　　　　邮政编码：100875
印　　刷：大厂回族自治县正兴印务有限公司
经　　销：全国新华书店
开　　本：730 mm×980 mm　1/16
印　　张：19.5
字　　数：310 千字
版　　次：2016 年 12 月第 1 版
印　　次：2016 年 12 月第 1 次印刷
定　　价：42.00 元

策划编辑：路　娜　　　　责任编辑：齐　琳　李会静
美术编辑：焦　丽　　　　装帧设计：焦　丽
责任校对：陈　民　　　　责任印制：陈　涛

自主·创新·活力·特色

——写在北京市普通高中自主课程创新实验六年之际

　　北京市在 20 世纪末已普及高中阶段教育，在 21 世纪如何寻求新的增长和突破，打破"应试"与"同质"两大顽疾？2007 年开始的高中课改，为我们提供了一个涉及课程体系、学校管理、考试、评价、升学制度、教师教学行为、学生学习行为等方方面面系统变革的载体。焕发学校办学活力，促进高中学校特色发展，实现高中教育战略转型，必须从"课程"这一学校教育的核心要素入手。我们抓住以学生发展为本的改革目标，突出学校以课程建设为核心内涵的特色发展，坚持结合实际，打破束缚，鼓励创造性地实施高中课程，重点推进具有前瞻性、引领性的创新项目，不断探索创新、彰显特色。自 2008 年上半年开始，我们陆续在解决新课程促进学校特色发展、信息化与教学方式变革、通用技术课程建设、完全自主安排新课程等方面启动重点项目。特别是结合国家级体制改革试验，开展了高中自主课程实验和高中特色建设试点项目，以促进高中学校的特色发展和多样发展。

　　高中自主课程实验，是依据教育发展基本规律、高中阶段教育性质和功能、高中课程的基本特点，在相应政策保障前提下开展的促进学生、教师和学校发展的，以课程建设为核心的以校为本的综合性实验。该实验是在全市平稳推进高中新课程实验过程中，根据北京市高中学校实际，力图探索高中课程创新、增强北京市高中教育活力、形成北京市基础教育课程改革特色的系统设计。在工作方面，力图通过学校自主申报和教委批准一定数量的学校在高中课程改革的背景下进行适当"赋权"

的自主创新实验，探索高中新课程改革实施的多种途径和可能实现的突破，促进实验学校学生全面而有个性的发展、教师的专业发展和学校的特色发展，丰富北京市高中阶段优质教育资源供给，把握教育需求与资源供给矛盾解决的有效方式，探索高中教育新的增长点和发展方式，发挥在整体实验中的示范、带动和引领作用。在研究方面，力图揭示学校课程结构、课程体系构建和运行的基本规律，课程丰富性、选择性与多样人才培养、人才培养模式变革的内在机制，学校课程整体建设与学校特色发展的基本关系，高中阶段教育价值与独特定位和学生发展的突出特征，为新时期高中阶段教育重点和难点问题的突破奠定基础。

实验推进以"研究引领、行政推动、学校自主、区域共享"为基本思路，在学校层面主要采取以校为本的行动研究法，同时辅之以经验总结法、个案研究法、调查研究法等方法协同推进。实验以项目管理的方式委托北京教育科学研究院基础教育课程教材发展研究中心进行整体的规划、研究、实施、跟踪、监控和提供相关业务支持，并建立了较为规范的常规管理制度、联系人制度以及校际交流、年度总结、调研反馈、资源共享等保障机制。实验的主要过程包括：（1）筹备阶段：进行理论研究和实验设计，系统梳理高中新课程基本理念、主要内容、推进思路、世界经验等，研究高中课程的"自主创新"与"实现路径"，初步形成"六位一体"整体性课程创新实验框架。（2）首轮实验：指导10所学校围绕"六位一体"设计、论证和开展实验，厘清学校育人目标、办学理念、发展定位，分析学校课程需求、课程基础、课程资源，课程创新政策、制度空间和基本条件等，重在课程结构设计、适宜性调整和创新实施。（3）二轮实验：强化实验顶层设计，进一步清晰行动路径，新增13所学校开展实验，指导学校在课程结构、内容整合、课程实施等方面加大探索力度，设立专项并建立机制，规范过程管理，加强课程资源和成果总结。（4）三轮实验：对首批实验学校进行周期复审，追踪第二批学校实验，梳理周期成果并推广，尝试在更大范围开展实验，直接促成义务教育阶段课程创新实验——"遨游计划"的开展，进一步开展实验的纵深研究。

六年的实验极大地增强了实验学校的办学活力，形成了首都高中"六位一体"课程创新模式，即基于课程方案和课程标准的"课程目标自主、课程排课自主、课程内容自主、课程实施自主、课程评价自主、课程主体(选择)自主的'六位自主'和以三级课程整体建设为核心"的整体性学校课程创新(一体)。建构了针对学校课程体系的基本分析框架,探索了课程创新与学校特色发展的动态互促机制,指导实验学校形成了促进学生全面而有个性发展的课程体系,围绕课程创新实验开展了高中阶段教育价值和基本定位、多样化人才分类培养、学校整体课程结构科学性与合理性、整体课程框架下的教与学模式变革等系列专题研究,形成了具有北京特色的高中阶段课程创新实体,积累了一批高质量的辐射全市的课程资源,拓展了以课程建设为核心的新的研究问题和实践领域。实验在高中学校、区县及市内外发挥了积极的示范和引领作用,受到教育部、兄弟省市区和北京市区县的广泛关注和一致肯定。

课程实验是一种有目的、有计划、有步骤的研究活动,又是一种现实的学校教育教学实践。六年两轮实验,我们突出在研究的基础上推进学校以课程创新为核心的系统变革,强调实验研究的规范性和专业力量的支持,并组织专家组对实验进行现场的周期复审,全面梳理学校的实践探索和创新经验,形成这套周期研究成果的报告丛书。丛书展现了实验学校六年的研究历程、学校关于实验价值和课程建设的思索、实验取得的实际成效、存在的不足和以后的发展方向,既体现学校鲜明的个性和特点,又蕴含北京市高中课改的价值取向和基本思考。更为重要的是,通过实验的先期摸索,为我们对高中课改重点和难点问题的突破提供了方向和思路上的启示,同时拓展了课改深入发展中的新问题和实践领域。随着实验的深入推进,我们在研究视角、研究内容、研究方式和研究成果等方面都有不同程度的突破和创新,努力使实验推进有思想、有智慧、有实践、有创新、有远见、有魄力。

在深入推进教育综合改革的新阶段,自主课程实验担负着更为重要的历史使命。我们需要从课程这一学校育人的核心载体出发,努力践行立德树人,加强社会主义核心价值体系教育;需要在创新人才培养、育人模式变革、满足学生个性化教育需求方面进行更深入的探索;需要在学业水平考试和综合素质评价、学科考试、文理融通、外语等科目社会化考试等方面理出新的思路;需要在进一步增强学生的社会责任感、创新精神和实践能力,促进学生的身心健康、体魄强健,提高学生的审美和人文素养方面有更强针对性的措施。站在阶段节点上审视过去、展望未来，自主课程实验对于教育发展将被赋予更多的改革意义和期待。此套丛书的出版，意味着在新时期我们的高中学校应以一种主体的姿态进行自我发展的突破和超越，走以课程创新为核心的可持续发展之路，并在改革中体现应有的责任与担当。期待在教育领域全面深化改革的新形势下，更多的高中学校能自信地开展持续深入的以校为本的课程改革实践，遵循教育发展的基本规律，注重改革的系统性、整体性、协同性，努力构建既具有首都特色、充满活力，又有利于学生全面而有个性发展的课程体系，促进学生和教师共同成长，促进高中教育教学质量的不断提高和学校办学特色的形成，全面推进素质教育的实施。

李 奕

2014 年 11 月 3 日

前言

北京市自 2007 年 9 月起在高中起始年级全面实施高中课程改革，其核心在于通过课程改革变革人才培养模式，发展学生的创新精神和实践能力。为确保实验工作的顺利进行，市教委决定在部分普通高中学校进行自主课程（排课）实验。

在综合考虑办学条件、师资力量、管理水平等多方面因素的基础上，北京一零一中学申请成为该实验项目的实验校。结合学校实际情况和北京市课程改革样本校的职责，北京一零一中学确立了进行自主安排新课程实验的整体思路：实事求是、稳步推进、全面贯彻、自主创新。北京一零一中学的自主课程实验重视持续的积累和稳步的改进，以渐进和自我完善的方式实施课程改革，高理念引领，低起点切入；高情感投入，低风险推进；高效果培训，低重心研究。努力做到：目标明确、精心准备、科学规范、有序推进。同时，基于校本目标发展和特色创新，学校积极探索和解决实验工作中的各种问题，提出具体可行的实施办法，建立以校为本的教研制度和在学校层面发现问题、研究问题、解决问题的工作机制，从而创造性地实施普通高中新课程方案，达到实验与验证、研究与探索、启示与服务的目标。

北京一零一中学以教育内容改革、课程结构改革、教与学方式的改革、考试与评价体系改革以及课程管理制度的改革为目标优化学校课程体系与结构，不断提高课程建设水平和课堂教学质量，并取得了一些成绩。在课堂教学探究方面，打破常规授课模式，教师与学生的互动性显著增强。学校始终以实现学生的自我教育为宗旨，不断丰富和完善新的课程体系，提供多样化的课程设置，着力培养学生的创新实践能力，促进学生全面发展。

在自主课程实验的第二阶段，通过总结第一阶段的经验，第二阶段的自主课程实验开展得更为深入，结合国家级教育体制改革项目——高中特色发展项目，北京一零一中学将自主课程实验的阶段目标定位为：体现自我教育特色的课程改革实验，探索体现自我教育理念的育人模式。学校建构起了体现自我教育特色的学校课程体系，探索出了国家课程校本化实施的有效途径，促进了学生的多元化发展和学校的特色化发展，力争在市、区教委的领导下，明确目标，精心准备，科学规范地实施此次自主课程实验。

目 录
CONTENTS

第一章

学校课程建设的历史回眸

张家口市立中学校门（1948年）

师大门洞（1949年）

长师大附中中学二部门口留影
（校址在北京宣武胡同）

晋察冀边区联合会体育部分

摄中全体教职员合影

张家口市立中学第一届运动会体育生

冰上嬉戏（1959年）

体育课（1958年）

Beijing 101 Middle School
北京一零一中学

游泳课（1960年代）

参观双桥农场（1951年）

历史沿革
Historical Development

北京一零一中的前身是中国共产党于1946年3月在晋察冀边区创办的张家口市立中学。1946年9月张家口市立中学、市立女中、回民中学做为张家口，摆脱战争的炮火硝烟辗转于太行山区，于11月安扎根北河北晋建屏县（今平山县）左、西黄坊村、三校合并为晋察冀边区联合中学。

1947年8月晋察冀边区工业交通学院预科及晋察冀边区农业专科学校部分转入"联中"

1948年1月迁至石家庄市郊柏林庄村

1948年8月原晋察冀边区师行学校合并学校合部合并，更名为华北育才中学，9月学校革命迁往河北省平平县城南河

1949年3月华北育才中学迁域河口迁入北平

1948年8月北京师范大学预科中学合并成为师大附中二部

1950年经师范革命理批准，在师附属师范再恢复建校务，1951年迁至师师附明中视对

1953年9月改名为北京师范大学第二附属中学

1955年更名为"北京一零一中学"

新生入学（原载于1963年第11期《人民画报》）

自流井

部门初校长参加教学课同学演红江花

一、学校办学的历史使命和发展历程

1946 年 3 月，北京一零一中学的前身张家口市立中学诞生于华北重镇张家口市，三个月短暂的和平之后，作势要吞没中华大地的战火便熊熊燃起。从此，一支由几百名文弱书生和年幼学生组成的奇特师生部队便开始了颠沛流离的避战生涯。炮火袭扰，追兵紧逼，头上敌机盘旋；缺衣少食，饥寒交迫，死亡时刻困扰。然而，苦难不曾使他们倒下，恐惧没有让他们掉队。他们衣衫褴褛，面黄肌瘦，斗志依然昂扬，精神依然饱满，他们唱着嘹亮的战歌，行走于冀中大地。他们始终没有忘记自己的责任，黄泥村、柏林庄，一路走来一路读。废弃房舍布置的教室，土坯垒成的书桌、板凳，锅烟涂成的黑板，石灰制成的粉笔，他们克服一切困难，发挥聪明才智，创造教学条件。教师依然是满腹经纶的教师，尽力用心地教课；学生还是求知探索的学生，如饥似渴地学习。战火的洗礼，让这所学校、这支队伍愈加坚强、乐观、豁达，它最终华丽转身，发出了时代的最强音！作为党在老解放区创办并迁入北京的唯一一所中学，1946 年至 1949 年短短四年间，北京一零一中学前身经历了四次重要的校舍转移，在硝烟淬火、辛苦辗转中，不断地成长壮大，在革命战争年代所形成的不怕困难、自强不息、乐观向上、勇于担当的精神，奠定了北京一零一中学特殊的革命传统、文化基因与精神底色。

(一)求知探索规模初具

1946 年，国共两党签订停战协定，暂时的和平为社会带来了新气象。应广大干部要求，中共晋察冀中央局和晋察边区政府决定在河北张家口成立一所市立中学。临危受命要白手创办这样一所具有政治和现实双重意义的学校的，是有着丰富的教育和办学经验、延安大学原教务科长郝人初。1933 年从北京师范大学教育系毕业后，他就只身投奔延安，抗战胜利后随边区政府来到张家口。

张家口市立中学(图 1-1)初定的位置是在日本人之前的一个大兵营中，因为那里有相对较好的房子。此后，不断有延安优秀的教务人员来充实张家口贫乏的教学资源。当时几乎各地都有干部教员来到这里，有鲁迅文学艺术学院、延安大学的优秀教员，也有平津地区大学毕业的进步青年，最终组成了一支八九十人的、师资力量相对强大的教育队伍。此外，郝人初还派了一些人赶着小毛驴去延安，将部分书籍驮运回来，丰富了教学资源。

图 1-1　（1946 年）张家口市立中学校门

1946 年 3 月 20 日，张家口市立中学正式开课。学校的教学体制正规，分设初中和高中，课程全部仿照当时北平、天津的教育体系。不仅如此，学校还制订了初步的教学计划，建立了包括课堂教学、考试、班主任管理等方面的较完整的规章制度。教员们也组织编写了各个年级的教材。这一切保证了学校教育教学的顺利开展。短短两个月的时间，这所市立中学就已经初具规模了。

初建的张家口市立中学首批招收了 519 名学生，共分为 8 个班，其中高中班 1 个，初中班 7 个，后来又先后成立了师范班、地方干部班和文艺工作班等。学生中，有的是张家口市人民群众的子女，有的是来自国民党统治的"平津"以及其他地区的进步青年，有的是我党各部门干、军、烈属子女，还有一些是参加革命的"红小鬼"。就这样，不同背景、不同阶层的学生构成了北京一零一中学历史上的第一批学生。

（二）身经战火毅然前行

1946 年 6 月，国民党反动派撕毁停战协定和政协协议，发动全面内战，大举向中国共产党领导的解放区进攻。当时，国民党调集大批兵力，从东、西、北三面进攻张家口市。我军根据中共中央的战略部署，决定暂时撤离张家口市。1946 年 9 月，晋察冀边区党政领导决定张家口市立中学、女子中学和回民中学三校师生由郝人初同志组织、率领撤离张家口市，大军区授予"新保安部队"番号并发给部分枪支弹药，以保证学生安全。三校学生，自背行装，徒步行军千里，途径察哈尔、河北、山西三省七县，于 1946 年 11 月抵达老解放区河北省建屏县（今平山县）东的西黄坭村。中共晋察冀中央局和晋察边区政府 1946 年 11 月下达命令，张家口市立中学、女子中学和回民中学正式合并，更名为晋察冀边区联合中学（图 1-2 为晋察冀边区联合中学学员合影）。1948 年，晋察冀边区联合中学又和晋冀鲁豫边区的行知学校中学部合并，更名为华北育才中学。到 1949 年北平和平解放前，学校一直在战争环境下坚持开展教学工作，经历过好几次大规模、远距离的行军转移。在行军转移途中，教师们克服教学环境动荡不安、教学设施简陋的困难，根据学生情况，自编教材、自制教具，仍然坚持教学工作。这一时期的教学，也可称之为"行走中的教学"。

图 1-2 晋察冀边区联合中学学员留影

在重重困难面前，师生们从没放弃，他们清楚地知道自己肩膀上所承担的历史使命有多重，他们清楚地知道将孜孜不倦学习的精神传承下去的意义有多重要，他们清楚地知道即便在战火纷飞中也要将文化传播和发扬光大的责任感有多强。这样的一群人，这样的一代人，肩负着传播文化知识、发扬民族文化、提高国民修养、建设祖国的历史使命，一步步从过去走来，而这种面对困难不低头、不放弃、永不言败的精神在北京一零一中学越来越强大。

二、学校课程建设的早期实践与探索

在北京市 2007 年 9 月全面实施高中课程改革之前，北京一零一中学针对课程改革实验方面进行了许多尝试与实践。例如，早期的"因材施教"改革、"共振实验"实践等，正是早期的实践探索经验，为北京一零一中学实施高中课程改革积累了宝贵的经验、奠定了坚实的基础。

（一）初进北京时的教育改革实践

1949 年 3 月 8 日学校迁往北京。1955 年 9 月，学校隶属北京市教育局，面向全社会招生，定名为北京一零一中学。从 1960 年开始，学校进行了一系列的教学改革，结合实际经验，反复讨论了"因材施教"教学工作中碰到的棘手又必须解决的"五大关系"。

1. 教书和育人的关系

经过讨论，学校教职员工普遍认识到"育人"是"教书"的出发点和落脚点。我们培养的人是德智体美劳全方面都能得到发展，有社会主义觉悟、有文化的劳动者。因此，每一个教师心中都应当立下一个德智体美劳全面发展的培养目标，并用这个目标指导自己的教学工作，而不能只管教授知识，不管学生思想和身体发展。我们培养的人要参加生产劳动和科学实验工作，教师传授知识是为了使学生会用，培养学生掌握知识和训练运用知识的能力，而不是为了考试分数。因此，不少教师定期了解学生的学习状况，查看学生作业上的错误，分析学生有哪些知识缺陷以及为什么会出现这些缺陷，从而做到有的放矢、有详有略地教书，使教学更好地与学生实际相联系。

2. 书本知识和实际应用的关系

过去各科教学中，存在着只重视书本知识灌输，忽视培养学生运用知识解决实际问题的能力的倾向。教师讲什么，学生背什么，最后也就考什么。不少学生死记硬背，不会实际运用。20 世纪 50 年代初期，学校提出要重视培养学生理论联系实际能力的问题。书本知识的传授和实际应用的教学环境相辅相成，教师传授书本知识的目的是为了使学生掌握并知道如何在实际中应用这些知识，反过来具有实际应用价值的教学环境也会帮助学生深刻理解抽象的书本知识。为了使书本知识和实际应用能切实联系起来，各个教研组根据实际情况，制定不同的教学方式。例如，物理、化学组注意培养学生的实验能力，使学生能够对各种简单的电学仪表、各种器皿等做到熟练使用。生物组在讲授遗传知识时，把课本中的实验在实际中进行操作，使学生深刻理解遗传结果。数学组重视学生对计算尺、平板仪等的使用，人人进行实地测量，真正做到人人会用。这一系列举措，都很好地使学生将抽象概念变得具体、清晰。

3. 重点和一般的关系

在以往的教学工作中，各科齐头并进，教材主次不分，学生课业负担过重，结果都不能学好。教师认识到这不是抓主要矛盾的方法，必须抓重点带一般，强调语文、数学、外语、物理、化学的重要，并不妨碍学好其他课程，而且只有学好工具课程和基础课程，其他课程才有可能学好。各科教材也只有揭示和掌握其中的重点、难点等关键部分，其他部分才易于掌握。基于上述认识，地理、历史、生物等组提出"改进教学，提高质量，减轻学生负担，保证学好主科"的口号。主科的教学也强调突出重点，讲清楚最主要的东西，使学生掌握要领，并启发学生思考，腾出时间做练习，有利于减轻学生负担，提高教学质量。

4. 统一要求和承认差别的关系

同一个班的学生在接受能力上存在差异。经过研究讨论，教师认为，应在统一要求的基础上承认差别化培养。经过摸索，教师们在讲课和指导学生课堂练习方面，注意从大多数学生的接受能力出发，提出基本的统一要求，在这一基础上兼顾好学生和学困生的需求。例如，数学课在布置课堂练习时，教师一方面指导学困生，另一方面给能力较好的学生补充适量的习题，使得能力强的学生可以充分发挥自己的积极性，而学困生也可以逐步提高学业成绩。

5. 教师主导作用和调动学生学习积极性的关系

教师应是课堂的主导者，起到引导课堂方向，促进课堂进行的作用，但这种主导作用绝不是"一言堂"，更应体现在教师对学生学习积极性的调动上，教师必须通过持久的工作，帮助学生明确学习目的，端正学习态度，养成良好的学习习惯，改进学习方法，从而达到高效课堂的效果。为此，教师们总结了优秀学生的学习方法：一是课堂上精力集中，用心思考，自己提出问题，并主动回答教师提出的问题；二是做练习时先复习，领会教材，后做作业，注意准确，达到熟练；三是及时订正作业中的错误，自觉检查分析作业中的缺点。在教学中，各位教师按这几点指导学生，学生按这几点要求自己，有利于培养良好的学习习惯，提高学习效果。随着教师逐步提高教学思想，改进教学方法，学校的教学质量也得到了明显的提高。

1965年，为了加大教学改革的力度，由王一知校长主持，在初中、高中各招了两个班，进行全日制学校半工半读的试验，目的是学习马克思关于教育与生产劳动相结合的理论，更好地贯彻教育方针，培养体脑结合的全面发展的新人。当时采取"三自愿"（教师、学生、家长）的原则进行试验。半日学习，半日劳动，要求学习质量不低于全日制，这一教育改革的尝试不到一年，因"文化大革命"的开始而夭折。

（二）以研领教的"共振实验"改革实践

课堂教学是传授知识的主要渠道，学生的学习主要在课堂。因此，提高课堂教学效率是提高教学质量的重要环节。而要提高课堂教学效率，除去要做到常规要求外，还必须不断改进教学方法和教学手段，加强课堂教学研究，变经验型教学为科学型教学。为此，1991年，学校成立了教科研室，由主管教学的副校长负责。教科研室参加了海淀区"三个面向"教学实验，确立了我校课堂教学"共振效应"的主课题，即课堂上通过教师与学生双边双向，高质量、高效益的思维活动，进而产生教与学的"共振效应"，使学生的自主性、活动性、创造性得到发展。教科研室创办了"共振小报"，每月出版一期。每年举行一次教学年会，邀请获得优秀论文奖的教师登台宣讲科研成果，同时把评出的优秀论文装订成册，以便进一步学习和研究。

同时，学校通过研究课、评优课等形式扩大教学研究领域，并请有关专家和兄弟学校教师听课、评课。同时还组织我校教师到外校听课，参加研讨活动，沟通教学信息，拓宽教学改革思路。为了培养学生的创造性思维和动手操作能力，教学工作突出了实验教学的功能，在实验室教师的努力下，实验室的使用率大大提高。研究与教学的融合极大地促进了教学的科技含量，提高了教学质量。

（三）实践与探索的经验总结

任何一个时期改革的实践与探索，都是书写了崭新的历史篇章，都是一笔宝贵的财富，为持续发展与后续改革提供了丰厚的思想积淀与经验教训。北京一零一中学在早期的实践与探索中，始终秉承着一切为了学生的教育思想，不断完善学校的制度，提升教师的素质，为培养出德智体美劳全面发展的学生而努力。

1. 不忘历史使命，培养学生正确的世界观、人生观、价值观

北京一零一中学经历了战火的洗礼，感受了民族存亡时刻国人奋起拼搏的精神，体会了国破家亡之时仍不废琅琅书声的坚持。在更好的教育环境下，学校努力为国家培养有担当、有责任感、传承历史底蕴的未来接班人。北京一零一中学不忘历史使命，在不断的实践探索中，保持优良传统，紧随教育教学改革步伐，完善学校改革目标，壮大优秀教师队伍，为教育教学实施提供有力保障。学校将学生世界观、人生观、价值观的培养放在首位，因为学生的价值取向决定了未来整个社会的价值取向，而学生又处在"三观"形成和确立的时期，因此，抓好这一时期的"三观"养成重要且有益。

2. 正视改革实践，学校、教师、学生三方共同努力

任何时期的课程改革与实践，都是为了促进学校、教师、学生的发展而进行，因此需要协调这三方面的力量来共同努力。以课堂教学为主阵地，实施有效教学，提高课堂教学效率，以推进素质教育，培养学生的创新精神和实践能力，让学生全面发展。在这一过程中，学校是实施改革的主体，需要为教学提供有效的政策方案，让教师与学生在教学活动中实现"教学相长"。在实践中，我们发现长期僵化、呆板的课堂教学形式不仅影响了课堂教学效果，而且严重阻碍了教师专业化成长，教学难以相长，因此在有学校提供便利的同时，教师应该完善自身的能力，改变原有的教学模式，不单单依靠学校政策单一的转变，而是从根本上进行改革。学生应该将学习看作是一种精神追求，而非外界所给予的压力。学校、教师、学生三方面的共同努力，才能使改革实践发挥其应有的作用，而不是一句口号，更不是治标不治本的面子工程。改革实践不仅仅体现在学校的教学环境、硬件设施上的更新换代，更主要的是使学生学习的课堂成为优质课堂，教师的教学成为优质教学，使教学达到优质、高效、高境界的教学要求，让学生得到更好的发展，满足社会、国家对优质教育的需求。

纵观改革历程，我们不断总结、不断进步，新的时代有很多新的挑战，也有很多新的机遇，在这个背景下，北京一零一中学以自身为表率，把自身与国家、民族的命运紧密联系在一起，不忘初心，不忘历史使命，为培养高素质、高水平的学生而努力，为学生在纷繁复杂的社会中泰然处之而努力。

三、新时期学校课程建设的问题与思考

学校课程改革的本质就是创造新的课程文化，高中新课程特别强调以下几种文化的体现。

一是以群建共享为特征的合作文化，强调课程的开放性。要求专家、教师、学生、家长、社会人士都作为新课程合作共同体的一分子，应尽可能保证他们之间有合作的机会，并建立合作的机制。二是以民主协商为特征的对话文化，强调课程的民主性。学生需要什么样的课程，不能让某个专家或某一群体的人来决定，需要社会各界人士的对话与协商；尽可能创造各种机会，让课程专家与学科专家、专家与教师、专家与社会人士代表分别参与对话，或让他们共同参与对话。三是以实践创新为特征的探究文化，强调课程的科学性。新课程改革鼓励因地制宜地进行不同程度的课程创新，制订相应的计划或方案；在课堂或实施层面，要求教师依据课程标准，创造性地进行教学，反对经验主义和本本主义，确保课程对学生、学校、地方的适应性。

学校课程文化的重构是一个复杂而漫长的过程，需要学校对课程改革和特色发展进行深入细致的研究与分析，定位准确、方向清楚、科学实施。也需要学校在整体改革配套工程还不太完备的状况下创造性的开展工作。北京一零一中学从实际出发，不断深化课程改革，不断解决课程改革中出现的新问题、新挑战。学校的各个方面得到长足的发展，构建起了体现学校自我教育理念"重基础、层次化、生成性、系列化"的学校课程文化。学校的整体教学质量不断提高，连续多年在市区高考排名中名列前茅，2010年被评为首届全国科技教育创新十佳学校。与此同时，学生的整体素质也不断提高。实践取得的成功并没有使学校停止探索的脚步，我们不断反思学校课程改革中存在的问题，进行思考，以期为后续的课程改革提供更多的可行经验。

(一)学校课程建设中遇到的问题

1. 追求"教育公平"带来的困难

不同学校之间在办学理念、价值观等方面存在文化冲突。以前我们强调，中小学校长要尽可能多的认识学生、了解学生，知道学生的当前情况，但就现在的规模来看，要做到这一点尤为困难。北京一零一中学在全面培养学生的同时，追求的是精致教育、卓越培养。但是新校区、分校刚刚起步，有效教学方式尚未完全形成，师资力量也还尚不完善，再加上不同地域的特点、生源的质量、校区的境界等外部环境也都存在显著的不同，或多或少地带来了很多文化和价值观的冲突，使得工作开展起来非常吃力，很多问题单靠一所学校很难解决。名校带多校，促进教育公平化固然好，但究竟怎样才能保证和谐发展，使原来的教学理念得以延续，是值得思考和研究的。

2. 教师激励制度不够完善

随着课程改革的不断进行，学校和社会对教师的要求越来越高，不仅要求教师要更出色地完成原有的知识教授任务，还需要教师从各个角度全方位地拓展自己的视野和能力，增强综合教育素质；在保证学生完成学业的同时，也需要关注学生的身心健康，适时恰当地开展心理疏导等工作。例如，一个教师作为一个班的班主任，需要负责两个班的课，还要承担各种选修。其中选修又是一种动态过程，涵盖科研、社会实践、各种课程开发、课题研究、学生社团、竞赛指导……没有人真正用尺度衡量过一个教师的工作量到底有多少。在这样的情况下，教师工作的边界无节制地扩大，使得教师倍感疲劳，倦怠感也难以避免地有所上升。此时，有效的激励手段是缓解教师倦怠感的手段之一，而学校缺乏的恰恰就是伴随不断课程改革而改进的激励机制。激励机制的滞后使教师倦怠感无从缓解，从而影响到课程改革地顺利进行。没有良好的激励机制，对于建立良好的管理基础、推进课程改革都是不利的，也是课程改革过程中急需思考和解决的一个重要问题。

3. 课程改革与"顶层设计"的配合问题

一个学校的课程改革乍听上去是该学校自己的事情，进行课程改革的是自己的领导，进行教学的是自己的教师，进行尝试和学习的是自己的学生，但这只不过是狭隘目光下的课程改革，是存于宏观政策下的具体措施而已。因为很多时候改革方向的把握、配套机制的建设、相关政策的制定，都不是基层学校靠自己的热情和能力能办到的。学校希望达到学生的综合发展要求，满足学生日常生活拓展的需要，希望他们有更多的社会实践经历来丰富自己的社会经验和实际解决问题的能力，希望培养他们更多的兴趣爱好，发展自己的潜力，但是这些想法放置于宏观的教育政策和制度下，就必须束手束脚，难以施展。例如，面对考试制度，它像一个风向标一样指引着教学方向，但也束缚着学校的课程改革方向。因此，顶层设计应该去设计更宏观的问题，如果在这些专业问题上管得过多过细，难免陷入官僚主义。顶层设计出现偏差和混乱，学校的具体课程改革和发展就会受到损失。如何整合学校的课程改革，使其符合整体教育制度的大方向也是学校需要进一步考虑的问题。

(二)教育转型面临的问题

改革其实质就是一种转型，随着当代中国社会的转型，特别是现阶段经济发展方式的转变和经济结构的调整，教育正面临着新的严峻挑战。经济发展对各级各类教育提出的需求变化，国际信息化潮流对我们传统课堂教学可能带来革命性的影响，多元化社会中独生子女的学校教育出现新的特点。当前的教育发展只有及时进行转型，才能实现真正意义上的教育现代化。

教育转型应该是传统教育向现代教育的转变。现代教育应把育人放在首位，主要通过培养人、发展人来建构和完善社会主义的市场经济和现代社会，以推动中国社会全面进步。具体说，教育面临什么样的转型？大致归纳为以下四个方面。

1. 办学理念的转型

教育是在人的发展与社会需求之间架起的桥梁，所以办教育必须面向社会。因此，我们在人才的培养上，必须特别清楚，核心能力的培养到底是怎样的标准，并能相应改变人才的培养模式。

2. 发展路径的转型

当前高中招生制度的大幅度改革以及我们未来的高考科目的改革，进一步引发社会对高中教育定位的争论。目前看，高中教育还是基础教育，不是大学预备教育。高中教育既然是国民素质教育，就必须为未来社会奠基。所以，我们在课程的设计，在各个方面的发展路径都要转型。

3. 育人模式的转型

后现代主义教育观焕发中国教育新的风貌与个性活力，尊重学生、强化特色、创新教学、凸显人文已经成为高中教育发展的价值取向，促进着课程范式发生质的转换。而当前的数字化学习也从技术角度变革着学校教育的模式，越来越多的学校重视学习资源库的建设，微视频、翻转课堂、交互式学习……一系列数字化学习方式进入到课堂。

4. 教育管理的转型

教育的转型要求我们每个领域的管理更加科学、务实和高效，既要有顶层设计又要充分尊重基层的创造性。教育有其自身的规律，要防止官僚主义的瞎指挥。教育管理的转型要改变过去一统到底的行政思维，教育主管部门要和校长、教师坐在一条板凳上，多研究、多探讨。

(三)对学校课程建设的思考

面对改革，我们原有的培养模式还有没有生命力？从现在来看，新的形势显然超出了我们的经验值，弄清楚变与不变，要看到改的地方，同时要看到必须坚持的东西。教育界有很多新的举措，这些举措是进步？是发展？还是仅仅是一种变化？这些举措是不是有价值？我们必须有独立的思考和清醒的判断。

1. 努力构建适合本校特点的课程改革方案

基础教育变革越来越趋向于学校，学校的改革和发展越来越依赖于自主决策和主动创新。在改革中应该注意两点。第一，学校是具体的实践者，设计任何方案不能流于表面。现在是三山五岳的概念、五湖四海的观点，我们在其中穿越，对我们都有影响，但究竟要选择哪个方案，哪个方案更适合自己的学校，就需要我们保持清醒的头脑。例如，有的学校在设置选修课的时候主要从考试科目出发，进一步将课程进行拓展，认为这样的选修课一方面能够让学生体会书本上没有的知识，另一方面也加强了对考试科目的学习，一举两得。北京一零一中学的选修课还是坚持课程内容的多元化，从物理竞赛讲解，到航模研究，再到面点制作，只要有教师能讲，有学生想学，选修课就可以开。第二，要有独立思考的能力，知道自己该做什么，不该做什么，不要靠别人给我们提供标准。借鉴他人的同时要保持清醒理智的头脑，不能一味学习典型学校，模仿标杆学校，每个学校都具有不同的特点，也有不同的需求，照搬照做的模式不见得对学校有利，从自己的实际出发去感悟、去设计是非常重要的。例如，有的学校实行全面选课走班小班化教学，这样的方式对于北京一零一中学来讲是存在困难的，四万平方米，四千学生，没法全部实行小班化的选课走班教学，只能实施有限制的选课走班。所以，我们倡导主动创新、实事求是和独立思考的精神。既不能故步自封，也不能贪吃冒进、随波逐流。

2. 树立正确的改革方向，扎实稳健实行改革

改革是完善，是改掉不好的做法和行为模式，但好的原则和目标依然要保持住，守住根本依然是有必要的。教育改革的思路是不立不破，首先要立，立的思路是基层真实的教育活动，在能够立好的前提下，再去破，不管立还是破都要有自己的想法和不断分析研究，要在世界的坐标中去找自己的定位。把握课程改革的正确方向，坚持十年育树、百年育人的教育道路，坚决主动有序推进全面深化自主实验课程改革，使知识真正改变命运，实验改革真正惠及学子，使一代代英才崛起，中华振兴的脚步越走越稳健，使教育强国之路越走越宽广。

3. 结合学校特色优势，细致深入优化改革

有了改革思路，结合学校特色优势，才能更好地形成有利于学校发展的创新举措。北京一零一中学在历史中徐徐前行，在新时代不断创新，以沉淀下的特色优势与时代变化要求相结合，实践出一条适应于自身发展的改革道路。在自主课程实验下，强化教学，规范管理。一是按照教学管理科学规范的要求，全面梳理和修订教学管理文件，完善教学管理体系。二是狠抓常规教学管理，落实学校教学校长、教研组长等领导听课制度、评课制度以及期初、期中、期末"三查"制度。三是加强课堂教学管理，对学生听课效果、课堂秩序、校风校纪等问题进行重点梳理和解决。凝心聚力，真抓实干，奋力推动学校事业持续发展。

4. 积极推进与新课程相适应的教与学方式的变革

探索新的适应高中新课程的教与学的方式是新课程理念落实到课堂的关键环节。传统学习方式把学习建立在人的客体性、受动性、依赖性的层面上，从而导致人的主体性、能动性、独立性的不断销蚀。转变教与学的方式就是要构建旨在培养创新精神和实践能力的学习方式及其对应的教学方式。在课堂教学中要注重培养学生的批判意识和怀疑精神，鼓励学生对书本的质疑和对教师的超越，赞赏学生独特性和富有个性化的理解和表达。要积极引导学生从事实验活动和实践活动，培养学生乐于动手、勤于实践的意识和习惯，切实提高学生的动手能力和实践能力。

第二章

学校教育的价值追求和发展定位

一、学校的办学理念与育人目标

北京一零一中学办学的价值追求与办学理念应该经得起历史的推敲，担得起育人的重责。随着时代的变迁、岁月的洗礼，学校仍朝气蓬勃、奋发向上，秉承着"百尺竿头，更进一步"的学校精神，为基础教育发展探索出新思路，为培育时代骄子贡献力量。在国家宏观政策的支持下，坚持始终如一的学校价值追求与办学理念并非故步自封，而是坚持办学精神不动摇，探索课程改革，不断创新发展，为延续名校传统而不断完善，为培育全面发展的学生而继续努力。

(一)"为了每一个学生的发展"的办学理念

北京一零一中学始终在追求这样的教育：促进每一个学生生命个体的健康成长。什么是真正的教育？这一直是我们在现实教育实践中不断思考的问题。外界中不乏对于真教育的探讨、定义，而北京一零一中学一直坚守着这样一种朴素的教育理想：为了每一个学生的发展。"每一个"说明学生之间有差异，我们不能忽视这种差异，而是要针对这种差异，进行因材施教，挖掘每个学生的潜能；"为了每一个"则是学校的使命，体现的是学校以人为本的教育价值观，全面协调可持续发展的质量观，确保学生成为学习的主体的学生观，打造学生终身受益的基础素养；"为了每一个学生的发展"则是说当学生把3年的学习生涯托付给学校时，学校能尊重学生健康成长的权利，让学生的人生理想从这里起步，知识基础从这里奠定，精神气质从这里形成。"促进每一个学生生命个体的健康成长"这一办学理念，以学校教育为主，联合家庭、社会，围绕学生不断践行；同时也为学校各个环节的工作开展提供了指导方向，一切为了学生，为了一切学生，努力办成人民满意的学校。

(二)"培养具有担当意识和能力的未来杰出人才"的育人目标

高中教育是基础教育的特殊阶段，是学生"三观"（人生观、世界观、价值观）形成的关键阶段，是落实社会主义核心价值观和影响学生人生价值取向的重要阶段，同时也是承上启下的教育层次，具有高度关联性的教育层次或阶段。高中教育一方面能够影响义务教育的发展，另一方面也关系着高等教育的改革与建设，因此学校需要有准确而坚定的育人目标，才能使基础教育优越发展，为高等教育输送人才。学校的发展依托于学生的成长成才，我校自成立之初就设定了"培养具有担当意识和能力的未来杰出人才"的育人目标，并以此为核心开展各项教育教学活动。育人目标的设立源于我校对历史的继承与对社会的责任担当。

70年历史的锤炼，铸就了北京一零一中学独特的精神风貌，自强不息、不辱使命的责任意识，百尺竿头、更进一步的核心价值。这种历史赋予我们的使命感要求我们做到全面育人，使学生健康成长。十年育树，百年育人，北京一零一中学在历史的风雨中接受洗礼，在时代的变迁中不断强大，用民族责任、教育智慧和强大实力形成了延续至今的教育内涵，这样的一所学校培养的人，一定具有它的精神特质，将学生培养为具有担当意识和能力的未来杰出人才的育人目标正是精神特质的突出体现。使学生意识到作为时代的储备人才、国家建设的栋梁人才，他们所需要表现出的担当和能力是至关重要的。社会进步的脚步敦促着我们培养的学生要更加优秀和强大，要丰富他们的精神世界，增加他们的文化底蕴，拓宽他们的国际视野，而这一切的前提是要让他们感受、了解进而主动去担当，承担起他们肩上的责任。每个学生都是学校的骄傲，都能成为未来杰出人才。北京一零一中学也将这一理念践行到育人行动中，我们相信，具有担当意识和能力的学生，一定能够发挥他们的优势，真正成为未来杰出的人才。

具有担当意识和能力的未来杰出人才需要学会学习、学会生存、学会关心、学会创造。学会学习是让学生拥有学习能力，这种能力可以指导他们获取知识、掌握知识、运用知识，并不断地创造精彩。学生在成长过程中，始终处于一种不断学习的状态，学会学习将有利于他们应对变化，可以做到根据自身的知识认识问题，通过自身的能力解决问题。学会生存是让学生掌握走出校园后的生存能力，磨砺学生的生存意志。生存能力可以指导他们在竞争激烈的社会环境下自力更生，生存意志有利于强大他们的精神意志，使其具备坚韧不拔的精神，因此使学生学会生存也是学校的育人方向之一。学会关心是让学生能够富有爱心、同情心，博览圣贤书的同时，心系国情动态、社会发展，懂得知识的武装可以选择正确的道路，仁心的必要使道路更加笔直、宽广。学会创造是让学生在强强竞争的今日，探索出属于自己发展的道路。创造亦在指导学生走向更广阔的世界，以其独特的视角、认真的态度为社会创造价值，并成就自身的价值。

二、学校的办学策略与特色定位

（一）坚持"守正出新"的办学策略

面向全体学生，促进全面发展，这是我们学校几十年来一以贯之的办学传统。尊重科学与规律，努力适应外部环境并推动人的身心健康发展，追求理论和行动的统一是学校秉承的做法。北京一零一中学的教育还要坚持"守正出新"的办学策略。所谓"守正"就是综合理想、规律和现实的因素，坚持教育理想、基本理念不能动摇，遵循教育规律、人才成长规律和教师成长规律。北京一零一中学有着优良的历史传统以及丰富的教学、德育经验。传统的历史以及文化的积淀对于北京一零一中学来说无疑是一笔宝贵的财富，这些传统和经验亦需要发扬光大，尊重历史、延续文化精髓将促进学校发展，做到事半功倍。"守正"不仅让我们直视到了学校的发展特色，也使我们不能忽视学校的现实资源情况。学校坐落于文物遗址，不具备扩建的可能性；而作为海淀区所属的大校，学生人数众多，因此进行小班授课，根本不可能实现。

"出新"就是特色，重点在观念出新，在学校进行课程改革的机遇中推出新观念，探索新途径，为改革注入源源不断的新鲜血液。例如，在教师培训方面创新出"链式项目"，该项目不是以教科书单纯地去讲授，而是专家引领名师，名师再带领青年教师，以此形成一个类似链条的模式，在该模式下就一个主题不断地进行研讨，提升参与其中个体的实践价值及学术价值，让这些教师学到书本上学不到的知识与思想。因此，学校的特色理念是高举自我教育大旗，让学生过全面而有意义的生活，为学生的幸福奠基，培养未来担当人才。"出新"除之前阐述过的以外，在以下两个方面也能有所体现。

第一，学生工作方面的创新。这一点的创新主要是突出学生主体的自我教育，与学校的发展定位相契合。首先对学生应该有一个全面、具体的认识，然后针对学生不同方面的特色，加以正确的引导、支持。同时依靠学生的自治，给学生自我施展的平台，学生自主建立健全各级学生会、各类社团等学生团体组织；依托于学生团体组织，学生自主开展活动，实现自我教育。

第二，教学工作方面的微创新。实施"年级＋书院"的教学管理模式。年级和班级的作用是基础学习和主题教育，书院作用是个性化的培养，激发学生学习兴趣，综合发展。年级和书院各有各的功能，纵横交织、同时存在。在课堂教学模式的改革方面，学校依据自我教育的理念，开展不同层级的导学研究，探索了问题导学、学案导学、自我导学等教学模式，最终实现生态智慧的课堂。

（二）打造"自我教育"的办学特色

学校致力于打造"自我教育"的办学特色，在实践中进行人才培养模式的研究，希望通过自我教育理念的内化，更好的促进学生成长成才。依靠全面深入开展课程建设、创新教学管理机制、德育与教学课程的设计和实施，在教育教学过程中不断探索渗透自我教育理念的有效方法和策略，培养学生良好的自我意识品质和较强的自我教育能力，全力构建学生在学校学习、生活中的主体地位，唤醒学生自主发展的潜能，激发和引导学生不断提高自我教育的意识和自我认识、自我要求、自我践行、自我评价的能力，使学生的发展获得持久的内驱力，积极自主地向着身心健康、德才兼备、勇于担当的目标不断努力，为终身学习和发展奠定基石，使其成为社会主义的优秀主人，成为敢于担当、善于担当的未来人才。

学校构建了体现自我教育理念的"三层八维式"课程体系。国家课程、地方课程进入到一所学校之后，就必须改造为学校课程。从这个意义上说，只有学校课程，没有抽象的国家和地方课程。学校已经根据"培养具有担当意识和能力的未来杰出人才"的育人目标，依据"自我教育"的理念指导，搭建了一个自己的课程体系，试图用几年甚至更长的时间完善、完成，将特色成为特点，使特点促进发展。学校对校本课程的定位是促进学生全面的、个性的、自主的、健康的发展，彰显学校特色只是水到渠成的副产品，关注点不是看开出多少门课、有多新奇独到，而是课程建设过程中学生的发展及教师教育能力、境界的提升。

三、自主课程实验的背景与目标

北京一零一中学希望通过自主课程实验实现学校自我教育的特色发展。学校以自我教育理念为指导思想，逐步建设起可支撑的课程体系和行之有效的管理模式，进一步完善德育和教学课程，搭建自我教育理念下的学校课程体系，实现育人目标；开展自我教育理念下的学科教学模式研究（以专题研究的形式进行），在部分学科、部分年级初步探索出在课程实施层面体现自我教育理念的教学模式，探索出德育过程中体现自我教育理念的新途径、新方法；进行年级与书院结合的"经纬式"教学管理模式实验，在以"自我教育"理念为核心的人才培养模式以及拔尖创新人才的早期培养方面积累一些可供推广的经验。

自主课程实验背景下，高中教育改革是讨论的重点和难点，高中教育的定位及其改革具有一个"牵一发而动全身"的重要性，要求学校认真研究、稳步推进。因此，我校在自主课程实验背景下，坚持学校的价值追求与发展定位，结合改革方针，制定了适应于改革发展的新举措。

（一）自主课程实验的背景

高中教育之前的主要定位在于为进入高等教育做准备，所做的一切都紧跟高考步伐，教育内容也主要定位于知识的传授与掌握，但在培养综合能力方面所做的工作较少。但现在，学校教育和高中教育的价值和功能都在发生着变化。其原因如下。

1. 时代的呼唤

我们已经进入了一个经济全球化的时代，中国在与世界各国竞争和合作中谋求发展。这也是一个信息的时代，人们的工作方式、学习方式、生活方式乃至思维方式也在发生翻天覆地的变化。在这种背景下，教育方式不得不改。知识经济体制导致科技、教育在社会和经济发展中处于重要地位，甚至起着基础性、先导性和关键性的作用。而且新的时期是一个多元化的时期，理解、交流和对话成为重要的沟通方式，教育的内容和方式也在接受着多元文化的挑战。教育也逐渐在建设创新型国家和人力资源强国中担当了重任，必须培养具有创新精神和实践能力的人才。当今时代，科技迅猛发展，知识日新月异，为教育的发展提供了条件和可能，同时也对教育提出了新的要求。而高中教育是基础教育的一个重要阶段，对人的知识和能力的形成具有重要的作用。只有推进高中课程改革，才能进一步推进义务教育的课程改革，真正提高基础教育的质量。

2. 世界范围的教育改革浪潮对我国教育改革的压力

为了提高综合国力和竞争力，20世纪中后期以来，世界各国政府都十分重视中小学课程改革，并在政策上将其作为关系国家、民族生存与发展的重大问题优先考虑，各国人才培养的追求目标和策略变革也迫使我国高中教育紧跟国际步伐，顺应国际潮流。

3. 全面推进素质教育的必然要求

要全面实施素质教育，从根本上说必须使传统的基于工业化社会的教育适应信息化社会的需要，在强调科学文化知识传授的同时，树立以人为本的理念，加强人文教育和个性化教育，促进学生的身心和谐发展，全面提高学生的综合素质。

4. 提高高中教育质量的客观需要

随着社会进步和教育的发展，现行基础教育课程存在的问题和弊端日益突出，如学校教育中过分注重知识传授，课程内容"繁难偏旧"，并且过于注重书本知识，脱离了学生经验等。这些问题制约了我国高中教育的发展，必须进行改革。

(二)自主课程实验的目标

课程内容是高中教育的重要部分，在高中教育改革的大背景下，自主课程实验也势在必行。2007年9月，北京市在高中起始年级全面实施高中课程改革。国家教育部、北京市教委关于高中新课程的文件指出：高中新课程实验工作，要积极稳妥地推进；要充分尊重每一所学校的积极性和创造性，赋予学校合理而充分的课程自主权。为确保实验工作的顺利进行，市教委决定在部分普通高中学校进行自主安排新课程实验。作为北京市重点中学、北京市示范性普通高中，北京一零一中学不仅具有悠久的革命历史和光荣的革命传统，而且在实施素质教育、办人民满意的学校的进程中取得了优异成绩。学校对此次高中课程改革进行科学定位，即课程改革是基础教育人才培养模式的一场深层次、全方位的改革。同时，这场改革并不是完全否定已有的教育模式，而是在继承中发展、修正、充实、提高和完善原有的教育模式，改革的过程应该是波浪式的量变性前进。

根据教育部《普通高中课程方案（实验）》以及北京市《普通高中课程改革实验工作方案（试行）》的精神，同时基于学校办学理念与办学目标，北京一零一中学自主安排课程实验的目标包括三个方面。

1. 实验与验证

作为北京市课程改革样本校，北京一零一中学必须认真执行教育部和北京市制定的改革方案，稳妥、积极地推进高中新课程改革；同时制定符合学校自身特点的改革方案，在学生发展、课程结构、课程实施环境、发展性评价体系等方面，充分利用课程改革赋予学校"合理而充分"的课程自主权，创造性地实验与验证国家高中课程方案。

2. 研究与探索

普通高中课程改革是基础教育人才培养模式的一场深层次、全方位的改革。同时，这场改革并不是完全否定已有的教育模式，而是在继承中发展，在修正中提高，实践与研究、探索与完善相结合。北京一零一中学将在校本课程、综合素质评价、学分制管理等方面，以促进学生全面发展、教师专业化发展和学校自主性发展为具体目标，研究与探索校本改革的经验与模式。

3. 启示与服务

在这场具有先导性、必然性的改革中，北京一零一中学将把课程改革作为实现自我创新、自我超越的发展机遇，和参与课程改革的专家学者、行政领导以及兄弟学校一起，勇于担当应负的责任，积极面对和解决改革中出现的种种问题，并从中凝练出具有规律性、普适性的改革经验与模式，为带动北京市，乃至全国的高中课程改革的深入开展提供启示与服务。

北京一零一中学的自我教育课程建设应达到这样的目标：为学生的未来幸福提供具体的基础性准备，不断满足并进一步引发学生多样化的学习兴趣和个性发展需求；在课程建设过程中促进教师专业能力的发展，提升教师职业满意度和成就感；通过开发系列校本课程，形成鲜明的课程特色，使学校发展成为学生自主求知和生命成长的快乐天地、教师专业成长和价值实现的理想场所。从以自主课程建设实现学生多元发展，推进学校特色发展的指导思想出发，根据学校的办学思想，将学校自主课程实验的目标分解为学生发展目标、教师发展目标和学校发展目标三个维度。

第三章

自我教育理念下的学校课程构建

学校课程构建是一个复杂的系统工程，我们始终都在探索之中。北京市目前运行的经验与模式将会对各个学校的课程改革起到重要的示范和借鉴作用。学校课程改革难度很大，需要不断地在解决矛盾中形成新的思路和举措，需要学校依据自身的特点构建学校课程体系。这不仅需要上层努力创造条件，给不同层次的学校设计不同的发展空间，分层次、个性化，让每所学校找到生长点，更需要学校自身根据宏观政策导向，依托自身经验，结合区域特点，实行学校课程构建。

　　北京一零一中学实行的学校课程构建的理念是：自我教育。自我教育的目标之一是学生的自我实现。践行自我实现的有效途径是学生对课程和方式的选择，学校必须搭建可供学生自我选择、符合自我教育理念的课程体系，每一门课程都必须渗透自我教育思想。同时，对于学生的自我认识、自我规划、自我管理等相关能力的获得还需要"生涯规划、德育主题课程群"等相关课程的支持。

一、自主课程的定位与路径

为加强对课程改革工作的领导和指导，提升学校实施高中课程改革的能力和水平，积极、稳妥、全面推进高中课程改革，全面提高办学质量，北京一零一中学根据国家教育部普通高中课程改革计划和市、区教委实施高中课程改革工作的重要指示，认真研究，仔细谋划课程建设的定位和路径。

(一)课程建设指导思想和原则

北京一零一中学的课程建设坚持全面贯彻党的教育方针和《国家中长期教育改革和发展规划纲要(2010—2020年)》，遵循中学教育发展的基本规律，坚持自我教育理念为指导，转变教育思想，更新教育观念，结合人才培养模式改革的不断深入，以体现时代精神和社会发展要求的人才观、质量观和教育观为先导，实现教学内容和课程体系的优化，处理好理论与实践、基础与应用、知识与能力、继承与创新的关系，以促进学生知识、能力与素质的协调发展，以有利于拔尖创新人才的培养。通过精品特色课程的建设，带动学校整体课程的建设，为学校自我教育特色发展奠定坚实的基础。在课程建设整体框架形成的过程中，以促进学生自主多元发展为目标，坚持下列五项原则。

1. 以人为本，为了学生和教师

课程建设要以解决学生自主多元发展和教师专业化发展所面临的问题为指向，教师既是课程开发的主体，又是最终的受益者。教师的专业发展是学校特色形成的前提，也是学生自主、多元发展的必然保障。因此，教师专业发展是学校课程开发的必然追求，学生的个性发展是学校课程开发的终极追求。

2. 实事求是，基于学校和教师

课程建设应充分考虑学校实际及教师的意愿和能力，因需开发，实事求是。课程开发和管理要讲求实效、科学的原则。教师参与课程设计，倡导旨在问题解决的合作、探究与共享的开发策略。

3. 开拓创新，合理整合区域资源

课程建设要拓宽资源，要从校内走向校外。学校南接北京大学，东

邻清华大学，处在中关村高科技园区，长期以来与中科院和国内外知名专家学者联系密切，要利用好这些宝贵资源开发特色课程。

4. 科研引领，尊重科学坚持研究

新课程实验是一项理论性和实践性较强的工作，需要坚实的教育科研支撑。学校要利用各种资源，成立专家顾问委员会，在充分借鉴教育研究部门及新课程理论研究成果的基础上，激发和调动广大教职工实验新课程、研究新课程的积极性。同时，为了更好地实施新课程改革，做好各项具体工作，我们将问题课题化，组织全校教师进行分级课题研究，在新课程改革实验中提升教师的科研能力。

5. 循序渐进，讲求实效稳步推进

新课程方案的实施是一个复杂的系统工程，标志着高中整个办学目标、课程内容、课程结构、管理模式、评价方式等一系列的转变，学校在具体实施过程中不可急躁冒进，必须有计划、有步骤、分重点地逐步推进。高理念引领，低起点切入；高感情投入，低风险推进；高效果培训，低重心研究。

基于以上指导思想和原则，北京一零一中学融合本校的"自我教育"这一办学特色，细化学校近期、中期、长期的自主课程实验的目标和规划，根据学生特点、需求以及学校的资源，从促进学生全面发展、教师专业发展、学校特色发展的目标出发，积极发挥本校教师的资源优势，大力拓展校外资源，主动构建校本课程，全面整合国家课程、地方课程，完善学校的课程结构，搭建可实施自我教育、满足学生多元需求的课程体系。

自主课程实验是学校实现自我创新、自我超越的发展机遇，结合学校实际情况和北京市自主课程实验校的职责，北京一零一中学进行自主课程实验的整体思路是：守正出新、稳步推进、促进发展、彰显特色。自主课程实验基于学校特色发展的目标定位，基于学校人才培养的目标定位和学校特色创新，积极探索和解决实验工作中的各种问题，提出具体、可行的实施办法，建立以校为本的教研制度和在学校层面发现问题、研究问题、解决问题的工作机制，从而创造性地实施普通高中新课程方案，达到实验与验证、研究与探索、启示与服务的目标，满足可供学生实现自我教育的途径。

(二)课程建设的具体目标

基于"为了每一个学生的发展"的办学理念和"守正出新"的办学策略，根据整体的课程建设目标，学校制定了《北京一零一中学新课程改革开发与管理方案》，内容包含：教学队伍建设、教学内容建设、教学方法和手段建设、教材建设、实验建设、管理模式创新。学校课程建设希望实现以下三个方面的具体目标。

1. 学生层面

通过培养学生的兴趣、爱好，为学生提供发展个性特长的空间，奠定终身学习与发展的基础。学生是教育教学活动的主体，学生的主体作用即教师"以生为本"，发挥学生的主观能动性，促进发展的过程。发挥学生主观能动性的前提是让学生产生学习的兴趣，让学生对自己的活动做出自我选择和自我决定，引导他们利用自身的个性特长持续发展、进步。

拓展学生的知识领域，培养创新精神和实践能力，为拔尖创新潜质学生提供发展平台和空间。在教育教学活动中，学生的学主要是掌握人类认识的成果和经验，凭借自己的智能去了解掌握他所尚未知晓的知识，并能运用它们，就应算是创造力的表现。学校提供给学生广阔的知识平台，帮助他们去了解、探索新领域，开发学生无限的创造性。

学习和掌握科学的基本知识、基本技能和方法，培养学生的科学态度和精神。学生在学习的过程中需要通过教师的"教"逐步掌握知识、技能和方法，通过运用知识、技能和方法发挥自身的主观能动性，学习科学知识，并形成科学的态度和精神。

提高学生的思想品德修养和审美能力，陶冶情操，增进身心健康。激发学生学习的积极性、主动性，在学习过程中重视对思想品德修养、审美能力的提高，让学生成为一个品行高尚且具备高雅审美能力的全面发展的人，同时也要注重学生身心健康的发展，通过有意义、富有艺术性的主题教育来陶冶学生的情操，丰富学生的精神生活。培养学生的团结协作和社会活动能力，使学生热爱生活，适应社会。

2. 教师层面

提高教师为学生发展服务的教育意识；为教师专业化发展提供机会和平台，提高其课程意识和课程开发能力；发挥教师在教科研及教学中的主导作用；鼓励教师在科研中求发展、求创新、求成长。

3. 学校层面

提高学校发展的内在动力和自我更新能力，形成课程资源开发和整合的特色；进一步实验和验证学校课程的合理性、科学性和适应性；努力构建自我教育理念下的一体化学校课程模式和立体课程结构，形成学校课程特色、进而强化办学特色；通过特色书院课程群的建设和实施，探索拔尖创新人才的培养模式与内涵。

通过学校课程建设，形成"重基础、层次化、生成性、系列化"的学校课程文化，促进自我教育理念下的人才培养。"重基础"指高质量完成国家规定课程和地方课程，并且校本化实施部分国家课程，关注基础知识和技能、基本方法和行为、核心价值观的教和学。"层次化"指课程体系包括国家课程的拓展、教师专长的课程展示、学生个性需要的课程开设，三者相辅相成。"生成性"主要指校本课程在培养学生兴趣、搭建学生个性发展和教师综合素质平台、形成学校课程文化等方面的作用。"系列化"指建设八大领域三十二个系列的学校课程，并实现课程目标、课程资源、教学方法的整合。围绕课程建设生成的学校课程化，为学生的自我教育搭建了基础平台，保证了自我教育理念的实行。

（三）课程建设的策略选择

合理的课程建设策略是实现学校课程改革的保障。北京一零一中学在总结前期课程实验和对学生需求与资源环境认真分析的基础上确定了以下的课程建设策略。

1. 精品化战略

用精品化战略去缓解需求与资源的矛盾。课程建设必须避免走向"兴趣主义"，确保学校课程的质量。北京一零一中学实施课程建设的分步规划：近期建设合格课程，中期推进优秀课程，长期打造精品课程。近期建设合格课程是指围绕课程设计原则首先构建合格课程框架，在学校全面统筹下，从学校实际情况、教师意愿出发，在近期实现合格课程建设。中期推进优秀课程是指通过前期合格课程建设的积累，根据学生的反馈情况，甄选出优秀课程，并总结优秀经验进行推广教学实验。长期打造精品课程是指该精品课程适应学校现状，满足教师在"教"的过程中与学生互动性强，使学生不仅可以了解所学知识，更能掌握学习方法，有利于学生的长期发展。精品课程是近期、中期课程建设的成果，经得起反复推敲与实验，是学校为适应时代发展而不断积累的课程精华。

2. 核心化战略

用学生核心能力培养要求去指导学校课程建设。通过对中学生核心能力与素养的研究与梳理，在充分关照学生个性需求的基础上，重点关注中学生核心能力的构建与培养，特别是在资源相对有限的现实条件下，以此确保课程供给的效益最大化。学生是一个有自己独立思想、情感和个性的有血有肉的人，学校不可能根据一种课程形式把学生塑造成完全符合学校要求的标准产品。产品统一化、模型化的教学目标，只能给学生个性及主体精神带来极大的限制。学校的课程建设应该是多层次、多维度的满足对学生核心能力的培养，实现课程建设真正满足学生需求、适应学生发展、有助于学生快速成长。

3. 结构化战略

用体系化构建去推动三级课程的融合。我们认为：学校课程必须是一个有机的整体，三级课程不能各自为阵，需要相互融合与补充，只有这样才能更好的为学校的育人目标服务，更好的体现学校的特色。结构化战略的意义在于以整体思想统筹管理三级课程，实现内在价值与外在价值的统一，进而应用于学校课程建设。

4. 特色化战略

用特色课程群去引领和彰显学校的特色发展。学校的特色发展需要特色课程的支撑，北京一零一中学在促进学校特色发展方面运用了特色课程群的概念，构建了多个方向的特色课程群，以书院管理的模式去推动学校的特色发展。特色课程建设围绕学校传承的课程而展开，不仅可以促进学生有效地学习特色知识，也可以使学校的精髓得到传承。

(四)课程建设的具体途径

课程建设应该形成一个有效的整体框架，环环链接才能实现课程目标，它包括资源积累、整体规划、教与学方式的选择、课程实施方案、课程评价。资源积累是指充分利用校内外各类资源，形成多样化的学校课程资源系统，不断进行课程资源的积累和课程特色的培育；整体规划则需要着眼于学校课程的理念与目标，规划出适合学生个性发展需要的学校课程；教与学方式的选择则要根据时代特点、社会发展与学生实际的课程内容，进行教学方式和学习方式的选择与变革，充分发挥师生的独立性、自主性和创造性，引导学生在实践和研究中学习；课程实施方案的设计要依据课程的实施形成开放的空间；课程评价要着眼于学生的个性发展和能力提高，要从指导思想、课程意识、课程能力、师生参与程度、师生创造性的发挥、学校特色等方面对学校课程进行全面的评价。北京一零一中学以自我教育理念为指导，细化学校近期、中期、长期的自主课程实验的目标和规划，根据北京一零一中学的中学生特点与需求以及学校的资源，从促进学生全面发展、教师专业发展、学校特色发展的目标出发，积极发挥本校教师的资源优势，大力拓展校外资源，主动构建校本课程，全面整合国家课程和地方课程，完善北京一零一中学的课程结构，搭建可实施自我教育、满足学生多元需求的学校课程体系。

学校制定了《北京一零一中学课程建设与开发方案》，以优化学校课程体系与结构，深化课程教学改革为目标，不断提高课程建设水平和课堂教学质量，在构建自我教育特色的校本化课程体系、国家课程校本化的有效实施及校本课程的开发、管理、实施上都做了大量的工作，促进了学生的多元发展和学校的特色发展，主要从以下途径推进学校课程建设。

1. 完善自我教育特色课程建设的管理机构

学校制定《北京一零一中学自我教育特色课程建设方案》，并成立了课程处，课程处主要的工作就是统筹自我教育特色课程开发，组织建立自我教育课程发展专家组。其中，专家组负责课程开发的理论引领和整体设计。自我教育特色课程是我校经过多年课程建设总结的主题课程建设，将自我教育理念贯穿于学校课程建设中，专门的管理机构通过专家组的指导进而统筹管理，有利于自我教育特色课程的构建和实施。

2. 提升学校的课程领导力、教师的课程理解力和执行力

学校加强课程建设的科学规划，为教师的课程开发提供思想、制度和资源的支持。采取积极的评价、适当的物质和精神激励等为教师课程建设的专业发展和改革诉求找到支撑点和生长点。更重要的是，通过研讨交流、典型榜样等方式，培育一种合作、对话、反思和慎思的课程文化，并通过文化内化形成教师个体自觉的行为方式，这同样需要一个长期的过程。

3. 着力研制国家课程校本化实施策略

制定《北京一零一中学国家课程校本化实施标准》，从教学内容、教学策略、评价标准等多个维度深入整合国家课程，制定出教、学、评多维细目表。

4. 多途径开发校本课程

校本课程具有对国家课程和地方课程的有益补充和拓展加深功能。要充分实现这一功能，决定于所开设的校本课程的质量、课程实施的水平，而非简单地归为校本课程的数量。北京一零一中学通过选修课程模块化、社团活动目标化、德育活动系列化，开发贯穿高中全学程的"大文化选修课""STS 系列选修课""荣誉课程"，将高中阶段发展性、提高性的知识组合为大量短小的"微型课程"，为学生提供一个个性发展的选修课程平台。学生将在这样一个平台上自主进行选择性学习，根据自己的兴趣、爱好自主"点菜"，实行"菜单式"的个别化课程管理模式。

同时，校本课程在教学方式、学习方式以及评价方式等方面具有很大的自由空间，能够很好地促进教师专业化发展，可以说是教师进行行动研究的"自主实验田"。据此，北京一零一中学将在校本课程的具体实施方面推出一批具有特色的教师研究和实践的成果，教学组织形式实行全年级或跨年级的走班制。

二、学校课程的结构与体系

北京一零一中学在国家课程结构的系统思想指导下，总体课程建设主要包括四个方面：一是从学生发展需要出发，结合学校育人目标，整体规划学校课程建设，全面整合三级课程，完善学校八大领域三十二个系列的课程体系，搭建"三层八维式"课程结构；二是国家课程和地方课程的"校本化"，对国家课程和地方课程进行拓展、加工和整合，从而"校本化"地实施国家课程；三是推进国家课程和地方课程之外的课程，即校本课程建设，校本课程开发的着眼点不同于国家课程，国家课程开发注重课程的基础性与统一性，而校本课程开发则充分尊重学校和师生的独特性与差异性；四是对具有学校特色并形成品牌优势的"兴趣小组"和"德育活动"等，从目标、内容、组织实施以及评价等工作系统规范地进行课程设计，形成以担当人才培养为核心价值取向的德育课程。

在具体课程结构设置上，主要参照国家高中课程结构，将其分为三个层次，上层为学习领域，学习领域下设学科科目，科目下设模块。学习领域、科目和模块构成了高中新课程的基本结构。学习领域的主要目的是加强知识之间的横向联系、强化课程的整合。学习领域包括八个方面，分别是语言与文学、数学与逻辑、人文与社会、科学与技术、艺术与审美、生命与健康、道德与伦理、实践与创新。每一个学习领域由课程价值相近的若干科目组成。科目包括语文、数学、外语、思想政治、历史、地理、物理、化学、生物、艺术、体育与健康、技术等。其中，外语包括英语、日语、俄语等；艺术包括音乐、美术。在课程下设的模块中，各模块之间既相互独立，又反映了学科内容的逻辑联系。

（一）搭建以"自我教育"为核心要素的"三层八维式"学校课程结构

对课程内容和学习方式的选择是"自我教育"理念的重要体现，学校必须搭建可供学生自我选择、符合"自我教育"理念的课程体系，每一门课程都必须渗透自我教育思想。同时，对于学生的自我认识、自我规划、自我管理等相关能力的获得还需要"生涯规划""德育主题课程群"等相关课程的支持。基于此，学校推出了以搭建"自我教育"为核心要素的"三层八维式"学校课程结构。

"三层"课程是指，按学生的发展进程和发展需求，将课程纵向划分为三个层次：基础能力课程、拓展研究课程以及实践创新课程。基础能力课程包括国家课程、地方课程和校本课程，在保证实施国家课程的基础上，开设适应本地区的地方课程，学校根据本校学生特点开发或选用适合本校学生学习的必修课程，将这些作为学校课程的主题与核心。该层次的管理模式是常规化的年级管理。拓展研究课程包括博雅通识、学科竞赛、多元文化和研学课题，是指与基础课程相结合的深化与实践，更好地培养学生的创新能力与思考能力，该层次的课程是面对全体学生的个性化选修课程，管理模式是年级管理与书院管理相结合。实践创新课程包括特色书院课程、创新项目和综合实践，是指学生在校期间的科技创新项目、课外实践活动、兴趣特长培养等。该层次的管理模式是书院管理和项目式学习相结合。

"八维"则是指课程内容上以八个不同主题将课程总体规划为八大领域三十二个系列的课程体系，分别是：

数学与逻辑，包括数学与统计科学、逻辑与思维科学、信息与网络科学。其核心是培养学生逻辑思维能力，提升学生对数理化的兴趣，改变思维方式，提高逻辑思维能力。

语言与文学，包括汉语与传统文化、外语与多元文化、写作与文学创作。其核心是提升学生语言、文学素养，提升学生对汉语言、外语、中外文学的兴趣，锻炼学生的感性思维，丰富学生的文化素养。

科学与技术，包括物理与空间科学、化学与生命科学、环境与地球科学、技术与工程科学。其核心是培养学生的科学素养，培养学生掌握信息处理及其控制的运用能力，利用课堂带领学生探索科学与技术世界，力求让学生们了解科学技术领域最基础的知识，满足他们对知识的渴求。

人文与社会，包括哲学与宗教信仰、历史与民族精神、政治与社会管理、经济与金融科学。其核心是培养学生的人文精神和人文素质，将人类优秀的文化成果通过知识传授、环境熏陶，使之内化为学生做人的基本品质、基本态度和基本理念，内化为学生的人格、气质和修养，成为学生相对稳定的内在品格，并传授学生基本的社会经济学知识，使学生了解社会经济现状等。

艺术与审美，包括美学与艺术修养、美术与美术鉴赏、音乐与音乐鉴赏、戏剧与表演艺术、装饰与服饰艺术。其核心是培养学生理性、完美、高尚与和谐的艺术情操和审美趣味，时间造就了人类历史，历史造就了人类文明。艺术作为人类文明的表达方式之一承载的不仅仅是所谓"自然的人化"，更折射出了人类审美心理的演变。通过艺术与审美课程，深化学生的艺术态度，提高学生的艺术修养，培养学生实现现实美和理想美的审美统一。

道德与伦理，包括礼仪与人际交往、人格与公民素养、道德与社会伦理、信仰与理想信念、情怀与家国天下。其核心是培养学生正确的内在价值理想和外在的行为规范。"没有规矩不成方圆。"在社会生活中的每一个人，既有自我的要求，又受社会的政治、法律、伦理道德的支配和约束。为了使一个人真正成为人，社会成为真正的理性社会，就必须有道德的自觉规范。作为社会调控体系的重要手段，伦理道德与法律规定共同构成人们的行为规范内容。

生命与健康，包括职业与生涯规划、体育与休闲健身、情感与心理健康、饮食与医疗卫生。其核心是通过生命与健康、生命与安全、生命与成长、生命与价值、生命与关怀教育，帮助学生树立正确的世界观、人生观、价值观，使学生努力成为身心健康、勇于开拓创新的人。

实践与创新，包括研学与社团活动、体验与社区服务、拓展与社会实践、探索与科技创新，其核心是培养学生在传统思维的基础上运用各种技能、方法进行创新的能力。

"三层八维式"课程结构如表 3-1 所示。

表 3-1　"三层八维式"课程结构表

领域		数学与逻辑	语言与文学	科学与技术	人文与社会	艺术与审美	道德与伦理	生命与健康	实践与创新	管理模式
基础能力课程	国家课程									年级管理
	地方课程									
	校本课程									
拓展研究课程	博雅通识									年级管理 书院管理
	学科竞赛									
	多元文化									
	研学课题									
实践创新课程	特色书院									书院管理
	创新项目									
	综合实践									

（二）构建体现自我教育理念的学校课程体系

横向的八个维度的课程体系是北京一零一中学课程体系的重要内容，是学校根据学生多元发展和个性化需求，改变校本课程和国家课程在目标、内容上相对分离的状态，整体规划构建出的八大领域三十二个系列的学校课程，初步形成了校本课程与国家课程、地方课程相辅相成的学校课程体系。

八大领域三十二个系列的课程体系如表 3-2 所示。

表 3-2　八大领域三十二个系列课程体系表

领域	数学与逻辑				语言与文学			科学与技术			人文与社会			
系列	数学与统计科学	逻辑与思维科学	信息与网络科学		汉语与传统文化	外语与多元文化	写作与文学创作	物理与空间科学	化学与生命科学	环境与地球科学	技术与工程科学	哲学与宗教信仰	历史与民族精神	政治与社会管理	经济与金融科学

领域	艺术与审美				道德与伦理				生命与健康			实践与创新		
系列	美学与艺术修养	美术与美术鉴赏	音乐与音乐鉴赏	戏剧与表演艺术	装饰与服饰艺术	礼仪与人际交往	人格与公民素养	道德与社会伦理	信仰与理想信念	情怀与家国天下	职业与生涯规划	体育与休闲健身	情感与心理健康	饮食与医疗卫生	研学与社团活动	体验与社区服务	拓展与社会实践	探索与科技创新

（三）构建培养拔尖创新人才的特色书院主题课程群

自主课程实验紧紧围绕学校的特色发展开展工作。北京一零一中学确立了以"自我教育"理念为核心的人才培养模式实践研究，而构建书院特色主题课程群，从课程内容到教学模式都将成为自我教育理念下相关实践研究的主阵地，是学校特色的集中体现，而拔尖创新人才的早期培养需要与之相适应的特色课程的支撑。书院特色主题课程群包括：拔尖创新人才培养课程群、校本选修课程、研学课程、科技活动课程、社团活动课程。

1. 以"人文实验班"为基础的拔尖创新人才培养"人文主题课程群"

我校高中人文实验班，是 2010 年经北京市教委批准成立的，旨在培养具有深厚传统文化底蕴和国际化视野，关注社会、勇于实践、善于创新的未来杰出人才。高中人文实验班也是北京一零一中学探索高素质人文社会科学领域后备人才培养的模式和途径。已经构建的该班的特色课程包括以下几个方面。

（1）人文方法课程（表 3-3）

引导学生积极关注社会现实，深入思考现实问题。以问题研究为依托，尝试运用人文学科的思维和方法，开展讨论或写作，以培养学生的人文情怀，培养学生观察社会、研究问题的能力。

表3-3　人文方法课程表

系列	课程名称	授课人
外语与环球视野	西方文学经典研读入门	杨海威
政治与公共管理	社会学基本方法	晋军
哲学与逻辑思维	逻辑学入门	张皓、胡军
语言与文学艺术	高级写作	程翔、高建民
科学与科学素养	科学思维方法	中科院专家

（2）人文实践课程

组织学生利用课余时间走进社会，通过参观、游览、社会调查、职业体验等丰富多彩的实践体验形式，开展专题考察活动。学校利用寒暑假组织游学活动，注重加强国际的游学交流与互访，打开透视国外多元文化的窗口，使学生在身心发展、国际视野的形成等方面都得到综合发展。

自主游学考察：2013届人文实验班于2011年"十一"假期，由学生全程自行策划、组织实施的"金陵记忆"游学活动，行程五天四夜，由人文班地理、语文、历史教师联合担任教学任务，是一次跨学科教学实践活动。

走进学术殿堂：走进人文社会科学研究的最高学术殿堂，参观中国社科院的文哲学部、经济学部、历史学部、社会学部、国际关系学部下属重点文科实验室，与专家学者交流，了解文科学术研究。

传统文化之旅：如颐和园"清秋皇苑赏月"、什刹海踏青览胜、长安大戏院体会京韵之美、宣南书馆聆听非物质文化遗产讲座。

班级文化建设：开展班级学生记者站、文学社活动。学生全程独自成立、管理的文学社原创班刊《踏歌集》和《陌上》，在校园内外均引起巨大反响。

社会公益活动：人文实验班全体学生，到北京风华打工子弟希望小学支教，历时两年，自发自为，从未间断。从捐款捐物给予物质帮助，到组成教学小组授课传递知识，再到开展调查研究，向政府和社会提出了宣传和解决建议，推动政府和社会进一步关注外来务工人员随迁子女教育问题。新华网以及《北京晚报》《北京青年报》《现代教育报》《中学生时事报》等媒体广泛报道了该事迹。

（3）人文经典课程（表 3-4）

经典是传统文化的重要载体，是民族精神的家园，提升人文素养必须从经典中吸取能量。教师们细心梳理一些适合中学生理解的经典与学生共同研读。

表 3-4 人文经典课程表

系列	课程名称	授课人
外语与环球视野	西方文学史导读	杨海威
国学与民族精神	国学要义发微	韩 璐
政治与公共管理	中国古代政治制度史	孙淑松
	国际关系基本原理	康文中
美学与艺术修养	艺术美学	陈 默
哲学与逻辑思维	西方哲学概览	张家艺

（4）科学素养课程

本课程由中科院多位研究员、院士共同开设，讲座内容涉及相对论、化学工程、地外生命、遥感灾害监测、干细胞、中国"芯"、动漫IT 技术、人类进化等，共 12 讲，旨在普及科学常识，掌握基本的科学方法，提升科学素养。

（5）大师领航课程（表 3-5）

学校聘请在人文社会科学等领域知名的专家学者，来校做短期讲座，内容涉及国防安全、国际形势、社会公平、中共党史、社会转型风险、"十二五"经济形势、读书与精神成长等。讲座课程为学期课程，旨在提高学生人文综合素养，培养学生的开阔胸怀和世界眼光。

表 3-5 大师领航课程表

分类	讲座	主讲人
文学	我的文学之路	诺贝尔文学奖获得者莫言
	非洲半个世纪的追求复兴之路	诺贝尔文学奖获得者沃勒·索因卡
	一位作家的证词	诺贝尔文学奖获得者略萨

续表

分类	讲座	主讲人
爱国	我们需要祖国	著名外交家原外交部部长李肇星
	苦难辉煌：对国家和民族命运的思索	国防大学博士导师金一南
	我为祖国而骄傲	英雄航天员景海鹏
艺术	版画艺术	荷兰著名版画大师皮特·拉扎洛夫
	动漫之美	国际著名动画制作大师金满子
	聆听自然的呼吸	世界著名建筑师、哲学家渡堂海
	音乐与电影的华丽探戈	世界著名电影配乐大师王宗贤
哲学	阅读与精神成长	当代著名作家周国平
	希腊人的求真精神	中国著名哲学家陈嘉映
文化	智慧的五个层次	当代著名作家王蒙
	埃及文明的当代窘境	孙力舟
科学	不断膨胀的宇宙	诺贝尔奖获得者布莱恩·施密特
	科学之光	清华大学邱勇
创新	创新与企业家精神	爱国者集团总裁冯军
	创造力是如何养成的	清华大学金涌
经济	中国宏观经济现状及"十二五"展望	国防大学教授卢周来
	金融危机与中国经济的前景	国务院参事室特约研究员姚景源

（6）大学先修课程

大学先修课程包括剑桥大学国际技能拓展课程（SDP 课程）、AP 课程、SAT 课程，为部分学生进入世界知名大学做准备。同时，与清华大学人文与社会科学院合作，开设相应的短期课程，提高学生学业规划和目标学习的意识和能力。

2. 以"钱学森理科实验班"为基础的拔尖创新人才培养"科学主题课程群"

我校"钱学森理科实验班"是在学校传统理科实验班的基础上，在钱学森之子钱永刚校友的大力支持下成立的，旨在培养具有深厚传统文化底蕴、较高科学素养和国际化视野、关注社会、勇于实践、善于创新的未来杰出人才。"钱学森理科实验班"是北京一零一中学探索高素质数理科技领域后备人才培养的模式和途径。该班的特色课程有：

(1)学科竞赛课程

引导学生以问题研究为依托，尝试运用数理学科的思维和方法，参加学科拓展与学科竞赛；以全国高中联赛为依托，培养学生的学科拓展探究、观察社会、研究问题的能力。

(2)科学素养课程

本课程由中科院多位研究员、院士共同开设，课程主要以讲座的形式进行，讲座内容涉及相对论、化学工程、地外生命、遥感灾害监测、干细胞、中国"芯"、动漫 IT 技术、人类进化等，旨在普及科学常识，促进学生掌握基本的科学方法，提升科学素养。

(3)科学实践课程

组织学生利用课余时间走进社会，通过参观、游览、社会调查、职业体验等丰富多彩的实践体验形式，开展专题考察活动。学校利用寒暑假组织游学活动，注重加强国际的游学交流与互访，打开透视国外多元文化的窗口，使学生在身心发展、国际视野的形成等方面都得到综合发展。

(4)大师领航课程

学校聘请在数理科技领域知名的专家学者，来校做短期讲座，内容涉及科技前沿、国防安全、国际形势、社会公平、中共党史、社会转型风险、"十二五"经济形势、读书与精神成长等。讲座课程为学期课程，旨在提高学生数理科技素养，培养学生的开阔胸怀和世界眼光。

(5)大学先修课程

与清华大学、北京大学、国际关系学院等名校合作，开设相应的短期课程，提高学生学业规划和目标学习的意识和能力。

3. 以"中美国际合作试验班"为依托加强国际课程与教学研究，开发"国际主题课程群"

坚守传统文化与核心价值观，保持和发展中华民族教育传统的特色和优势，开发了一系列具有中国特色的国际交流课程，如瑜伽、太极拳、民族舞蹈、京剧、国画、书法等系列课程。

从有利于培养和发展学生终身学习的技能和能力点出发，为全校学生开拓国际视野并接受国外优质的教学资源搭建平台，开发了国际视野课程。比如，由国际部中外籍教师提供美国历史、西班牙语、西方戏剧文学、英美文学、英语口语、AP、Pre-AP 等特色选修课程，同时还开发了国际游学课程和国际名校交流课程供全校有需求的学生用于选修。

进行国际课程校本化研究与国际课程校本教材的开发与实践工作。鼓励与引导教师积极总结经验，借鉴和吸收国外先进的教育理念和教学方式，促进课程与课堂教学改革，体现国际竞争的要求，进而提升学校整体教育国际化水平，丰富和优化学校现有的课程结构体系。

创设国际网络课程的研发共享环境，完成"英美名中学优秀网络课程"的建立，使我校学生与世界中学生共享优秀国际教育资源。

4. 以科技创新项目为依托开发"创新主题课程群"

（1）生命科学探究课程

实践是科学的源头，更是科技活动深入开展所需的源源不竭的动力。本课程结合北京一零一中学的实际情况，灵活设计教学内容，从生活中来，到生活中去，解决生活中的实际问题。课程活动主要是进行理化生课程知识在生态大棚中的应用和探索研究，细分为水质净化、土壤、环境、天文气象、生物防治、园艺花卉、计算机编程、工程类设置等课程。我们已开展的多项创新活动案例研究都体现了学科交叉与融合的特点。可以说，多领域、多学科的交叉融合，是创新活动课中的一项重要原则及方法。

（2）天文课程

该课程分为理论和实践操作两部分。理论部分将提供具有一定基础的学生继续深入学习天文必备的知识，并通过活动的方式培养学生基本的科学研究方法和态度。实践操作部分将带领学生学习、练习操作学校天文望远镜，为进一步观测、拍摄奠定基础（图 3-1）。

图 3-1　天文课程实践

（3）"头脑奥林匹克"——木结构承重课程

头脑创新思维活动是一项旨在培养参与者适应未来社会挑战的各种能力。比如，信息获取能力、自理自学能力、交流合作能力、动脑动手实践能力、奇思妙想创新能力、时间管理能力和团队协作能力等。课程的根本目的是促进参与者全面而有个性地发展。本课程将头脑创新思维竞赛与通用技术课堂教学相结合（图 3-2）。

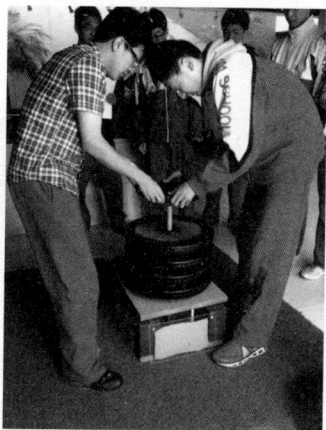

图 3-2　木结构承重课程实践

（4）电子技术课程

电子技术是北京一零一中学的传统科技活动项目，是海淀区电子技术基地校。长期以来，我们在八年级开设电子技术劳技课程，学生在动手实践过程中，手脑并用，将学过的知识运用到实践当中，在实践过程中得到升华（图 3-3）。

图 3-3　电子技术课程实践

（5）航模制作课程

航模活动是一项集科学性、趣味性于一体的科技特色活动，以培养学生动手动脑能力、丰富学生课余生活、陶冶学生情操、促进学生全面发展为宗旨。本课程包含飞行器设计制作、3D 打印机的建模打印、电子制作及手工制作等。通过学习飞行器的相关理论知识，完成对飞行器的认知实践；通过亲手制作与调试，完成对飞行器的动手实践；结合所学知识,设计出属于自己的飞行器,并结合快速成型的 3D 打印等技术设备制作自己的飞行器,完成创新实践(图 3-4)。

图 3-4　航模制作课程实践

(6)模拟飞行课程

模拟飞行课程的定位是让学生在熟悉飞机驾驶的过程中,根据驾驶的实际需要,重点学习航空知识的各个要点,教研组根据模拟飞行的教学定位,制定出边学习飞行驾驶技巧,边讲解技术要领以及这些技术要领相应的航空知识的教学过程。在课程结束之前要对学生进行关于航空知识方面的理论考试,将近期学到的航空知识在电脑上使用模拟飞行软件实时在线操作,学生根据实际情况结合模拟飞行对飞行员培训教材里面的知识进行答卷,不断巩固理论知识。在期末的考核中可以设置理论结合实际的考试方法,所有的理论知识都结合在实际飞行中,边飞行边对出现的空气动力学、机械故障、航向、航空历史等问题做出原理知识的应答(图 3-5)。

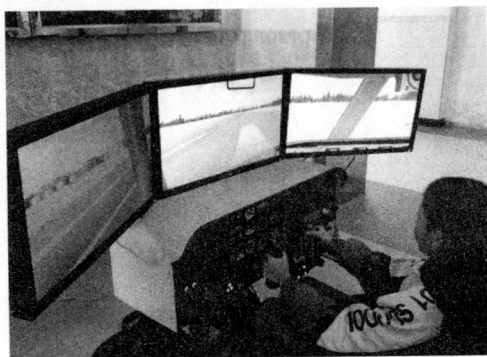

图 3-5　模拟飞行课程实践

（7）信息学奥林匹克初级课程

课程讲授基本程序设计，在课堂上让学生了解程序设计的初步，讲授以 DEV C++语言的基本语法知识（数据类型、常变量、顺序结构、分支结构、循环结构初步等），从最基础的 C++语言的语法知识入门，在具有基本编程能力的基础上，再深入学习算法设计、数据结构等知识，对学生来说不仅是程序设计的学习，而且在多个方面拓展了学生的知识面，提高了学生们解决问题的能力，训练了学生的逻辑思维能力，提升了学生们的思维高度。学生们还以此为方向开始相关研究性学习和项目研究，拓宽了知识面，并有了自我展示的平台，也为各高校提供了优秀的生源，得到了家长和社会的好评（图 3-6）。

图 3-6 信息学课程实践

（8）人工智能机器人课程

通过该课程的实践和探索，结合机器人套装，在实践中让学生综合应用各学科知识，激励学生创造性学习，培养学生的综合应用能力及提高学生的综合素质。通过对机器人实验室应用软件的设计、开发、调试及动手实验，培养学生的研究、分析和解决实际问题的能力。通过对每个主题的研究、设计，培养学生的创造性能力和发散性思维，使学生成为"研究者"。通过对科技特长生的精心培养，使其能够在各项比赛中取得好成绩。

（9）"HOU"动手实践学天文课程

结合国际先进的"Hands On Universe"（HOU）动手实践学天文网络教学课程，开展新型的以动手实践和引导学生开放性学习为特色的天文教学方法，充分利用国际国内网络天文资源，共享国际国内远程教学成果，让学生不仅学到天文知识、掌握实际技能，同时也能接触到更多的国外天文信息。

(四)创设育人环境，搭建德育主题课程群

1. 创设校园教育功能区

教育功能区分别是核心价值区、红色经典区、自然科学区、人文精神区、大地伦理区、国际理解区、金色年华区(校友区)、绿色生态区，这些功能区发挥校园静态文化对学生的自我教育功能，支撑德育课程体系实施。

2. 建构"生命·生态""胸怀·视野""使命·责任"3个主题教育课程群(表3-6)

表3-6　主题教育课程群表

模块	关键词	价值取向
生命·生态	平等·尊重·博爱	大爱无痕
胸怀·视野	认识·交流·理解	大气包容
使命·责任	国家·民族·社会	大义担当

分年级主题教育课程群见表3-7所示。

表3-7　各年级主题教育课程群表

年级	内容	主题
七年级	文明礼仪·养成教育	光荣与梦想
八年级	人际交往·青春期教育	尊重与沟通
九年级	学会选择·理想信念	理想与信念
高一	人生规划·爱校教育	情怀与人生
高二	人生规划·国情教育	忧患与自豪
高三	人生规划·成人教育	使命与责任

根据上述三个模块，学生参与构思、组织学校一系列大型活动和社会实践活动，并逐步建成课程体系。学校以学生不同时期身心发展特点为核心，已经开发出了一些班会课程、主题教育课程和家长学校课程。

三、校本课程的精品化之路

校本课程是由学校针对学生的兴趣和需要，结合学校的传统和优势，充分利用学校和社区的课程资源，自主开发和实施的课程。校本课程是基础教育课程体系的重要组成部分，它着眼于发展学生的兴趣、需要和特长，关注学生的个性发展，充分体现师生的自主性、能动性和创造性，具有鲜明的学校特色。

（一）课程改革初期学科校本课程状况

课程改革初期，各学科都遇到了很多问题，主要问题集中在课程选择性少，缺少固定化和标准化等方面上。校本课程开发举步维艰，教师们对校本课程自我要求高，开设出的课程数量较少，门类较窄，不能满足大多数学生的多方面兴趣，学生的个性选择、多元选择受限。

1. 资源短缺，不能满足学生的发展需求

课改之初，课程资源短缺，远远不能满足学生多元发展的需要，在选课时，常常出现"秒杀"的状况。这一方面说明我们的校本课程深受学生欢迎，另一方面恰恰反映了我们课程资源的短缺。比如，数学校本课程就比较少，只有少数的数学兴趣班和数学竞赛课程，无法满足绝大多数学生数学学习的多样化需求和学生个性选择的要求。化学学科在课改初期主要开设的校本选修课只有"化学与生活""化学实验""化学竞赛"等，没有固化，也没有编写教材。技术教研组刚刚成立，虽然已经有了一些校本选修课程，不过还没有形成一定的规模，也不够系统。美术课程是人文学科，在实行教育改革、推进素质教育的课程改革时代，美术教育受到了更多的关注。素质教育中美育所占比率也逐渐增大，这也赋予美术教师更大的责任和义务。但是，在课改之初，美术学科虽然能开出一些校本选修课程，但还远没有形成一定的规模，也不够系统。在一些校本选修课程上，每位教师只能是发挥自己的专长分别开设摄影、绘画基础、国画、工艺设计等特色课程。

2. 校本课程质量参差不齐，缺乏统一的质量控制标准

英语学科在 2007 年前基本没有选修课，即便有课外活动时间，内

容也是类似基础补习班，给一些在大班听课有困难、基础较弱的学生进行课外辅导。没有系统的质量控制标准，导致校本课程开展并不顺利。

音乐与生活具有广泛、密切的联系，对人的全面发展有着深远的影响。尤其在当今科学技术和经济迅猛发展的时代，音乐教育在促进人的发展和推动社会进步方面，更加显示出它所具有的独特的功能和作用。因此，音乐课程应根据不同的种类进行教授，但是选修课种类少，同时还面临着一些教材整合的问题。例如，教材内容的变革，教材由人民音乐出版社变更为湖南音乐出版社教材。体育学科面临教师专业能力不足、运动场地有限的问题。首先是模块有限，不能满足学生的需求，篮球、足球是男生的兴趣大项，选择的人数大大超出了教学承受能力，同样现象的还包括乒乓球、羽毛球，选择的人数太多而场地有限，难以满足学生的需求，导致一部分学生被迫选择自己不喜欢的模块，教学效果和管理难度就非常大；其次是教师的专业能力有限，不能使一部分能力较强的学生向更高层次提高。

(二)从三大领域八个系列开始的校本课程精品化之路

根据课改初期各个学科改革现状，学校在此基础上进行优化，结合各个学科汇总的难点和问题提出解决方案，开发出了符合我校发展现状、有利于学生发展的校本课程精品化之路。

1. 校本课程的开发规划与设计

校本课程建设面临很多困难，但是结合我校多年来在选修课、活动课、科技兴趣小组、学生社团活动方面积累了很多成功的经验。学校重新对校本课程进行规划梳理，确定重点开发了三大领域八个系列课程。

三大领域主要为多元文化课程、STS课程、多元智能开发课程。

多元文化课程是根据"可持续发展教育"理念，采用文字、艺术、戏剧、辩论、体验等不同的教学方式，学习不同民族、不同时代的文化，将可持续发展学习根植于整个课程体系中，教育学生尊重他人，包括现代和未来的人们，尊重差异与多样性，尊重和保护环境，树立持续开发和利用有限资源的意识，使我们能够理解自己和他人，以及我们与自然和社会环境的联系。

STS(science、technology、society，科学、技术、社会)课程是根据STS的教育思想，不仅教授学生学习和掌握科学技术知识，而且要更重视引导学生认识"科学、技术、社会"三者之间的关系，正确认识科学技术的社会功能，树立正确的发展观、价值观、科学观、伦理观乃至人生观，形成良好的科学素养。

多元智能开发课程起源于 1983 年。美国哈佛大学教授加德纳创立了"多元智能"理论，他认为"每个孩子都是一个潜在的天才儿童，只是经常表现为不同方式"。这使现代教育可能成为"开发和释放人的创造潜能的发动机"。毫无疑问，将知识传授给学生是教学的主要目的之一，但怎样在传授知识的过程中尽量多发展学生的智力因素，即提高学生的智能，却是一个更重要的目标。因此，对于一些在某些方面有特长的学生，有必要设计一些课程进一步开发他们的智能，如数学竞赛辅导、物理竞赛辅导、化学竞赛辅导、生物竞赛辅导、信息学竞赛辅导、科技创新大赛辅导等。

八个系列为：

系列一，心理健康与休闲健身——生命意识培养；系列二，艺术审美与交际礼仪——高雅情趣培养；系列三，人与自然和人与社会——生态意识培养；系列四，科学知识与科学方法——科学精神培养；系列五，中华文化与国学知识——人文素养培养；系列六，西方文化与国际交流——国际视野培养；系列七，社会活动与学生社团——领袖气质培养；系列八，探究实践与学科竞赛——创新能力培养。

通过"校本课程模块化、文化活动系列化、社团活动常态化、竞赛活动个性化"的开发途径，从课程设置的角度整合资源，开发了 100 多门系列校本课程。每学期根据学生选课情况以及学校课程开发小组审核的结果，开设 50 余门高中校本课程、40 余门初中校本课程，形成有一定特色的校本课程体系。

2. 各学科关于校本课程开发的研究实践

各学科依托于学校校本课程，结合自身学科优势，进行校本课程开发实践。

（1）多元共进，提升语文能力

语文学科为满足学生的多元需求，提高学生的语文素养、文化修养，语文学科教师发挥各自专长，揣摩学生的接受能力与学习潜力，有效配合必修课的学习，积极研究开发尽可能多的校本课程。

（2）拓展思维，发展数学核心素养

数学学科以拓展学生数学思维为核心，尽可能满足学生的学习兴趣和提升学生的数学素养，全体数学教师根据自己的专业特长，与国家的选修课程内容标准整合，开发了以下的校本选修课，见表3-8。

表3-8　校本选修部分课程表

序号	名称	开设年级
1	不等式选讲	高一
2	高中数学竞赛辅导	高一、高二
3	高中数学学习方法选讲	高一、高二
4	函数选讲	高一
5	几何画板入门	七年级、八年级
6	矩阵与变换	高一、高二
7	逻辑学初步	高一
8	生活中的博弈论	七年级、八年级
9	生活中的数学	七年级、八年级
10	数学建模	高一、高二
11	数学史选讲	高一
12	数学思维拓展	高一、高二
13	数学兴趣培养	七年级、八年级

（3）开阔视野，增进多元文化理解

英语学科相继开始了旅游英语、英语词语和它们的故事、英语翻译技巧、英文阅读赏析、高中英语大视野、英文影视欣赏及阅读、高级英文写作、课堂同步等多样的选修课。

（4）注重实验，引领化学学科发展

化学学科着眼学生的未来发展，关注学生的学习过程和情感体验，构建起能充分体现时代性、基础性和选择性的新的高中化学课程体系。第一阶段新规划和增设的校本选修课有"有机化学原理""环境化学""化学史"等。第一阶段以汪文翔老师和孙颖老师在原有"化学与生活"基础上开设的"趣味化学实验与生活化学"选修课为例。

（5）以赛促学，带动通用技术学科发展

技术组借助于竞赛活动和学生的兴趣，创建了技术学科的选修课程体系，并逐渐将其规范化。开设的校本精品课程有：机器人、信息学奥林匹克竞赛培训、模拟飞行、动手学天文、多媒体设计、网络应用基础、数据库应用。通过在不同的年级开设不同的选修课程，调动学生的兴趣，丰富学生的学习生活（图3-7）。

图 3-7 自编教材

（6）熏陶浸润，培养美术素养

美术组依托初中美术教材，借助于学生的兴趣以及教师的专业方向，创建了七年级讲授以传统中国文化为基本的国画训练，八年级以西方基础造型为基础的艺术训练，九年级结合中西方艺术文化进行工艺设计训练，将美术学科的课程体系逐渐规范化。还将国家教材目录加以整合为：高一年级，以国画为主的传统艺术形式和以西画造型为主的艺术形式；高二年级，以工艺设计为主的艺术形式。通过在不同年级的课程倾向不同，一是解决学生有兴趣，却因课时有限无法完成作品的问题；二是可以解决美术用具准备不集中导致学生用具产生浪费甚至无用具问题；三是完善课程将有效利用教师的教学资源，并发挥教师的个人专业专长。这均会使学生更好地投入到学习生活中。

美术组进一步将教材中涉猎的课程逐步完善。在整合国家课程的相关内容的基础上，依据我校的地理位置写生课程在各年级均有涉及，再根据学生的学习方向和兴趣，适时调整教学内容的侧重点，将艺术知识讲得更加透彻，教师也在不断深挖课程的内涵，如在一些具体教学中延展出选修课程，将这些选修课程根据不同的学生需要，相继开设初级、中级等不同层次的课程，让各个层次的学生都能有所收获。

（7）活动体验，提升音乐素质

音乐学科借助于各种艺术节、"一·二九"合唱节等活动和兴趣小组，如高中校级合唱团和戏剧社团，创建了音乐学科的选修课程，并逐渐将其规范化，虽然选修课程不多，但是基于学生的学习方向和兴趣，教师在不断深挖课程的内涵，将这些选修课程根据不同的需要开设了初级、中级等不同的层次，让各个层次的学生都能有所收获，并形成了精品校本课程体系。

第一阶段学校建设的校本课程如表 3-9 至表 3-11 所示。

表 3-9　领域一：多元文化课程表

课程名称	主讲教师	适用年级	涉及学科
英语字词探源及阅读	戴群	高一、高二	英语
汉英语言文化对比	王蓝	高二	英语
英语句法及翻译	靳豫霞	高一、高二	语文
英美文学欣赏	武星花	高一、高二	英语
英语词语探源	张燕	高一	英语
英语报刊阅读	刘昕	高二	英语
旅游英语	陈梅、刘建新	高一、高二	英语、地理
视听英语	孔繁华	高一、高二	英语
英文电影	孙娜	高二	英语
美国文学欣赏	霍艺红	高一	英语
英文美文阅读	于元	高二	英语、政治、语文
听力提高	张蕾	高一	英语
电影艺术欣赏与实践	程丽、周松	高一、高二	历史、美术
中西文化比较	刘丹妮	高一	历史、美术
国内外热点问题研究	郭院丽、苗红梅	高一	政治
交往的艺术	于惠莉	高一	心理
心理测查与做人做事	马宏欣、李铁军	高一	心理学、社会学

续表

课程名称	主讲教师	适用年级	涉及学科
圆明园的兴衰	蒋桂平	高一	历史
走进陶艺大世界	邵天榕	高一	美术、历史
走进中国传统绘画天地	邵天榕	高一	美术、历史
中国民间剪纸艺术	陈默、守红雨	高一、高二	美术
中国美术经典名作欣赏	陈默、李爱国	高一、高二	美术
绘画	魏立柱	高一、高二	美术
摄影艺术	魏立柱	高一、高二	美术
人体科学	张兵	高一、高二	体育与健康
世界各民族礼仪及观赛知识	丁玉山	高一、高二	体育与健康
日语与日本文化	许长喜、施文欣	高一、高二	日语
世界美术名作十五讲	袁艳丽	高一、高二	美术、文学、历史

表 3-10　领域二：STS课程表

课程名称	主讲教师	适用年级	涉及学科
动物行为学最新进展及研究方法	荆林海	高一、高二	生物
生活中的生物学	周斌、王淑英、焦湘云	高一、高二	生物
生物进化与生态	李红	高一、高二	生物
军事地理	夏唤春	高一、高二	地理
数学思维能力	谢卫、何效员、贺丽珍	高一、高二	数学
函数方程及不等式	王军兵、范书华	高一、高二	数学
数学建模	田嫒、贺丽珍、佟昀	高一、高二	数学
数学软件入门	江加乾、何效员	高一、高二	数学
数学模型	王海涛、王丹萍、吴铁庆	高一、高二	数学
TI图形计算器和几何画板的应用	王海涛、王丹萍	高一、高二	数学
微积分应用	陈斯、马贵州、何春华	高一、高二	数学
逻辑学初步	胡顺才	高一、高二	数学

续表

课程名称	主讲教师	适用年级	涉及学科
生活中的数学	张迎春	高一、高二	数学
食品营养	罗克梅、万锡茂、杨丽群	高一、高二	化学、生物
化学实验探究	宿东飞、白光耀、阎辉	高一、高二	化学
生活中的化学	马翠杰、邹映波、张俊华	高一、高二	化学
读化学故事，做化学实验，看自己的杰作	陈争、于潞	高一、高二	化学
趣味化学实验与生活化学	汪文翔、孙颖	高一、高二	化学
元素发现史与化学诺贝尔奖	黄木兰	高一、高二	化学
中学物理趣味实验	周革润、旋晓伟	高二	物理
传感器在中学物理实验中的应用	朱爱农、王跃飞、詹光奕	高一、高二	物理
高中物理解题方法	阳梅梅、王跃飞、詹光奕	高一、高二	物理
航模小组	史艺、郭金宁	高一	物理
电磁技术与社会发展	史艺、郭金宁	高二	物理
单片机	张小川、胡风华	高一、高二	物理、电子学
计算软件 Matlab 在物理实验中的应用	冯继兵	高二	物理、数学
欣赏物理学	杨文华、翟晓舟	高一、高二	物理

表 3-11　领域三：多元智能开发课程表

课程名称	主讲教师	适用年级	涉及学科
大学英语	张红、靳宏英	高一、高二	历史、地理
剑桥国际英语教程	林小林	高一、高二	英语
生物实验（竞赛）	安军、荆林海、马小娟	高一、高二	生物
生物奥赛理论辅导	荆林海	高一、高二	生物
高中生物竞赛	梁东	高二	生物
素描社	陈默、刘明才	高一、高二	美术

续表

课程名称	主讲教师	适用年级	涉及学科
书画爱好者协会	陈默、刘学惟	高一、高二	美术
美式啦啦舞	赵海波、张兵	高一、高二	体育与健康
爵士舞	赵海波、张兵	高一、高二	体育与健康
健美操	赵海波、张兵	高一、高二	体育与健康
羽毛球	刘志国	高一、高二	体育与健康
定向越野	刘志国	高一、高二	体育与健康
体育舞蹈	马建	高一、高二	体育与健康
网球	曹贵胤、杨金义	高一、高二	体育与健康
篮球	曹贵胤、杨金义	高一、高二	体育与健康
乒乓球	任立群	高一、高二	体育与健康
篮球	刘利	高一、高二	体育与健康
定向运动	滕立志	高一、高二	体育与健康
健美	王亚林	高一、高二	体育与健康
橄榄球	丁玉山	高一、高二	体育与健康
手球	丁玉山	高一、高二	体育与健康
门球	顾秀云	高一、高二	体育与健康
竞赛数学	吕晓琳、李爱民、尚晓嫚	高一、高二	数学
数学竞赛	刘建玉	高一、高二	数学
音乐创作	殷悦	高一、高二	音乐
乐队演奏	殷悦	高一、高二	音乐
创造性戏剧及配乐	殷悦	高一、高二	音乐
音乐与舞蹈	殷悦	高一、高二	音乐
歌唱实践	郑燕莉	高一、高二	音乐
演奏实践	郑燕莉	高一、高二	音乐

(三)校本课程建设的纵深推进

校本课程的精品化之路很好地解决了校本课程改革初期的问题。通过几年的努力，北京一零一中学三大领域八个系列的校本课程已初具规模，自成体系，基本能使校本课程规范开设，良性运转，有很多课程深受学生喜爱。但是，在开设实践中我们也发现了一些问题：一是校本课程建构缺少理念指引，不能很好地体现学校的文化和特色；二是校本课程与国家课程、地方课程缺少有机融合，处于与国家课程和地方课程相对分离的状态；三是校本课程资源短缺，不能很好地满足学生的个性化需求。例如，一段时间以来，有一部分学生特别是学优生希望涉猎一些逻辑与批判性思维的课程，但学校没有教师能承担此项任务，又比如对于一些高端的理化生实验，中学的师资与设备根本无法进行。针对出现的新趋势、新问题，学校认真研究，积极行动，完善校本课程建设方案，开拓课程资源，力求为学生开发出更加完善、贴合需求的课程。

1. 理念指引，深度融合

为了解决校本课程建设的方向问题，学校结合自身的文化积淀和特色发展定位，提出建构体现"自我教育"理念的学校课程体系，以"自我教育"理念去统领课程建设，特别是统领校本课程建设，同时将校本课程纳入整体的学校课程体系中，将学校原有的三大领域八个系列的校本课程重新拆分整合，整体融入学校的"三层八维式"课程体系中。

2. 由"资源"向"需求"转变

在自主课程实验的第二阶段，学校大力拓展课程资源，与部分大学、科研院所和社会机构签署深度合作协议，解决了课程资源的瓶颈问题。同时关注学生的现实需求，调查和整理学生的兴趣爱好和发展需求，通过学生座谈与专家提炼，最终形成与学生个性发展和核心素养提升高度关联的内容，作为学校课程建设的方向。例如，语文学科的课程开发除模块教学外，还根据学生需求开设关于文学、文化、历史、哲学、艺术、写作等领域微型特色课程以及"戏里人生"等几十种语文选修课。同时开展多地人文考察活动，组织文学社、赛诗会等适合不同年龄段学生特点的丰富的教学活动，满足学生对课程的个性化需求。

校本课程建设设置如表 3-12 所示。

表 3-12　校本课程建设表

七年级	八年级	高一	高二
趣味语文	演讲与口才	电影欣赏	经典电影欣赏
毛泽东诗词鉴赏	语言文字学	茶道	围棋与中国文化
编织	红楼梦诗词诵读赏析	中国传统文化	老庄哲学与人生智慧
电影欣赏	经典电影欣赏	戏里人生	红楼梦五讲
	中国传统节日文化	西方文学经典入门	围棋与中国文化
		红楼梦诗词诵读赏析	书院课程
		趣谈汉字	专业写作
		书院课程	

语文综合实践课(初中)设置如表 3-13 所示。

表 3-13　语言综合实践课(初中)课程表

七年级	八年级
"致青春"朗诵会	"韵雅诗香少年狂"赛诗会
海淀区"中华诵·经典诵读大赛"活动	海淀区"中华诵·经典诵读大赛"活动
硬笔书法比赛	书法比赛
读书漂流	读书风云榜
原创作品大赛"诗画校园"	原创文学大赛——班级小说、真情告白短信
参加全国"春蕾杯"及创新作文大赛	参加全国"春蕾杯"及创新作文大赛

语文综合实践课(高中)设置如表 3-14 所示。

表 3-14　语文综合实践课(高中)课程表

高一	高二
戏剧节活动——"绽放青春风采"体验戏剧人生	"古韵金声"赛诗会
海淀区"中华诵·经典诵读大赛"活动	海淀区"中华诵·经典诵读大赛"活动
名家人文素养讲座、人文考察活动	名家人文素养讲座、人文考察活动
邀请莫言、曹文轩、余华、周国平、舒婷、梁衡等名家与我校师生面对面	邀请莫言、曹文轩、余华、周国平、舒婷、梁衡等名家与我校师生面对面
参加齐越朗诵艺术节暨全国大学生朗诵大会总决赛展演活动	参加齐越朗诵艺术节暨全国大学生朗诵大会总决赛展演活动

续表

高一	高二
演讲比赛、辩论会	演讲比赛
参加全国"春蕾杯"及创新作文大赛	参加全国"春蕾杯"及创新作文大赛
文学社团、朗诵社团、话剧社团、微电影社团	文学社团、朗诵社团、话剧社团、微电影社团

数学学科根据第一阶段校本选修课的教学实践，经参考各门课的选修人数和学生的出勤情况等，通过认真调查、研究学生对选修课的意见和建议，及时调整了选修课程的设置，并调整了部分课程的开设年级。调整后的选修课程更加注重学生对数学选修课的实际需求，实现了由教师能开哪些课就开哪些课到根据学生需要开设选修课的转变。调整后的校本课程如表 3-15 所示。

表 3-15　数学校本课程调整后课程表

序号	名称	开设年级
1	不等式选讲	高二
2	高中数学竞赛辅导	高一、高二
3	高中数学学习方法选讲	高一、高二
4	函数选讲	高一
5	几何画板入门	七年级、八年级
6	逻辑学初步	高一
7	生活中的博弈论	七年级、八年级
8	生活中的数学	七年级、八年级
9	数学建模	高一、高二
10	数学史选讲	高一
11	数学思维拓展	高一、高二
12	数学兴趣培养	七年级、八年级
13	数学与桥牌	高一、高二
14	数学之数独	七年级、八年级、高一、高二
15	自主招生中的数学	高二

3. 注重课程的新颖性、时代性和趣味性

校本课程除了体现学校的特色和文化，关注学生需求，还必须注重课程的新颖性、时代性和趣味性。因为校本课程在排课上是学生自由选择，有时需要不断更新和发展才能跟上时代的节奏。例如，英语组经过几年的沉淀，将一些精品课保留下来，如英语翻译技巧、英文阅读赏析和英文影视欣赏及阅读。2009 年又开设了英文影视欣赏与阅读选修课。课程包括：*Finding Nemo*（《海底总动员》）、*Cars*（《赛车总动员》）、*Beauty and the Beast*（《美女与野兽》）、*The Pirates of the Caribbean*（《加勒比海盗》）系列、*The Greek Myth*（《希腊神话》）。2011 年又开设了《新概念英语 3》（培养技能），通过完整的英语学习体系，帮助学生掌握听、说、读、写四项基本技能。《新概念英语 3》（培养技能）着重分析句子之间内在的逻辑关系，展现句型的精练、优美、实用与可模仿性，从而将其有机地运用于英语写作之中；同时将进一步扩充讲解词汇、短语及语法的实战运用。2014 年开设了英文影视欣赏与阅读选修课：*The Monsters*（《怪物电力公司》）、*The Complete Sherlock Holmes*（《福尔摩斯探案》）、*The Pirates of the Caribbean*（《加勒比海盗》）系列等。授课教师自主开发了英文影视欣赏与阅读选修课的影视教学资料，包括电影视频、配套录音、电影对白等，并对课程进行了精心设计，包括听力材料设计、影视材料截取、购置国外影音材料等。上课形式主要有语言学习、欣赏（由教师自己组织材料）；原版录音听力、模仿、跟读；光盘放映（英文字幕）、欣赏等，并进行戏剧表演，来感受英语，应用英语，享受英语。

选修课的学期测评也丰富多样，形式包括：影评、书评、试卷测试、口语陈述故事等。2011 年孔繁华老师组织学生改编了 *Snow White*（《白雪公主》）的剧本，并搬上了英语节的舞台。丰富多彩的选修课吸引了很多学生。该选修课的开设使学生接触了原汁原味的英语，了解了国外文化，开阔了视野，扩充了阅读量，增加了词汇量，培养了学生读书的习惯，提高了学生的英语阅读能力及语言运用能力。

化学学科特别注重学生的自主学习。通过给学生开放的空间、充裕的时间来满足学生的兴趣，通过设计有吸引力的学习内容来提高学生学习的内部动机，并通过把"以结果为目标"的实验课改变为"以过程为目

标"的实验课来提高学生的成就动机，最终实现学生的自主学习。

趣味化学实验与生活化学

汪文翔　孙颖

1. 课程说明

1.1 课程背景

在课程改革的背景下，树立为学生全面发展服务的观念，实现教学由教师中心、课堂中心向以学生主动学习为主的转变，改变学科知识与社会、生活脱节的现状，以促进学生的发展为宗旨开设了本课程。所选课题紧密联系学生的生活实际，为学生提供了丰富的动手实践机会，使学生在必修课程之余对化学学科及在生活中的作用有新的理解和认识。

1.2 课程目标

本课程旨在提高学生对于化学学科的兴趣、丰富学生对于化学知识以及化学学科在生活中的作用的认识与理解、提高动手能力和化学实验水平。

课程为学生提供动手实践的机会，在活动和玩乐中学习化学知识、了解化学作用，保持和增强学生对生活和自然界中化学现象的好奇心和探究欲。

1.3 课程内容

授课顺序	内容	课时
1	自制汽水	40 min
2	琥珀标本的制作	40 min
3	由花果制酸碱指示剂	40 min
4	自制豆腐	40 min
5	薄荷香精的合成	40 min
6	蔬果中 VC 含量的比较	40 min
7	自制叶脉书签	40 min
8	自制固体酒精	40 min
9	雪花膏(冷霜)的制法	40 min
10	制作化学小暖袋、小冰袋	40 min
11	自制酸奶和米酒	40 min

续表

授课顺序	内容	课时
12	碘时钟	40 min
13	蓝瓶子和碘酒五变色	40 min
14	自制蔬果电池	40 min
15	自制肥皂	40 min
16	海带成分中碘的检验	40 min
17	食醋中醋酸含量的测定	40 min

1.4 教学方法

方法和手段：实验与讲座相结合的教学方法。

教学形式：教师指导下的学生实验。

评价方法：学生制作出产品及成果展示、终期笔试小结。

1.5 选课建议

本课程由趣味化学实验、生活化学知识讲座两大部分组成。课程内容涉及生活中同学们常见的很多物质，涉及无机化学、有机化学等知识。同学们将学到一些物质的合成方法、鉴定方法、分离方法。选学本课程的同学需要有基础化学知识、基础实验能力。

本课程为对化学实验感兴趣、对生活中的化学现象充满好奇心的同学提供了了解生活、理解化学在生活中的作用的平台。学生将有大量的时间动手实验。适合高一、高二对化学感兴趣的同学选学。

1.6 教育资源

教学软件及资料：所需资料和软件由教师编制。

教学设备：所需仪器和药品及辅助器材由学校提供。

2. 课程设计与实践

基于学生对于身边事物的兴趣和好奇，以及对于自己动手实践的渴望，考虑到学生初学化学的实际，本选修课在选题上突出寓教于乐、趣味化与生活化；内容渗透基本操作与实验探究；实验中突出自主与合作；授课呈现理论知识讲座带动实验的模式。

知识内容主要由 PPT 课件呈现，课件设计尽可能做到图文并茂，激发学生兴趣、营造轻松的学习气氛。

在具体课程实施中，考虑到各种影响课程效果的因素，统筹兼顾、全面安排。

2.1 在安排上体现用心

同一个实验安排在不同的环境中，或不同的学生做，效果可能相差很大。欲激发学生更大的兴趣，使实验达到更好的效果，课程安排需要考虑很多因素，主要有以下几个方面。

2.1.1 与季节同步

季节是首先要考虑的因素。刚开学九月初天气还比较热，学生制作汽水品尝汽水的热情就要比冬天高得多。12 月份天气很冷，制作化学小暖袋和雪花膏（护手霜），学生可以把自己的作品送给家长、朋友暖手护手。另一方面是为了方便取材。例如，制作琥珀需要小昆虫，所以不适合在冬天进行；自制指示剂要用到牵牛花等鲜花，最好在夏末秋初进行；制作叶脉书签要用到成熟厚实的叶子，最好在深秋进行。气温对实验的影响也与季节有关，虽然实验中温度可以控制，但为了实验操作简单，成功率高，最好室温与实验所需温度接近。蓝瓶子实验温度在20℃时效果最佳；制作酸奶和酒酿的温度是 30℃ 左右，上课的时机就安排在十一月底供暖以后，可以把酸奶和酒酿放在暖气上，方便简单，温度又有保障。

2.1.2 与教材内容呼应

趣味实验不仅仅是让学生觉得好玩，在玩中增长知识才是课程的目的之一。调整课程顺序使其在内容与必修课相呼应，如将"香精的制取"安排在学生学习完萃取之后，让学生不但巩固了基本操作，同时领悟到学好基本操作的重要性；在学习完胶体的性质后安排"豆腐的制作"，做到知识上的衔接和拓展；"蓝瓶子""碘酒五变色"以及"海带中碘的检测"都是氧化还原内容的应用，需在学完氧化还原知识后，学生对原理的理解才能水到渠成。

2.1.3 与学生实验水平关联

无论是实验的操作还是原理都要遵循由浅入深的原则。实验过程中，学生的基本操作逐渐规范、熟练，并且对于实验步骤的安排、时间的掌控能力都不断加强，也引发了对实验原理的思考。每次实验成功带来的喜悦激发他们以更大的激情尝试新的实验。

综上所述，本学期实验的目录只适合于下半学年使用。3 月份至 7

月份，这门课程的目录要进行相应的调整。

2.2 在细节处体现趣味

学生都有自己的个性，希望展示自己的个性。希望做同样的实验，能得到与别人不同的成果。对实验的一些小的细节进行改进，给学生多一点选择，就可以大大激发学生的兴趣，加强实验的趣味性。

色：每个人都有自己喜欢的颜色，有着绚丽颜色的成品比色彩单一的成品更惹人喜爱。传统制备的固体酒精都是白色的，若在制作过程中加入一些颜料就可以得到彩色的固体酒精。叶脉书签也可以在最后让学生依据自己的爱好浸泡出不同的颜色。得到和别人不同的作品，学生的喜爱程度就大大提高了。通常可选用指示剂作染色剂，用量少，效果好。常用的有甲基橙、品红、亚甲基蓝、萘酚绿 B 等。

香：制作汽水时多准备几种口味的香精或果汁，学生之间相互品尝、评价。为课堂增添几分喜悦，也让学生体会到分享的快乐。制作雪花膏和肥皂时准备几种植物精油，香香的味道，让学生觉得与日常生活中的实物更加相似。

形：多变的形状和不同的色彩一样同样能体现制作者的个性。通常作品形状的改变都是由盛装容器的形状决定的。例如，制作琥珀、豆腐、固体酒精和肥皂时可以让学生提前准备自己喜欢的容器，同时教师准备一些备用。选择的容器应容积较小，深度适宜，材料稳定。

总之，从每一个细节处着手，优化实验步骤，给学生尽可能完美的40 分钟。

3. 课程调控

本课程仅有开课教师的努力是不够的，需要多方面的支持。在"自制汽水"一课中为学生准备了各种类型的饮料十多种；在"食醋中醋酸含量的测定"一课准备的可供学生选择实验的食用醋品种超过八种；在"蔬果中 VC 含量的比较"一课中，为学生准备的蔬果有猕猴桃、西红柿、橘子、芹菜、青椒等，大量非实验室常备的食材、用品，需要资金的投入，学校都给予了大力支持。

本课程是以实验为特色的。实验的准备，需要开课教师与实验室教师通力合作。从实验内容的确定到实验用量的摸索，从实验时间的把握到实验用品的采购，无一不是集体力量共同达成的。

为达到在有限的课时内让学生获得圆满的实验成果，所选实验内容应具备用时合理、难易适度、安全无污染的先决条件，在此基础上，突出趣味性与生活化。

为使每一位学生都能得到充分锻炼，课程为选课学生提供独立操作的机会，根据我校的实际情况，选课人数控制在 30 人左右比较合适，便于管理。

4. 课程评价

4.1 对学生的评价

本课程关注学生的过程体验和情感体验，每一次实验的成与败并不是评价关键，关键的是学生在实验操作过程中及实验结束后，经历的自我发现、自我反思、自我激励的心路历程。

在实施评价中，更注重学生的自我评价并给学生提供更多的他人评价的机会。

课程内容多选取制备和合成实验的另一层考虑是通过每一次的实验成果展示，让成功的学生获得心理上的满足，未成功的学生得以反思实验中的失误。

每一次学生自制的作品，都让学生带回去，让他们展示给同学和父母，在同伴评价和长辈评价中，获得激励和认同。

在终期小结中，学生写道："几乎每节课都能带回一些成品，很有成就感！""亲手做的雪花膏带回家后，装了满满两瓶子，还送了一瓶给朋友呢！现在，我和妈妈平时都在用这个雪花膏。""当我拿着自制的豆腐回班时，好多同学都很惊讶，还有同学品尝了一下，最后给我的评价是确实有豆腐味！"……

在课程结束时，学生进行纸笔小结。

课程实施中把学生作为评价主体，在评价过程中，学生不是一系列评价的消极应付者，而是主动参与者。在自我评价中，引导学生成为自律学习者，使其在自我评价与他人评价的共同作用下前进。

4.2 对课程的评价

"趣味化学实验与生活化学"第一次以校本选修课进入学生视野，实施效果怎么样，最有发言权的是学生。

在最后一节课上，我们给学生出了两道题："谈谈你对本选修课的看法"和"记录你最感兴趣的一次(或几次)课程"。对学生进行纸笔调查,一方面反馈学生的看法,另一方面让学生进行学习的总结反思。

学校也在终期做了一次独立而全面的校本课程的调查。

从问卷上看,学生喜欢课程的趣味性、知识性和贴近生活,喜欢轻松活泼的课堂气氛和丰富的内容,对课程给予他们足够多的动手实验机会赞不绝口。

从反馈结果上看,本课程获得学生很高的评价。学生给出的综合分数为 99.8 分。

5. 反思

学生给出的近乎完美的分数,说明我们实施教学的方向是正确的,而课程的开发与实施者,更多看到的是继续努力的空间和值得完善的方方面面。

从学生反馈得到的信息看,我们在课程初期建立的教学目标基本达成。

由于课时限制,更多的时间拿出来给学生做实验,学科知识部分就相对薄弱。虽然教师在课前准备了大量丰富有趣的素材,很多却未能展示出来,使得学生的兴趣还停留在表层,在深层的体验和感受上是有欠缺的。那些利用学科知识解决生活中问题和具有探究特点的专题没有引起更多学生兴趣的原因可能也在于此。

4. 学科教学与学生社团相结合,延展选修课程的空间

学生社团是我们选修课的特色项目,有些活动的开展需要跨年级举行,能够让更多的学生有参与的空间。例如,"模拟飞行社团",这个社团创建一年时间便获得了全校的"十佳社团"称号,学生参与的热情很高,有时候中午和下午放学后就会有学生来主动要求训练。将选修课程和学校社团相结合,已经成功地走出了符合我校实际情况的一条大道。教师也通过开展社团活动让更多的学生有参与的空间。现阶段美术社团已经成立的有"摄影社团""动漫社""书画社"。"摄影社团"创建时间较长,为学校的各个大型活动做出贡献,记录学校的各类大事。"动漫社"学生参与的热情很高,自己编纂剧本演绎舞台剧,服装、舞台均自己动手制作,还会利用放学时间主动要求训练。"书画社"依托于各类书法绘画大赛,将学校的各类优秀作品进行宣传。

音乐学科因为有些活动的开展需要跨年级举行，为了让更多的学生有参与的空间，建立了童混校级合唱团，这个社团创建两年时间便先后在维也纳、美国等地举办的合唱比赛中崭露头角获得优异的成绩，为国家、学校赢得了荣誉。

体育学科为了更好地发展学生的运动兴趣，并使学生学会一至两项终生受用的运动项目，我们对选修课做了适当的改进，在2014—2015学年度中开始实施。具体方法为：设立多项运动俱乐部，每个俱乐部制定合理而易于考核的标准，能通过考核则说明在此项目上学生具有了一定的技术能力，可以满足运动需求。在高一、高二学段，每个学生都要选择自己喜爱的、乐于参与的俱乐部。每个学期我们进行一次考核，凡是能达到考核标准的学生则可以取得选修课学分。俱乐部的活动形式不固定时间，我们不定期聘请高水平教练对学生进行辅导，不同俱乐部的主管教师要担负责任，制订学习和竞赛的计划，让每个学生都有参与、学习、比赛的机会，从而达到强身健体、培养运动兴趣、学会一至两项终生受用的运动项目的目的。校本课程和学校社团相结合，已经成为我校课程建设的重要方式之一。

5. 形成校本课程教材，规范校本课程标准

校本课程开发不是一蹴而就的工程。可以先以讲义的形式开设，但是必须向规范化与标准化迈进，在时机成熟时形成完整的校本教材。例如，化学学科王昱翎博士开发的"环境污染监测技术校本课程"，通过几年的实验和改进，最后编纂成了教材。该课程是对环境污染及其监测技术的介绍和相关实验。学生通过该课程的学习，可以增强环保意识和社会责任感，激发对环保事业的兴趣，增强投身到环保行业的动机，为未来职业规划提供参考，培养初步的科研素养和基本思路，为环保行业的发展储备潜在力量。主要内容包括：环境污染与监测技术的现状与发展、研究对象的基本性状、环境质量监测方案的设计思路、研究对象的样品采集与加工管理及预处理方法、样品的理化指标检测技术、污染物的测定方法、检测仪器的工作原理与使用方法、数据记录与处理方法及评价、科研论文写作方法等，并与学生的研究性学习结合。

技术学科在第二阶段的课程建构中首先开发校本教材，将校本课程规范化，如"信息学奥赛""机器人""模拟飞行""动手学天文"等都有自己的校本教材。这些教材累计已经超过了 300 页，通过统一印刷成册。

美术学科的校本课程通过几个学年的课程积累，国画、西画、工艺三个主要课程内容各个教师均有自己的校本教材资料库。一些选修课程如书法课程、摄影课程等这些成熟的课程，已有校本教材在投入使用。在课程建设的后续探索中各艺术组教师将会整理课程资料库，将校本教材编纂成册，这些内容将有效地在整合课程中发挥积极的作用。此举充分利用了各教师的专业优势，让学生在学习中可以更加深入地了解艺术的本质，充分地实践美术的各个门类，为提升学生美术鉴赏能力打下基础。为了更好地完成课程标准的要求，教师在建设这些校本课程时，积极采取了不同的策略，随时调整教学。物理学科通过承担北京市教育科学"十一五"规划课题"数字科学家计划：基于数据探究理论的物理选修课程建设与研究"进行校本精品课程建设研究和实践。

物理学科的杨文华和翟小舟老师开设的选修课"欣赏物理学"，从物理学史的角度对物理学的发展历程，物理学对人类文明的作用，物理学体现出来的科学精神进行了系统的讲述，深受学生喜欢。

地理学科在对课程标准进行解读的基础上，对课程进行调整和重组，以适应自主会考的教学需要。政治学科开设了诸如经济学、茶文化与茶艺、"模拟联合国"、国际政治热点问题等课程。

校本课程精品化之路永无止境。通过几年的探索，我们已建成了一批有内涵和深度，既能提升学生核心素养又能体现学校特色的校本精品课程。但是，面对学生的发展需求，我们还有很长的路要走。

四、学校课程的设置与安排

自主课程实验是六位一体式的全方位实验，其中最为核心的是课程内容和课程设置的自主性，每个学校在课程设置上都根据自己学校的特点而有所不同，而课程设置也最能体现学校的特色与文化，是课程实验中自主性与选择性的重要体现。根据国家课程标准的规定，普通高中学制三年，课程由必修和选修两部分构成，而选修课程分为选修Ⅰ（国家课程)和选修Ⅱ(校本课程)两大类。必修课程是全体学生必须修习的课程,选修课程是为满足学生的不同发展需要而选择修习的课程。学生修习课程的状况通过学分予以描述。

每学年52周,其中教学时间40周,社会实践1周,假期11周。

每学期分两段安排课程,每段10周,其中9周授课,1周复习考试。每个模块通常为36学时,获得2学分(其中体育与健康、音乐、美术,每个模块原则上为18学时,相当于1学分)。

研究性学习活动是每个学生的必修课程,三年共计15学分,学生每年还必须参加1周的社会实践获2学分,三年共6学分,三年中必须参加不少于10个工作日的社区服务,获得2学分。

学分由学校根据考试成绩和考核结果,结合学生的成长记录情况来认定。

毕业要求:学生每年在每一个领域都必须获得一定学分,三年中获得116分必修学分(包括研究性学习活动15学分,社区服务2学分,社会实践6学分),在选修Ⅱ中至少获得6学分,再加上在选修Ⅰ中获得的22学分,总学分达到144分方可毕业。

(一)常态课程设置思路

以模块教学为标志的课程设置是课程改革在教学组织和实施方面的一个重要探索。北京一零一中学按照自身模块教学的要求实施课程实验,实施有效教学,具体的实施原则是:设置层级,有标准,更要有弹性;质量双评,求规范,更注重效果;价值引导,要竞争,更提倡合作;多元共建,讲刚性,更彰显人性。

1. 教学时间分配

按规定,如果每周按5天(35学时)安排教学,每学时45分钟,每周总学时1575分钟。一般每学期分两个学段,每一个学段10周,教学时间9周,1周复习考试。根据学校实际情况,开展选修模块的长短学时相结合的实验。学校每周按5天安排教学,周一至周四每天上午5节课,下午3节课,每课时40分钟;周五上午5节课,每课时40分钟;周四下午安排校本课程,实行长短课结合。周总学时不超过1575分钟。

2. 课时安排方式

周一至周五上午原则上安排必修和选修Ⅰ课程，周四下午第一、第二节安排选修Ⅱ（校本课程）课程。第三节全校统一安排班团队活动。

选修Ⅱ课程学生可以跨年级选修，组成教学班，探索长短课时教学模式，尝试不同的学时组合。

体育与健康课程采用"2＋2＋1"模式，即2节必修课程、2节选修Ⅰ课程、1节选修Ⅱ课程。在周一至周四下午第四节课的时间安排学生选修体育与健康课程，时间40分钟，保证学生每天活动一小时。

技术、艺术、体育：实行组合选修。例如，技术分模块（四个模块）、分区（三个班一个区）。

校本课程：规划出"长课、中课、短课、微课"四种课型供学生自由选修。具体设置如表3-16所示。

表 3-16 校本课程表

学习领域	科目	必修学分	模块（举例）或说明		
			必修	选修	必选模块
语言与文学	语文	10	包含"阅读与鉴赏""表达与交流"两个系列的目标，组成五个模块。每个模块都是综合的，体现"阅读与鉴赏""表达与交流"的目标和内容	由诗歌与散文、小说与戏剧、新闻与传记、语言文字应用与探究、文化论著选读与专题研讨5个系列组成，下设模块，每个模块2学分	至少选修4个模块
	英语	10	高中英语必修课程共5个模块，将在培养学生基本的听、说、读、写的综合技能的基础上，更加强调学生思维与表达能力的发展，注重语言的输入量，必修课程由综合英语和阅读与表达两个部分构成	系列1：由6个模块组成，各2学分 系列2：语言知识与技能类；语言英语类；欣赏类等。分若干模块任意选修，每个模块各2学分	至少选修1-6、1-7、1-8

续表

学习领域	科目	必修学分	模块（举例）或说明		
			必修	选修	必选模块
数学与逻辑	数学	10	数学1：集合、函数概念与基本初等函数Ⅰ（指数函数、对数函数、幂函数） 数学2：立体几何初步、平面解析几何初步 数学3：算法初步、统计、概率 数学4：基本初等函数Ⅱ（三角函数）、平面向量、三角恒等变换 数学5：解三角形、数列、不等式	系列1：由2个模块组成，各2学分 系列2：由3各模块组成，各2学分 系列3：由6个专题组成，各1学分 系列4：由10个专题组成，各1学分	文科方向：1-1，1-2 理科方向：2-1，2-2，2-3，几何证明选讲，坐标系和参数方程
人文与社会	政治	8	由经济生活、政治生活、文化生活、生活与哲学4个模块组成	由科学社会主义常识、经济学常识、国家和国际组织常识、科学思维常识、生活中的法律常识、公民道德与伦理6个模块组成，各2学分	文科方向至少选修经济学常识、国家和国际组织常识
	历史	6	由3个模块组成。包括25个古今贯通、中外关联的学习专题，分别反映人类社会政治、经济、思想文化、科学技术等领域的重大历史内容	历史上重大改革回眸、近代社会的民主思想与实践、20世纪的战争与和平、中外历史人物评说、探索历史的奥秘、世界文化遗产荟萃6个模块，各2学分	文科方向至少选修近代社会的民主思想与实践、历史上重大改革回眸、中外历史人物评说
	地理	6	由地理1、地理2、地理3三个模块组成。涵盖了现代地理学的基本内容，体现了自然地理、人文地理和区域地理的联系与融合	宇宙与地球、海洋地理、自然灾害与防治、旅游地理、城乡规划、环境保护、地理信息技术应用7个模块组成，各2学分	文科方向至少选修旅游地理、自然灾害与防治

续表

学习领域	科目	必修学分	模块(举例)或说明		
			必修	选修	必选模块
科学	物理	6	物理1、物理2两个模块，另从选修模块中选择一个模块	系列1：2个模块，侧重物理学与社会的相互关联和作用，突出物理学的人文色彩 系列2：3个模块，侧重从技术应用的角度显示物理学 系列3：5个模块，侧重让学生全面学习物理学的基本内容，进一步了解物理学的思想和方法，较深入地认识物理学在技术中的应用及对经济、社会的影响，各2学分	文科方向至少选修1-1，理科方向至少选修3-1、3-2、3-3、3-4、3-5
	化学	6	由化学1、化学2两个模块组成，另从选修模块中选择一个模块	由化学与生活、化学反应原理、化学与技术、有机化学基础、物质结构和性质、实验化学等六个模块组成，各2学分	文科方向至少选修化学与生活，理科方向至少选修化学与生活、有机化学基础、化学反应原理
	生物	6	生物1：分子与细胞 生物2：遗传与进化 生物3：稳态与环境	选修1：生物技术实践 选修2：生物科学与社会 选修3：现代生物科技专题，各2学分	理科方向至少选修生物技术实践、现代生物科技专题
艺术	音乐	3	音乐鉴赏，2学分	唱歌、演奏、创作、音乐与舞蹈、音乐与戏剧表演等，各1学分	
	美术	3	美术鉴赏，1学分	绘画·雕塑、设计·工艺、书法·篆刻、现代媒体技术等，各1学分	

续表

学习领域	科目	必修学分	模块(举例)或说明		
			必修	选修	必选模块
体育与健康	体育与健康	11	田径，1学分	球类项目、体操类项目、水上或冰雪类项目、民族民间体育项目、新兴运动类项目等，每个模块各1学分	
			(健康教育系列必修1学分)每学期3课时的健康教育专题		
综合实践活动	研究性学习	15	分散，三年至少3个研究课题		
	社区服务	2	三年不少于10天		
	社会实践	6	每学年一周		
校本课程			不少于6学分		

3. 各学科课程设置思路

各学科都根据相应的课程标准，结合学校自身特点，采用必修课与选修课相结合的课程设置模式。

(1)语文学科课程设置思路

语文学科的必修和选修课程均按模块组织学习内容，必修课程从"语文1"至"语文5"共5个模块。高中三年每个学期分两段，每一学段(约10周)完成一个模块的学习。必修课程安排在高一和高二第一学期的第一学段完成。必修课程突出课程的基础性和均衡性。学生通过必修课程的学习，应该具有良好的思想文化修养和较强的运用语言文字的能力，在语文的应用、审美和探究等方面得到比较协调的发展。必修课程包含"阅读与鉴赏""表达与交流"两个方面的目标，组成的5个模块都是综合的，体现"阅读与鉴赏""表达与交流"的目标和内容。

选修课程设置为5个系列，分别为系列1——诗歌与散文；系列2——小说与戏剧；系列3——新闻与传记；系列4——语言文字应用与探究；系列5——文化论著选读与专题研讨。每个系列细化为2个模块，共 10 个模块，供学生自由选择。选修课程拟定在高二第一学期的第二学段至高三第一学期第一学段完成。

必修课程结构如表 3-17 所示。

表 3-17 　必修课程结构表

课程	模块内容	教学时段	学时	学分
必修课程	语文 1	高一第一学期第一学段	36	2
	语文 2	高一第一学期第二时段	36	2
	语文 3	高一第二学期第一学段	36	2
	语文 4	高一第二学期第二学段	36	2
	语文 5	高二第一学期第一学段	36	2

选修课程结构如表 3-18 所示。

表 3-18 　选修课程结构表

课程	系列内容	模块内容	教学时段	学时	学分
选修课程	系列 1	先秦诸子论著选读	高二第一学期第二学段	36	2
		唐诗选读			2
	系列 2	中外戏剧选读	高二第二学期第一时段	18	2
		中外小说名著选读			2
	系列 3	新闻通讯的阅读与写作	高二第二学期第一、第二学段	18	2
		演讲与辩论专题			2
	系列 4	语言文字专题研究	高二第二学期第二学段	18	2
		区域文化探究			2
	系列 5	名人传记选读	高三第一学期第一学段	18	
		歌德谈话录			2

(2)英语学科课程设置思路

英语学科必修课 10 学分，按模块 1－5（即英语 1－5）顺序开设。每个模块 2 学分，共 45 学时（每周 5 课时）。修满 10 学分，达到 7 级目标要求。必修课程激发学生学习语言的兴趣，帮助学生获得语言学习的方法；促进语言交流能力的发展，丰富人文与科技知识，使学生在高中毕业时具备初步的跨文化交际的意识和能力，形成积极向上的学习态度、灵活多样的学习策略，为学习更多的科学文化知识、开展国际交流夯实基础。

每课时必修课后会有阅读课，阅读课是在完成每个话题的基础上，以为学生提供相关课外阅读材料为依托所开设的课程，旨在开阔学生视野，及时复习巩固，从而帮助学生掌握词汇；同时给学生以阅读方法上的指导，使学生逐步掌握对文体的识别以及具备理解主旨、把握作者意图、猜测生词、根据文章线索进行推理判断的能力。

英语选修分为2个系列：系列1是在必修课程模块1～5基础上顺序开设的课程，共6个模块(英语6～11)，每个模块2学分。学生完成模块6～8，可以达到8级目标要求；完成模块9～11的学生可以达到9级目标要求。系列2为任意选修课程。课程分为3类：语言知识与技能类、语言应用类和欣赏类，分别对应英语报刊阅读、环球英语教程、外教英语和英文电影欣赏。英语报刊阅读辅助教学在课堂和真实世界之间搭建桥梁，培养学生终身受益的阅读习惯；报刊也可提供实用而又简明的写作范例。通过新闻英语的引入，激发学生听广播、看报刊的兴趣并使之养成习惯，从而使学生开阔眼界和心胸。环球英语教程注重跨文化交际。话题、情境设计以美语语境为主，辅以全球化背景，置英语学习于世界文化环境之中。外教英语利用外籍教师的资源，对所学课文的话题进行复现，实现将课堂所学词汇、短语进行实际应用的语言实践。通过听、说练习，逐步熟悉以英语为母语的国家人们说英语的习惯，了解相关国家的文化背景。练习英语思维的习惯，以弥补国内教师授课的不足。英文电影欣赏以经典英语电影为载体，运用影片中的对白，辅以精彩的英文注释，帮助学生体会近似真实生活意境的英语，始终处于"用英语思维"的状态，使学习者能流畅地看电影并加深对影片内容及其所反映的社会、历史、文化背景的理解。

课程内容结构如表3-19所示。

表3-19　英语课程内容结构表

课程	模块	学时	学分
必修课程	英语1～5	45	10
选修课程	系列1：英语6～8，英语9～11	45	10
	系列2：英语报刊阅读、环球英语教程、外教英语、英文电影欣赏		

（3）数学学科课程设置思路

数学必修部分由数学 1、数学 2、数学 3、数学 4、数学 5 共 5 个模块组成。分别是数学 1——集合、函数概念与初等函数Ⅰ（指数函数、对数函数与幂函数）；数学 2——立体几何初步、平面解析几何初步；数学 3——算法初步、统计、概率；数学 4——基本初等函数Ⅱ（三角函数）、平面向量、三角恒等变换；数学 5——解三角形、数列、不等式。选修部分提供了 4 个系列，系列 1 有 2 个模块，系列 2 有 3 个模块，每个模块 2 个学分；系列 3、4 有若干个专题构成，每个专题 1 个学分。系列 1：由两个模块组成（适用文科方向），分别是选修 1-1——常用逻辑用语、圆锥曲线与方程、导数及其应用；选修 1-2——统计案例、推理与证明、数系的扩充与复数的引入、框图。系列 2：由三个模块组成（适用理科方向），分别是选修 2-1——常用逻辑用语、圆锥曲线与方程、空间向量与立体几何；选修 2-2——导数及其应用、推理与证明、数系的扩充与复数的引入；选修 2-3——计数原理、随机变量及其分布、统计案例。系列 3：我校选择部分模块，包括选修 3-1——数学史选讲；选修 3-2——信息安全与密码。系列 4：我校选择部分模块，包括选修 4-1——几何证明选讲；选修 4-3——数列与差分；选修 4-4——坐标系与参数方程。

（4）思想政治学科课程设置思路

思想政治学科课程由必修课和选修课构成。根据我校师资力量，选修课准备开设选修Ⅰ经济学常识、选修Ⅱ国家和国际组织常识两个模块供学生选择。课程内容结构如表 3-20 所示。

表 3-20　思想政治课程内容结构表

课程	模块	学时	学分
必修课程	必修Ⅰ经济生活	18	2
	必修Ⅱ政治生活	18	2
	必修Ⅲ文化生活	18	2
	必修Ⅳ生活与哲学	18	2
选修课程	选修Ⅰ经济学常识	18	2
	选修Ⅱ国家和国际组织常识	18	2
	选修Ⅲ公民道德与伦理常识	18	2

必修课程围绕经济生活、政治生活、文化生活的主题设置三个模块，以马克思主义哲学常识为主要内容，设置生活与哲学模块。这四个课程模块贯彻了整体规划小学、初中、高中阶段德育课程体系的思路，既保持以生活主题为基础的系统联系，又体现内容目标的递进层次。顺应社会主义物质文明、政治文明、精神文明协调发展的要求，社会主义市场经济、社会主义民主政治、社会主义先进文化建设常识将成为本课程的重要内容。

选修课程是基于必修课程教学的延伸和扩展，是体现课程选择性的主要环节。课程模块的设置，把先进性要求与广泛性要求结合起来，既着眼于学生升学的需要，又考虑到学生毕业后的就业需求；既体现本课程作为德育课程的特有性质，又反映本课程在人文与社会学习领域中的特有价值。

(5)历史学科课程设置思路

历史由必修课和选修课构成。根据我校师资力量，选修课准备开设"历史上重大改革回眸""近代社会的民主思想与实践""中外历史人物评说"三个模块供学生选择。

课程内容结构如表3-21所示。

表3-21　历史课程内容结构表

课程	模块	学时	学分
必修课程	历史Ⅰ	36	2
	历史Ⅱ	36	2
	历史Ⅲ	36	2
选修课程	选修Ⅰ	36	2
	选修Ⅱ	36	2
	选修Ⅳ	36	2

历史必修课分为历史Ⅰ、历史Ⅱ、历史Ⅲ三个学习模块，包括25个古今贯通、中外关联的学习专题，分别反映人类社会政治、经济、思想文化、科学教育等领域的重要历史内容，是全体高中学生必须学习的基本内容。历史Ⅰ着重反映人类社会政治领域发展进程中的重要内容，共有九个专题：古代中国的政治制度；列强侵略与中国人民的反抗斗

争；近代中国的民主革命；现代中国的政治建设与祖国统一；现代中国的对外关系；古代希腊罗马的政治制度；欧美资产阶级代议制的确立与发展；从科学社会主义理论到社会主义制度的建立；当今世界政治格局的多极化趋势。历史Ⅱ着重反映人类社会经济和社会生活领域发展进程中的重要内容，共有8个专题：古代中国经济的基本结构与特点；近代中国经济结构的变动与资本主义的曲折发展；中国特色社会主义建设的道路；中国近现代社会生活的变迁；新航路的开辟、殖民扩张与资本主义世界市场的形成和发展；罗斯福新政与资本主义运行机制的调节；苏联社会主义建设的经验与教训；当今世界的全球化趋势。历史Ⅲ着重反映人类思想文化和科学技术领域的发展进程及其重要内容，共有8个专题：中国传统文化主流思想的演变；古代中国的科学技术与文化；近代中国的思想解放潮流；20世纪以来中国重大思想理论成果；现代中国的科学技术与文化；西方人文精神的起源及其发展；近代以来世界科学技术的历史足迹；19世纪以来的文学艺术。

高中历史选修课是供学生选择的学习内容，旨在进一步激发学生的学习兴趣，拓展学生的历史视野，促进学生个性化发展。学生可根据自己的兴趣，任选若干个模块；建议在人文社会科学方向发展的学生，应至少选修3个模块。选修Ⅰ历史上重大改革回眸包括：梭伦改革、商鞅变法、北魏孝文帝改革、王安石变法、欧洲的宗教改革、穆罕默德·阿里改革、1861年俄国农奴制改革、日本明治维新、戊戌变法。选修Ⅱ近代社会的民主思想与实践包括：专制理论与民主思想的冲突、英国会议与国王的斗争、向封建专制统治宣战的檄文、构建资产阶级代议制的政治框架、法国民主力量与专制势力的斗争、近代中国民主的思想与反对专制的斗争、无产阶级和人民群众争取民主的斗争。选修Ⅳ中外历史人物评说包括：古代中国的政治家、东西方的先哲、欧美资产阶级革命时代的杰出人物、亚洲觉醒的先驱、无产阶级革命家、杰出的科学家。

(6)地理学科课程设置思路

地理课程设置由必修课和选修课构成。根据我校师资力量，选修课准备开设选修3"旅游地理"、选修5"自然灾害与防治"。地理必修课分为地理1、地理2、地理3三个学习模块，涵盖了现代地理学的基本内容，体现了自然地理、人文地理和区域地理的联系与融合。通过学习现代公民必备的地理知识，增强学生的地理学习能力和生存能力；关注人口、资源、环境和区域发展等问题，有利于学生认识人地关系，形成可持续发展的观念，珍爱地球，善待环境。因此，必修模块对于培养学生作为现代公民必备的地理素养具有不可或缺的作用。

课程内容结构如表 3-22 所示。

表 3-22　地理课程内容结构表

课程	模块	学时	学分
必修课程	地理 1	36	2
	地理 2	36	2
	地理 3	36	2
选修课程	旅游地理	36	2
	自然灾害与防治	36	2

(7)物理学科课程设置思路

物理课程设置由必修课和选修课构成。我校在共同必修的基础上为满足学生的学习需求，既考虑为学生的进一步发展提供空间，又考虑学生的兴趣爱好和能力倾向以及不同模快的相互联系和共同要求。选修课准备开设选修 1-1，3-1，3-2，3-3，3-4，3-5 六个模块供学生选择。必修课分为共同必修和必选三个学习模块，其中共同必修模块是全体高中学生的共同学习内容，旨在引导学生学习基本的物理内容，了解物理学的思想和研究方法，初步认识物理学对科学技术、经济、社会的影响。必选为选修系列的 1-1 模块。

必修课程共 108 学时，6 学分。物理 1：在本模块中学生将进一步学习物理学的内容和研究方法，了解物理学在技术上的应用和物理学对社会的影响。物理 2：在本模块中，学生将通过机械能、曲线运动的规律和万有引力等内容的学习，进一步了解物理学的核心内容，体会高中物理课的特点和学习方法，为以后进一步学习打好基础，为后续模块的选择做准备。

物理选修课是供学生选择的学习内容，是为进一步提高学生的物理科学工作者素养，以及满足学生多样化发展的需要而设计的。选修部分的学习需要以必修部分的学习为基础。其中，选修 1-1、选修 1-2 系列课程模块以物理学的核心内容为载体，侧重物理学与社会的相互关联和相互作用，突出物理学的人文特色，注重物理学与日常生活、社会科学以及人文学科的融合，强调物理学对人类文明的影响。

选修3-1、选修3-2、选修3-3、选修3-4、选修3-5课程模块侧重让学生较全面地学习物理学的基础内容，进一步了解物理学的思想和方法，较为深入地认识物理学在技术中的应用以及对经济、社会的影响。

无论哪一组模块，不仅含有物理学概念、规律和实验，而且含有物理与社会发展、物理与技术应用、物理与生活等方面的内容。

(8)化学学科课程设置思路

选修课与必修课相结合。

化学的主要课程结构如表3-23所示。

表3-23 化学课程内容结构表

化学课程	必修课程	化学1	主题1：认识化学科学
			主题2：化学实验基础
			主题3：常见无机物及其应用
		化学2	主题1：物质结构基础
			主题2：化学反应与能量
			主题3：化学与可持续发展
	选修课程	选修1：化学与生活	主题1：化学与健康
			主题2：生活中的材料
			主题3：化学与环境保护
		选修2：化学与技术	主题1：化学与资源开发利用
			主题2：化学与材料的制造、应用
			主题3：化学与工农业生产
		选修3：物质结构与性质	主题1：原子结构与元素的性质
			主题2：化学键与物质的性质
			主题3：分子间作用力与物质的性质
			主题4：研究物质结构的价值

续表

化学课程	选修课程	选修4：化学反应原理	主题1：化学反应与能量
			主题2：化学反应速率和化学平衡
			主题3：溶液中的离子平衡
		选修5：有机化学基础	主题1：有机化合物的组成与结构
			主题2：烃及其衍生物的性质与应用
			主题3：糖类、氨基酸和蛋白质
			主题4：合成高分子化合物
		选修6：实验化学	主题1：化学实验基础
			主题2：化学实验探究

模块结构如表 3-24 所示。

表 3-24　化学模块结构表

社会需求	高中化学相关内容	对应模块
食物	糖类、氨基酸和蛋白质	选修5
健康	化学与健康	选修1
能源	化学反应与能量、化学与资源开发利用	选修2
衣、住	生活中的材料、合成高分子化合物	选修1、选修5
环境	化学与环境保护	选修1
运输、通信	化学与材料的制造、应用	选修2
原料开发	化学与材料的制造、应用，合成高分子化合物	选修2、选修5

(9)生物学科课程设置思路

生物由必修课和选修课构成。根据我校师资力量，选修课准备开设生物技术实践、生物科学与社会、现代生物科技专题 3 个模块供学生选择。

课程内容结构如表 3-25 所示。

表 3-25　生物课程内容结构表

课程	模块	学时	学分
必修课程	分子与细胞	36	2
	遗传与进化	36	2
	稳态与环境	36	2

续表

课程	模块	学时	学分
选修课程	生物技术实践	36	2
	生物科学与社会	36	2
	现代生物科技专题	36	2

必修课分为分子与细胞、遗传与进化、稳态与环境3个学习模块，包括21个学习专题。必修模块选择的是生物科学核心内容，同时也是现代生物科学工作者发展最迅速、成果应用最广泛与社会和个人关系最密切的领域。所选内容能够帮助学生从微观和宏观两个方面认识生命系统的物质和结构基础、发展和变化规律以及生命系统中各组分间的相互作用。因此，必修模块对于提高全体高中学生的生物科学素养具有不可或缺的作用。必修课每个模块为36学时，2学分；共108学时，6学分。

选修课是供学生选择的学习内容，是为进一步提高学生的生物素养，以及满足学生多样化发展的需要而设计的。选修部分的学习需要以必修部分的学习为基础。

(10)技术学科课程设置思路

技术课程将由信息技术和通用技术两部分组成。根据我校目前的情况，信息技术课程将在高中一年级开设，通用技术课程将在高中二年级开设。

信息技术课程的开设：高中信息技术课程包括必修与选修两部分，共6个模块，每个模块2学分。必修课程是全体高中学生必须修学的课程内容，它为后续的选修课程提供了必要的基础。其内容标准规定了高中毕业生必须达到的最低技术素养水平。

必修部分只有"信息技术基础"一个模块，2学分。它与九年义务教育阶段相衔接，是信息素养培养的基础，是学习后续选修模块的前提。

信息技术科目的选修部分包括"选修1算法与程序设计""选修2多媒体技术应用""选修3网络技术应用""选修4数据管理技术""选修5人工智能初步"5个模块，每个模块2学分。5个选修模块并行设计，相对独立。

信息技术课程各模块之间的关系结构如图3-8所示。

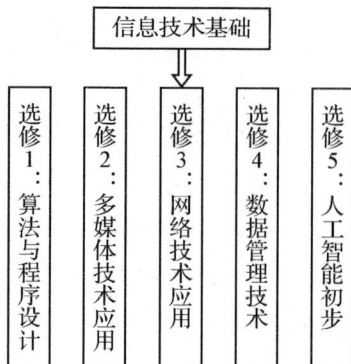

图 3-8　信息技术课程结构图

通用技术课程包括必修与选修两个部分，共9个模块，每个模块2学分。通用技术课程的必修模块是"技术与设计1"和"技术与设计2"，两个必修模块之间呈递进关系，即"技术与设计1"是"技术与设计2"的基础。技术与设计1使学生在九年义务教育的基础上对技术有更为深刻而全面的理解，初步掌握一个通用的、完整的设计过程，学会与设计有关的各种途径、方法，了解设计中可能遇到的各种问题。技术与设计2，主要是在技术与设计1的基础上进行的一种专题性设计，集中体现了一些重要的技术思想和方法，它更关注设计过程中"结构""流程""系统"和"控制"的基本思想和设计的基本方法，注重学生对这些思想和方法的应用及实际问题的解决。通用技术课程的选修模块着眼于不同学生的不同发展要求，其内容是必修模块在不同具体技术领域的延伸和深化，旨在为学生提供更为丰富、更为多样的技术实践的机会，拓展学生的技术经历，提高学生理论应用于实践的能力。

通用技术课程设置选修模块7个，模块之间为并列关系，供学生在修学必修模块之后根据兴趣和条件自由选择。内容包括：电子控制技术、建筑及其设计、简易机器人制作、现代农业技术、家政与生活技术、服装及其设计、汽车驾驶与保养。考虑到场所、设备等因素，本着一切从实际出发的原则，在上述选修模块中，学校将根据实际情况在高中二年级创造相应的选修模块学习条件，为学生创设更大的选择空间。

（11）音乐学科课程设置思路

音乐采取必修课与选修课相结合的课程设置模式，共 6 个模块，3 学分。其中，基础性模块——音乐鉴赏 2 学分，歌唱、演奏、创作、音乐与舞蹈、音乐与戏剧表演模块各 1 学分。

基础性模块——音乐鉴赏：主要通过聆听和感受音乐及对音乐历史与文化的学习，培养学生的音乐审美能力和评价、判断能力，是增进学生音乐文化素养的主要渠道。歌唱、演奏：学生通过对音乐表演活动的亲身参与和直接体验，享受音乐表现的乐趣、陶冶情操，提高音乐表现力。创作：是培养学生艺术想象力和创造力的园地，也是学生进一步获得音乐基础知识和学习音乐基本理论的模块。音乐与舞蹈、音乐与戏剧表演：满足学生的不同兴趣、爱好和发展需求，认识音乐与姊妹艺术的密切关系，拓展艺术视野，提高学生的综合艺术表现力。

（12）美术学科课程设置思路

美术采取必修课与选修课相结合的课程设置模式，共 6 个模块，3 学分。其中，基础性模块——美术鉴赏 2 学分，藏书票、摄影、素描、中国画、陶艺模块各 1 学分。

基础性模块——美术鉴赏：作为普通高中阶段美术科目的学习模块之一，美术鉴赏课程在帮助学生学会欣赏、鉴别与评价中外美术作品的过程中，逐步提高学生艺术鉴赏力、养成健康的审美情趣、形成热爱中华民族文化和尊重世界多元文化的情感和立场。

藏书票：通过学习与欣赏，让学生了解藏书票的历史以及藏书票在国外与国内的发展情况，正确地认识到藏书票的价值和使用意义，陶冶学生的审美情操，形成人文素养。

摄影：通过欣赏与学习，学生能够理解摄影的特性与基本功能，能够了解摄影艺术发展的历史，能正确地认识到摄影艺术的价值和意义，积极学习摄影技巧，感悟摄影艺术带来的乐趣。

素描：通过学习与欣赏，让学生了解素描的画法及素描在国内外的发展情况，以及对其他造型艺术的作用，陶冶学生的审美情操，培养学生的造型能力。

中国画：通过学习使学生对祖国的绘画艺术有了进一步的了解，引导学生热爱祖国，理解文化艺术，弘扬人文精神。

陶艺：在义务教育阶段"玩陶"的基础上，更进一步规范几种主要的成型技法，强调成型制作的步骤和要领。在本课中提供了用这几种成型方法制作的陶艺作业，启发学生们打开思路，用掌握的主要成型方法去进行创作设计。

(13)体育与健康课程设置思路

体育与健康课程是一门以身体练习为主要手段，以体育与健康知识、技能和方法为主要学习内容，以增进高中学生健康为目的的必修课程，是高中课程体系的重要组成部分，是实施素质教育和培养德、智、体、美全面发展人才不可缺少的重要途径。根据学校现有的师资力量、场馆条件和周边(社区)环境资源，高中体育与健康课程由必修课和选修课两部分组成。学生可以根据自己的条件和爱好在学校确定的范围内选择运动项目作为学习内容，以形成运动爱好和专长，满足学生个性化学习和发展的需要。

课程内容结构如表 3-26 所示。

表 3-26　体育与健康课程内容结构表

课程	模块	学时	学分
必修课程	球类项目	36	2
	体操类项目	36	2
	田径类项目	54	3
	民族民间体育类项目	36	2
	新兴运动类项目	18	1
	健康教育专题	18	1
选修课程	球类项目	18	1
	体操类项目	18	1
	田径类项目	18	1
	民族民间体育类项目	18	1
	新兴运动类项目	18	1

必修内容是对全体学生学习体育与健康课程内容的共同要求。为了与九年义务教育体育与健康课程的四级学习水平相衔接，课程标准设置了两级学习水平(水平五、水平六)和6个系列(田径类项目、球类项目、体操类项目、民族民间体育类项目、新兴运动类项目以及一个健康教育

专题系列)。水平五规定了每一位高中学生通过自己的努力应达到的学习目标,是全体高中学生的共同必修内容。其中,五个运动技能系列必修 10 学分,健康教育专题系列必修 1 学分。在运动技能学习中,基于田径类项目在促进学生体能发展和意志品质培养方面的重要性,要求学生在田径类项目系列中至少必修 1 学分。

水平六是为部分学有余力的学生设置的发展性学习目标,学生可以将水平六作为选修Ⅰ的学习内容(在运动技能的学习中,应建议学生选择同一运动项目进行学习,以进一步提高学生在该项目的运动技能水平),也可以选学水平五中其他运动项目中的模块。在选修Ⅰ的学习时,同样应注意体现运动参与、运动技能、身体健康、心理健康和社会适应5 个方面具体目标的学习要求。为满足学生选项学习的需要,课程标准在水平五和水平六的运动技能中各设立 5 个系列。每个系列包含若干模块。一个模块由某一运动项目(如篮球、有氧操、短距离跑、中长跑、太极拳、轮滑等)中相对完整的若干内容组成。一般为 16 学时,以便学生对所选模块进行较系统的学习。学生每完成一个模块的学习,且成绩合格即可获得 1 个学分。在高一、高二两学年的选修课学习中,每个学期可以选择两个模块进行学习且不得重复。

鼓励有体育兴趣和爱好的学生在完成 11 个必修学分的基础上修得更多学分;建议有志于向体育运动及相关专业方向发展的学生,至少再选择 5 学分以上的体育与健康课程内容进行学习。

(二)实践与创新课程的设置

作为课程设置中一个独立的学习领域,实践与创新课程含特色书院课程、科技项目研修和综合实践活动。其中,综合实践活动包括研究性学习、社区服务和社会实践活动 3 部分,共 23 个必修学分,其中社区服务与社会实践共 8 个必修学分。为了保证开展高质量的综合实践活动,学校分别制定了《社会实践与社区服务实施方案》和《研究性学习实施方案》。

1. 社会实践与社区服务

社会实践以班级、社团或小组为单位,在校外实践基地或校内组织开展。以班级为单位的社会实践活动由班主任负责统筹和管理。以小组为单位的社会实践活动,每组至少 5 人。社区服务以连心社、志愿服务小组、团支部为主要活动单位，在学校或家庭所在社区范围内开展活动。活动可以由教师来组织开展，也可以由学生自主安排。每个小组至少由 3 人组成。

（1）课程目标

社区服务：让学生通过主动参与社区的公益活动，关心社区建设，形成诚恳助人、乐于奉献的积极态度和情感。与此同时，使学生学会现代社会人际交往的本领，提高沟通与合作的能力，增强团结协作的意识，并且培养学生的公民意识、参与意识、社会责任意识以及学以致用服务社会的意识，并在社区服务过程中使学生进一步了解社区生活的社会环境，增长从事社会活动所需的知识，增强适应现代社会活动的能力。

社会实践：学校由教育处和团委负责对社区服务和社会实践活动进行协调指导。由班主任负责对班级的社区服务和社会实践活动进行动员、组织、考核。由学校学分认定委员会对学生参加相关活动所获学分进行认定。在这个过程中使学生获得直接感受和积累问题解决的经验，形成综合思考问题的能力。培养学生认识探究社会问题的基本能力、人际交往能力、协作能力、组织能力、独立思考和操作能力以及适应环境的能力，并且培养学生的劳动观念，形成一定的劳动技能和创新能力。同时促进学生关心社会和科技进步，关心地球和生存环境。

（2）课程内容

课程内容如表 3-27 所示。

表 3-27　社会实践与社区服务课程内容结构表

	分类	具体内容	学分安排
社会实践	校园实践	军事训练（全体） 值周活动（全体） 成人仪式（全体） 学生电视台、广播站、记者团等学生社团活动（每名学生至少参加一个社团） 101 品牌活动（施光南艺术节、"12·9"合唱节、文化节、科技节） 学生科技人文论坛（主办者和主讲人） 学生会活动（学生会成员） 各班承办节假日活动 校报《圆明园文艺》、校刊《一步》编辑出版	校内实践活动共 1 周，修习 2 学分

续表

分类		具体内容	学分安排
社会实践	校园实践	红十字活动（参加培训人员） 校史馆讲解（讲解员） 校内其他义务劳动（好人好事、卫生加分）	校内实践活动共1周，修习2学分
	社会体验	燕京啤酒 现代汽车 汇源果汁 农业劳动 超市服务	校外实践活动共2周，修习4学分，高三年级不再安排
	综合实践	革命传统、民族精神教育活动（西柏坡、井冈山、延安、航天城等） 祭扫烈士墓活动 博物馆、纪念馆参观活动 拓展训练（香山、顺义、凤凰岭） 与友好学校学生互访交流活动 微软亚洲研究院（参观、征文、讲座） IBM研究中心（走进校园） 中央电视台（《百家讲坛》） 光明日报社（《光明讲坛》） 其他修学活动	
社区服务	社会公益活动	连心社活动 各类"义卖"活动 社区卫生保洁活动 可持续发展行动小组活动 学雷锋活动 青年志愿者活动（排队日、推广普通话、无烟日等）	高一和高二完成不少于10个工作日的社区服务，修习2学分。高三年级原则上不再安排
	宣传教育活动	环保主题宣传 交通安全主题宣传	
	帮贫助困活动	临终关怀医院 敬老院 顺义太阳村 海淀残联语训中心 大手拉小手活动（西柏坡水利希望小学、温泉二中、房山窦店中学、夏村中学）	
	社区民俗活动	圆明园研究 北京文化	

（3）基本要求

充分发挥学生的创造性和自主性。鼓励并要求学生自己参与设计、自己选择主题、自己组织实施、展开自我评价，尽可能让学生自己去观察、感知、判断、分析、反思和创造，将活动的实施过程作为学生改变学习方式、感悟生活的过程。落实活动规范，保证严肃性和真实性。每次活动要有明确的目的要求，做到任务、实践点、指导人员、责任人四落实。在社区服务和社会实践活动结束后，要让学生如实填写《学生社会实践和社区服务报告》，做好考勤记录和活动原始记录（表 3-28 和表 3-29）。

表 3-28　学生社区服务活动记录表

填表时间：　　年　月　日

姓名		班级		学号		学分	
服务对象及地址				社区电话			
服务内容				服务时间	年　月　日 共计：　　小时		
家长意见	家长（签章） 年　　月　　日						
服务体会							
服务社区意见	社区（签章） 年　　月　　日						
班主任（签章） 年　月　日				教育处（签章） 年　　月　　日			
备注							

表 3-29 学生社会实践活动记录表

姓名： 班级： 届别：

活动主题		活动时间	年　月　日 共计：　　小时
活动地点		组织者	
个人主要活动 内容简述			
个人活动 体会感想 收获	签名：　　年　月　日		
活动组织者 评价意见	签名：　　年　月　日		

注：本表作为每次社会实践活动记录表，高中阶段每学年活动时间不少于一周（56小时），认定 2 学分，三年总计 6 学分。

注重对学生态度的考察，重视过程体验。主要考察学生的参与能动性、体验和真实感受以及认识、能力、情感、态度和价值观等领域的进步与发展。

增强安全意识。在组织活动时，要对学生进行必要的安全教育，提高学生的自我保护能力。同时加强与学生家庭、社会相关部门的沟通与联系，在确保学生人身安全的前提下开展各项活动。

社区服务和社会实践活动的开展要从实际出发，积极主动，讲究诚信。

（4）学分认定

社区服务：

学分设置：三年共 2 学分。时间要求：高一、高二分别参加不少于5 个工作日的社区服务并取得相关证明，分别获得 1 学分。

认定方法：以学期为单位汇总原始材料，学年末填写社区服务评价与学分认定表（表 3-30）。首先由班主任根据学生参与的时间和态度给出学分，上报教育处或团委审核，最后由学校学分认定委员会认定。学生自主安排的社区服务由接受服务单位负责人签章证明，学校组织的服务活动由负责教师签章证明。

表 3-30　社区服务评价与学分认定表

姓名：　　　　　　班级：　　　　　　届别：

参加社区服务情况记录及评价	序号	服务时间	服务地点	服务内容	表现评价	
					自我评价	服务对象评价
	1					
	2					
	3					
	4					
	5					

社会服务综合评定等级：				班主任签名：　　　　　年　月　日	
学分认定	班主任意见（在相应栏签名）		教育处审查意见		学校主管领导审批意见
	合格（1分）	不合格（0分）	合格（1分）	不合格（0分）	合格（1分） 不合格（0分）

社会实践：

学分设置：三年共 6 学分。时间要求：三年内必须参加为期三周的社会实践，每学年一周，可集中安排，也可分散进行。

认定方法：以学期为单位汇总原始材料，学年末填写社会实践活动评价与学分认定表（表 3-31）。首先由班主任根据学生参与的时间和态度给出学分，上报教育处或团委审核，最后由学校学分认定委员会认定。学生自主安排的社会实践由所在单位负责人签章证明，学校组织的实践活动由负责教师签章证明。

表 3-31　学生社会实践活动评价与学分认定表

姓名：　　　　　　班级：　　　　　　届别：

参加社会实践活动情况记录及评价	序号	活动时间	活动地点	组织者	活动内容	表现评价	
						自我评价	组织者评价
	1						
	2						
	3						
	4						
	5						

续表

社会实践活动综合评定等级：		班主任签名：		年 月 日	
学分认定	班主任意见 （在相应栏签名）		教育处审查意见		学校主管领导审批意见
	合格 （2分）	不合格 （0分）	合格 （2分）	不合格 （0分）	合格 （2分）	不合格 （0分）

2. 研究性学习

研究性学习在培养学生创新精神和实践能力方面弥补了传统课程的许多不足。可以说，研究性学习能力的培养是学生学习方法的一次革命。学校为此制定出《研究性学习实施方案》，具体实施包括五个步骤：确定课题—制订计划—搜集资料—总结整理—交流评价。研究性学习采用集中与分散相结合的方式，学校建立对研究性学习成果的评价机制，重点关注学生进行研究性学习的过程、学生的学习体验、学习行为方式所产生的变化等。

（1）确立研究性学习实施的原则

主体性原则：研究性学习不同于传统学习，它真正把学生置于主体地位。在研究中，由学生自己选定课题，自主组织研究小组，设计研究方案，独立开展研究活动，教师重在组织、指导和评估。

开放性原则：研究性学习的研究题目涉及广泛，可以立足某一学科，也可以融合多学科。在同一主题下，探究视角、目标定位、过程设计、方法适用等应留有足够空间，供学习者展示个性特长，发挥才能。

全员性原则：研究性学习要面向全体学生，并充分考虑到学生的个体差异，尊重学生的兴趣爱好和选择，力求使每个学生都能得到发展。

创造性原则：学生的创造潜能是座"金矿"，而研究性学习是挖掘"金矿"的很好形式。研究性学习应着眼于激发学生的创造情感，创设一种类似于科学研究的情境和途径，让学生通过主动探索，发现和体验，学会对大量信息的搜集、分析和判断，培养学生的创造思维和探究能力。

（2）充分利用社会资源

我校处于高校区集中地，附近的大学院校、科研院所为我校学生提供了研究性学习的理论性指导。周边的文化旅游资源以及中关村高科技园区为学生的研究性学习提供了充足的实践资源，让学生真正做到理论与实践相结合，更好地提高研究性学习的能力。另外，我校的学生家长来自于各行各业，同样有利于研究性学习的顺利开展。学校携手家庭、社会为营造良好的研究性学习环境共同努力。

（3）全校各部门通力合作

研究性学习的开放性、创新性等特点决定了其涉及的知识面广、活动的时间灵活等，正是基于其广而灵活的特点，在进行研究性学习的同时就涉及管理、安全、获取资料等诸多问题，因此学校各部门应通力合作，为研究性学习的有序开展保驾护航。

（4）加强研究性学习的组织和管理

建立组长负责制的管理组，由教学副校长担任组长，研究性学习管理小组、各年级年级组长、班主任、各位指导教师、图书馆和电教组为组员组成的研究性学习管理和实施小组。该小组负责对研究性学习进行组织、管理、监督、控制，并建立网络管理平台，实现网络化指导和管理，并通过网站进行交流和评价。

（5）认真研究研究性学习的实施细则

严格按照实施细则中强调的方案实施。注重过程，强调学生必须按照学校规定及时将研究性学习所需上交的作业上传到网络，否则将影响最后成绩评定。作业主要有以下几项：开题报告、研究方案或实验方案；课题活动记录表；资料记载（文字、音像、制作等）；研究体会、感想或心得；结题报告（论文、报告、调查研究等），其中应有结论、证据材料、引述的资料目录、相关论文等；展示材料（可以是PPT，也可以是录像、照片等）。

强调纪律则是指双休日或节假日期间，学生在研究过程中如需外出活动，必须向校内指导教师申请，教师给予书面批准，告知家长后方可外出；各研究小组须推选一名组长，负责本组的计划和组织协调，若出现特殊情况可及时与教师联系。小组成员需备有其他成员以及指导教师的联系方式。

实施时间强调本课程开设两学年(高一、高二),以半学年为一个课题研究周期,共完成四个小课题。主要利用课外时间完成。实施形式:以班级为单位,建立若干个研究小组;每班配备一位研究性学习负责教师,负责指导确立课题和选择指导教师;每个研究小组配一位校内指导教师和聘请1~2位校外指导教师,负责指导课题研究;由班主任和校内指导教师共同进行安全管理。

(6)做好研究性学习的评价

评价原则强调学习的过程,强调对知识技能的应用,强调学生亲身参与探索性实践活动并获得感悟和体验,强调学生的全员参与。评价主体要多元化;评价手段、方法要具有多样性;评价内容要丰富和灵活。具体步骤如下。

第一步:基础性评价。将评价的内容分为开题、中期、结题、展示4个部分11个方面,每个方面占一定分值。由指导教师、小组其他成员和自己从这11个方面分别进行评价。各方面成绩均在C等级及以上的学生方可获得学分(表3-32)。

表 3-32 研究性学习评价细则表

	序号	评价内容	A 级标准	所占比例(%)	得分等级			
开题 (30)	1	课题来源	通过自己探索发现问题提出课题	10	A	B	C	D
	2	新颖性和可行性	选题新颖并可行	5	A	B	C	D
	3	对课题背景的了解	对课题背景知识有很好的了解	5	A	B	C	D
	4	研究计划	研究计划详细、全面、切实可行	10	A	B	C	D
中期 (20)	5	积累原始资料	研究过程中注意记录过程和资料收集	10	A	B	C	D
	6	解决问题能力	遇到困难能够提出很好的解决办法	5	A	B	C	D
	7	交流合作	研究过程中团结协作好,能够很好地与他人交流	5	A	B	C	D

续表

	序号	评价内容	A级标准	所占比例(%)	得分等级			
结题 (40)	8	分析和利用信息的能力	能够正确整理、运用所得资料，从中得出正确结论	10	A	B	C	D
	9	结果或成果	研究结果或成果实现了预期目标	20	A	B	C	D
	10	反思、体验或收获	能够正确地进行自我评价，体验和收获丰富	10	A	B	C	D
展示 (10)	11	展示交流	能将自己所做的结果简洁、有序的表述出来	10	A	B	C	D

第二步：激励性评价。学校设立研究性学习的专门奖项。小组先在班内展示，评选班级优秀小组和优秀个人。获奖小组继续在年级进行展示，评选出年级优秀小组和优秀个人。优秀小组和个人将获得表彰和奖励。

典型研究课题示例如表3-33所示。

表3-33　典型研究课题示例表

课题名称	课题名称
去除菠菜叶片有机磷农药残留的方法研究	中学食堂浪费情况调查研究
除尘黑板槽的研究设计	探究自行车飞轮的问题及改进方法
一次性餐具的研究与创新	温暖与安全——羽绒服帽子的研究与设计
系鞋带方法的研究	关于家用墩布研究与创新
解决学校公共交通拥堵问题的合理性研究	高一(7)班上课打瞌睡问题的分析与研究
无尘粉笔的研究与制作	家电定时开启装置的研制
小白鼠行为活动	关于植物精油提取的研究
关于对仙人掌、芦荟、淀粉絮凝作用的探究	几种天然黏合剂的提取和应用
食品包装袋内铝的回收和再利用	利用鸡蛋清粘玻璃更牢的原理研究
太阳能电风扇及其拓展	纸的再造
HIP-HOP音乐制作与发展	电影的创作与实践
对动物园的思考——从兽舍到动物福利的研究	静态坦克模型的做旧方法
涂鸦艺术发展与创作设计	改进汽车发动机效率
对折纸重新认识的探究与实践	关于服装色彩搭配的研究

(三)个性化选课和排课方案

1."多元选择"的个性化分类课程方案

自我教育理念要求增加学生对课程的选择机会,提升学生自我选择能力。根据学生多元发展需求,北京一零一中学构建了九类课程方案。

数理科技类 A:基础必修课程＋数理科技高端课程＋科学特色课程(适合培养理工方向拔尖创新人才)。

数理科技类 B:基础必修课程＋数理科技高端课程(适合培养理工方向优秀人才)。

数理科技类 C:基础必修课程＋数理科技基础课程(适合培养理工方向人才)。

人文社科类 A:基础必修课程＋人文社科高端课程＋人文特色课程(适合培养人文方向拔尖创新人才)。

人文社科类 B:基础必修课程＋人文社科高端课程(适合培养人文方向优秀人才)。

人文社科类 C:基础必修课程＋人文社科基础课程(适合培养人文方向基础人才)。

人文科技类:基础必修课程＋数理科技高端课程＋人文特色课程(适合培养具有人文素养的科技类拔尖创新人才)。

国际人才类 A:基础必修课程＋国际合作高端课程(适合培养出国留学的优秀人才)。

国际人才类 B:基础必修课程＋国际合作基础课程(适合培养出国留学的人才)。

基础必修课程包括国家必修课程和校本必修课程,修完基础必修课程并测试合格即达到学校会考水平。

部分分类课程方案如下文所示。

(1)数理科技类 A 组合

各方面均衡发展,特别在理科方面具有优势,今后向理工经济类方向发展并学有余力的学生可以选择此类组合(表 3-34)。

表3-34　数理科技类A组合表

领域	科目	高一 1	2	3	4	高二 1	2	3	4	高三 1	2	3	4	学分
语言与文学	语文	必修1/5	必修2/5	必修3/5	必修4/5	必修5/6	选修1/3 选修2/3	选修3/3 选修4/3	选修5/2 选修6/2 选修7/2	选修8、9、10中其二	复习/6			22
	英语	必修1/4 2-x/1	必修2/4 2-x/1	必修3/4 2-x/1	必修4/4 2-x/1	必修5/4 3-x/1	选修1-1/4 3-x/1	选修1-2/4 3-x/2	选修1-3/4 3-x/2	选修1-4/6	选修1-5/6	选修1-6/6	复习/6	22
数学	数学	必修1/4 选修3-1/1	必修4/4 选修3-1/1	必修5/4 选修3-2/1	必修3/4 选修3-4/1	必修2/4 选修4-4/1	选修2-1/4 选修4-4/2	选修2-2/4 选修4-1/2	选修2-3/3 选修4-5/3	选修4-1/4 选修4-4/3	复习/6			24
人文与社会	政治	必修1/2	必修1/2	必修2/2	必修2/2	必修3/2	必修3/2	必修4/2	必修4/2					8
	历史	必修1/3	必修1/3、必修2/3	必修2/3、必修3/3	必修3/3 复习									6
	地理	必修1/3	必修2/3	必修3/3	复习									6
科学	物理	必修1/3	必修2/3	选修3-x/3	选修3-x/3	选修3-x/4	选修3-x/4	选修3-x/4	选修3-x/4	复习/5				14
	化学	必修1/2 选修1/1	必修1/2 选修1/1	必修2/2 选修1/1	必修2/2 选修1/1	选修5/4	选修5/4	选修4/4	选修4/4	选修3/3 选修6/2	复习/5			12
	生物	必修1/2	必修1/2	必修2/2	必修2/2	必修3/3	必修3/3	选修1/3	选修1/3	选修3/5	复习/5			10

续表

领域	学段/科目	高一 1	2	3	4	高二 1	2	3	4	高三 1	2	3	4	学分
技术	通用/信息	信息必修/2	信息必修/2	信息选修/2	信息选修/2	通用1/2	通用1/2	通用2/2	通用2/2					10
艺术	美术/音乐	鉴赏1/2	摄影1/2	摄影1/2	水粉1/2	歌唱1/2	戏剧1/2	选修/2	选修/2					8

说明：

①表中"必修1"表示该科目的必修模块1，详见各科目课程标准。斜杠后的数字（如"/4"）表示周课时数。"必修"是指该模块学分为必修学分，"选修"指该模块学分为选修学分，下同。

②语文全年级学生在高二的四分之三学段选修模块完全相同，理工A类和文科A类在一个模块上所学篇目比理工B类和文科B类相应多一些；就一篇文章而言，理工A类和文科A类在一个模块上所学篇目比理工B类和文科B类相应深入一些。

③语文在高三第一学期第一学段，理工A类和文科A类会选修8、9、10中的两个模块；理工B类和文科B类可选择其中的一个。

④数学4-1《几何证明选讲》、4-4《坐标系与参数方程》为理工经济类方向学生的必选模块，3-1《数学史选讲》在高一开设。

（2）数理科技类B组合

理科较有优势，今后向理工经济类方向发展的学生可以选择此类组合（表3-35）。

表3-35 数理科技类B组合表

领域	学段/科目	高一 1	2	3	4	高二 1	2	3	4	高三 1	2	3	4	学分
语言与文学	语文	必修1/5	必修2/5	必修3/5	必修4/5	必修5/6	选修1/3 选修2/3	选修3/3 选修4/3	选修5/2 选修6/2 选修7/2	选修8、9、10中其一	复习/6			21
	英语	必修1/4 2-x/1	必修2/4 2-x/1	必修3/4 2-x/1	必修4/4 2-x/1	必修5/4 3-x/1	选修1-1/4 3-x/1	选修1-2/4 3-x/2	选修1-3/4 3-x/2	选修1-4/6	选修1-5/6	复习/6		21

续表

领域	科目	高一				高二				高三				学分
		1	2	3	4	1	2	3	4	1	2	3	4	
数学	数学	必修1/4 选修3-1/1	必修4/4 选修3-1/1	必修5/4 选修3-2/1	必修3/4 选修3-4/1	必修2/4 选修4-4/2	选修2-1/4 选修4-4/2	选修2-2/4 选修4-1/2	选修2-3/3 选修4-5/3	复习/6				22
人文与社会	政治	必修1/2	必修1/2	必修2/2	必修2/2	必修3/2	必修3/2	必修4/2	必修4/2					8
	历史	必修1/3	必修1/3、必修2/3	必修2/3、必修3/3	必修3/3 复习									6
	地理	必修1/3	必修2/3	必修3/3	复习									6
科学	物理	必修1/3	必修2/3	选修3-x/3	选修3-x/3	选修3-x/4	选修3-x/4	选修3-x/4	选修3-x/4	复习/5				14
	化学	必修1/2 选修1/1	必修1/2 选修1/1	必修2/2 选修1/1	必修2/2 选修1/1	选修5/4	选修5/4	选修4/4	选修4/4	复习/5				10
	生物	必修1/2	必修1/2	必修2/2	必修2/2	必修3/3	必修3/3	选修1/3	选修1/3	选修3/5	复习/5			10
技术	通用/信息	信息必修/2	信息必修/2	信息选修/2	信息选修/2	通用1/2	通用1/2	通用2/2	通用2/2					10
艺术	美术/音乐	鉴赏1/2	摄影1/2	摄影1/2	水粉1/2	歌唱1/2	戏剧1/2	选修/2	选修/2					8

（3）数理科技类 C 组合

各科成绩一般，喜欢理科，今后向理工经济类方向发展的学生可以选择此类组合（表 3-36）。

表 3-36 数理科技类 C 组合表

领域	学段科目	高一 1	高一 2	高一 3	高一 4	高二 1	高二 2	高二 3	高二 4	高三 1	高三 2	高三 3	高三 4	学分
语言与文学	语文	必修1/5	必修2/5	必修3/5	必修4/5	必修5/6	选修1/3 选修2/3	选修3/3 选修4/3	选修5/2 选修6/2 选修7/2	选修8、9、10中其一	复习/6			21
语言与文学	英语	必修1/4 2-x/1	必修2/4 2-x/1	必修3/4 2-x/1	必修4/4 2-x/1	必修5/4 3-x/1	选修1-1/4 3-x/1	选修1-2/4 3-x/2	选修1-3/4 3-x/2	复习/6				19
数学	数学	必修1/4 选修3-1/1	必修4/4 选修3-1/1	必修5/4 选修3-1/1	必修3/4 选修3-1/1	必修2/4 选修4-1/2	选修2-1/4 选修4-1/2	选修2-2/4 选修4-4/2	选修2-3/4 选修4-4/3	复习/6				18
人文与社会	政治	必修1/2	必修1/2	必修2/2	必修2/2	必修3/2	必修3/2	必修4/2	必修4/2					8
人文与社会	历史	必修1/3	必修1/3、必修2/3	必修2/3、必修3/3	必修3/3、复习									6
人文与社会	地理	必修1/3	必修2/3	必修3/3	复习									6
科学	物理	必修1/3	必修2/3	选修3-x/3	选修3-x/3	选修3-x/4	选修3-x/4	选修3-x/4	选修3-x/4	复习/5				14
科学	化学	必修1/2 选修1/1	必修1/2 选修1/1	必修2/2 选修1/1	必修2/2 选修1/1	选修5/4	选修5/4	选修4/4	选修4/4	复习/5				10
科学	生物	必修1/2	必修1/2	必修2/2	必修2/2	必修3/3	必修3/3	选修1/3	选修1/3	选修3/5	复习/5			10

续表

领域	科目	高一 1	高一 2	高一 3	高一 4	高二 1	高二 2	高二 3	高二 4	高三 1	高三 2	高三 3	高三 4	学分
技术	通用/信息	信息必修/2	信息必修/2	信息选修/2	信息选修/2	通用1/2	通用1/2	通用2/2	通用2/2					10
艺术	美术/音乐	鉴赏1/2	摄影1/2	摄影1/2	水粉1/2	歌唱1/2	戏剧1/2	选修/2	选修/2					8

（4）人文社科类 A 组合

各方面均衡发展，特别在文科方面具有优势，今后向人文社科类方向发展并学有余力的学生可以选择此类组合（表 3-37）。

表 3-37　人文社科类 A 组合表

领域	科目	高一 1	高一 2	高一 3	高一 4	高二 1	高二 2	高二 3	高二 4	高三 1	高三 2	高三 3	高三 4	学分
语言与文学	语文	必修1/5	必修2/5	必修3/5	必修4/5	必修5/6	选修1/3 选修2/3	选修3/3 选修4/3	选修5/2 选修6/2 选修7/2	选修8、9、10中其二	复习/6			22
语言与文学	英语	必修1/4 2-x/1	必修2/4 2-x/1	必修3/4 2-x/1	必修4/4 2-x/1	必修5/4 3-x/1	选修1-1/4 3-x/2	选修1-2/4 3-x/2	选修1-3/4 3-x/2	选修1-4/6	选修1-5/6	选修1-6/6	复习/6	22
数学	数学	必修1/4 选修3-1/1	必修4/4 选修3-1/1	必修5/4 选修3-2/1	必修3/4 选修3-2/1	必修2/4 选修4-x/1	选修1-1/4 选修4-x/2	选修1-2/4 选修4-x/3	选修2-3/3 选修4-1/4	选修4-4/3	复习/6			20
人文与社会	政治	必修1/2	必修1/2	必修2/2	必修2/2	必修3/2 选修1/2	必修3/2 选修2/2	必修4/2 选修3/2	必修4/2 选修4/2	选修5/5	复习/5			14

续表

领域	学段\科目	高一				高二				高三				学分
		1	2	3	4	1	2	3	4	1	2	3	4	
人文与社会	历史	必修1/3	必修1/3、2/3	必修2/3、3/3	必修3/3、复习	选修1/3	选修2/3	选修4/4	选修3/4	选修5/5	复习/5			16
	地理	必修1/3	必修1/3、2/3	必修3/3	复习	选修3-1/2 选修3-2/2	选修3-2/2 选修3-6/2	选修5-1/2 选修5-7/2	选修5-2/4	复习/5				12
科学	物理	必修1/3	必修1/3	选修2/3	选修2/3	选修1-1/2	选修1-1/2							6
	化学	必修1/3	必修1/3	必修2/3	必修2/3	选修1/2	选修1/2							6
	生物	必修1/2	必修1/2	必修1/2	必修2/2	必修2/2	必修2/2							6
技术	通用/信息	信息必修/2	信息必修/2	信息选修/2	信息选修/2	通用1/2	通用1/2	通用2/2	通用2/2					10
艺术	美术/音乐	鉴赏1/2	摄影1/2	摄影1/2	水粉1/2	歌唱1/2	戏剧1/2	选修/2	选修/2					8

（5）人文社科类 B 组合

文科较有优势，今后向人文社科类方向发展的学生可以选择此类组合（表 3-38）。

表 3-38 人文社科类 B 组合表

领域	学段\科目	高一				高二				高三				学分
		1	2	3	4	1	2	3	4	1	2	3	4	
语言与文学	语文	必修1/5	必修2/5	必修3/5	必修4/5	必修5/6	选修1/3 选修2/3	选修3/3 选修4/3	选修5/2 选修6/2 选修7/2	选修8、9、10中其一	复习/6			21

续表

领域	学段\科目	高一 1	2	3	4	高二 1	2	3	4	高三 1	2	3	4	学分
语言与文学	英语	必修1/4 2-x/1	必修2/4 2-x/1	必修3/4 2-x/1	必修4/4 2-x/1	必修5/4 3-x/1	选修1-1/4 3-x/1	选修1-2/4 3-x/1	选修1-3/4 3-x/2	选修1-4/6	选修1-5/6	复习/6		21
数学	数学	必修1/4 选修3-1/1	必修4/4 选修3-1/1	必修5/4 选修3-2/1	必修3/4 选修3-2/1	必修2/4 选修4-x/2	选修1-1/4 选修4-x/2	选修1-2/4 选修4-x/2	选修2-3/3 选修4-x/3	复习/6				18
人文与社会	政治	必修1/2	必修1/2	必修2/2	必修2/2	必修3/2 选修1/2	必修3/2 选修2/2	必修4/2 选修3/2	必修4/2 选修4/2	复习/5				12
	历史	必修1/3	必修1/3、2/3	必修2/3、3/3	必修3/3、复习	选修1/3	选修2/3	选修4/4	选修3/4	复习/5				14
	地理	必修1/3	必修1/3、2/3	必修3/3	复习	选修3-1/4	选修3-2/4	选修5-1/4	选修5-2/4	复习/5				10
科学	物理	必修1/3	必修1/3	选修2/3	选修2/3	选修1-1/2	选修1-1/2							6
语言与文学	化学	必修1/3	必修1/3	必修2/3	必修2/3	选修1/2	选修1/2							6
	生物	必修1/2	必修1/2	必修1/2	必修2/2	必修2/2	必修2/2							6
技术	通用/信息	信息必修/2	信息必修/2	信息选修/2	信息选修/2	通用1/2	通用1/2	通用2/2	通用2/2					10
艺术	美术/音乐	鉴赏1/2	摄影1/2	摄影1/2	水粉1/2	歌唱1/2	戏剧1/2	选修/2	选修/2					8

（6）人文社科类 C 组合

各科成绩一般，喜欢文科，今后向人文社科及艺术特长方向发展的学生可以选择此类组合（表 3-39）。

表 3-39　人文社科类 C 组合表

领域	科目	高一				高二				高三				学分
		1	2	3	4	1	2	3	4	1	2	3	4	
语言与文学	语文	必修1/5	必修2/5	必修3/5	必修4/5	必修5/6	选修1/3 选修2/3	选修3/3 选修4/3	选修5/2 选修6/2 选修7/2	选修8、9、10中其一	复习/6			21
	英语	必修1/4 2-x/1	必修2/4 2-x/1	必修3/4 2-x/1	必修4/4 2-x/1	必修5/4 3-x/1	选修1-1/4 3-x/1	选修1-2/4 3-x/2	选修1-3/4 3-x/2	复习/6				19
数学	数学	必修1/4 选修3-1/1	必修4/4 选修3-1/1	必修5/4 选修3-2/1	必修3/4 选修3-2/1	必修2/4 选修4-x/2	选修1-1/5	选修1-2/5	选修2-3/3 选修4-x/3	复习/6				16
人文与社会	政治	必修1/2	必修1/2	必修2/2	必修2/2	必修3/2 选修1/2	必修3/2 选修2/2	必修4/2 选修3/2	必修4/2 选修4/2	复习/5				12
	历史	必修1/3	必修1/3、2/3	必修2/3、3/3	必修3/3、复习	选修1/3	选修2/3	选修4/4	选修3/4	复习/5				14
	地理	必修1/3	必修1/3、2/3	必修3/3	复习	选修3-1/4	选修3-2/4	选修5-1/4	选修5-2/4	复习/5				10
科学	物理	必修1/3	必修1/3	选修2/3	选修2/3	选修1-1/2	选修1-1/2							6
	化学	必修1/3	必修1/3	必修2/3	必修2/3	选修1/2	选修1/2							6

续表

领域	学段\科目	高一				高二				高三				学分
		1	2	3	4	1	2	3	4	1	2	3	4	
科学	生物	必修1/2	必修1/2	必修1/2	必修2/2	必修2/2	必修2/2							6
技术	通用/信息	信息必修/2	信息必修/2	信息选修/2	信息选修/2	通用1/2	通用1/2	通用2/2	通用2/2					10
艺术	美术/音乐	鉴赏1/2	摄影1/2	摄影1/2	水粉1/2	歌唱1/2	戏剧1/2	藏书1/2	创作1/2					10

2. "分年级逐步分层，分学科科学组合，多样化自主选修"的排课方案

积极进行自主排课实验的探索实践，确保学校课程的有效实施，充分利用自主排课实验的有利条件，协调课程的基础性与选择性。

高一年级以开设必修课为主，基础课以行政班组织教学，为学生提供优质高效的"基础必修课程"，人文实验班和钱学森理科实验班开设人文特色课程和科学特色课程，开设部分组合必修课程与组合选修课程，部分科目开设自主选修课，根据学生选课形成"小班级教学班"，实施跨班和越级选修。

高二年级为学生提供分层次、有选择的"组合选修课程"，分为理科科技类和人文社科类、人文科技类三大类，分别有 A、B、C 几种方案供学生选择。选修课程则根据学生兴趣和发展需要提供多样化的"多元发展课程"，由学生自主选修。

在时间安排上，高中校本课程安排由原来的周五下午调整到周四下午第 1、2 节，这样既避开了周五教师进修活动，又保证了学生的出勤管理，因为第 3 节是全校班会，避免了第 3 节校本课程有学生逃课的情况。初中校本课程由原来的周一下午第 2、3 节调整为 60 分钟的长课，提高了教学效率。

开发网上选课系统，全体学生在网上选课，根据选择的不同科目组成教学班"走班"上课。在网上选课系统中，为了最大程度上尊重学生选择的权利和兴趣需要，每位学生均有 100 个虚拟电子币，可以在选课时分配使用。

"分年级逐步分层，分学科科学组合，多样化自主选修"的课程安排，尊重学生差异，从学生实际出发，最大程度地考虑学生发展的需要，在课程安排上保证了分层教学和有效教学的实施。

3. 灵活、开放的必修与选修模块教学排课实践

根据学生特点和课程总体目标设计必修与选修模块教学排课实践，灵活安排模块教学开设的时间和覆盖的学段。

必修课程灵活排课，为选修课、研究性学习腾出开设时段。例如，曾将历史、地理、化学必修课程前移，到高一第二学期期末完成，物理必修课会考模块，到高二第一学期期末完成，其他必修科目到高二第二学期期末完成。对于生物学科的开设安排，曾经进行高一开设实验，但效果不太理想，及时做出相应的调整。

选修课集中排课，有利于自主课程更好地实施。如对地方课程中的通用技术课程，选修部分集中排课，以保证课程实施的完整性。引入"比特"创新课程，为课改实验班学生量身定做，用于对这部分优秀学生的技术课程的补充。

必修、选修搭配，普及和兴趣得以兼顾。例如，体育与健康课程采用"2+2+1"模式，即2节必修课程，2节选修Ⅰ课程，1节选修Ⅱ课程。在周一至周四下午第四节课时间安排学生自主选修的体育与健康课程，时间40分钟，学生每天一小时的体育活动时间得到保证，又满足了学生的兴趣。

模块教学的整合排课：部分学科必修课模块开课顺序调整，更好地适应学情。例如，数学学科将模块一二三四五，调整为一四五三二。语文必修课程一个学期的教学时段安排为常规性课程——以基础性的知识、能力为重点，教学节数约为80%；个性化课程——留出10%左右的弹性教学节数，让教师自主安排多元的相关语文教学活动；实践活动课程——利用10%左右弹性教学节数，侧重使学生以体验、应用和实践的形式学习语文。

第四章

国家课程校本化实践探索

红色传承系列课程

在几年的自主课程实验中，学校稳步推进自我教育理念下国家课程的校本化、精细化实施。国家课程是学校课程体系的核心与主体，是学校教学质量提升的保障，也是学校实现特色发展的基础，学校自主课程实验必须紧紧围绕国家课程进行。但是，国家课程实施方面的探索周期长、难度大、风险高、投入多、亮点却很少，所以常被认为是一项费力不讨好的工作，这正是新课程改革在国内多数高中遭遇尴尬的深层原因。为了更有效地推进自主课程实验，我校着力推进国家课程校本化，在局部实现课程增量的同时，以更大的智慧和勇气去做课程的"减法"，努力实现减负增效。

一、国家课程校本化的思考与理解

国家课程校本化就是依据学校的实际将国家课程整合，从而更有效地落实国家课程标准。北京一零一中学在国家课程校本化的研究和实施过程中，首先是加深对新课标的理解。例如，音乐学科对于为什么把"情感、态度与价值观"目标放在音乐课程目标首位的解读是：情感、态度与价值观在人的成长历程中具有十分重要的意义，是引导人健康向上、乐观积极的精神基石。对"过程与方法"目标价值的解读是：学习过程与方法具有重要的教育价值。重视过程、强调方法，其实质是尊重学生的学习经历、体验和方式，这是一个学习者必须要经历的过程，是一个人生存、生长、发展的内在需要。其次是梳理国家课程校本化所面临的问题，明晰国家课程校本化过程中存在的困惑，分学科对各自学科的现状进行分析和总结，进而有针对性地进行第一阶段的研究和第二阶段的改进工作，做到深入学习、梳理问题、分析研究、尝试解决。

（一）国家课程校本化面临的问题

经过认真研究，仔细梳理，当时面临的主要问题有：国家课程校本化的实施策略是什么？如何做好长期规划？国家课程校本化过程中校本课程内容如何与我校学生特点、教师特点和学校文化紧密结合，突出学校特色？如何安排模块教学的顺序，确保每位学生能更好地掌握新课标要求的基本知识和技能？以上这些问题都是我们在实践中需要去思考，去解答的。国家课程校本化过程中教师是关键，教师该如何规范课堂教学过程，如何提高教学效率，是每一个学科都需要解决的问题。

1. 学校层面的主要问题

将理念落实到课堂的问题。在教改过程中，对于教改新理念的学习并不是难事，如何把新理念落实到教学活动中，怎样落实才能够体现新课标精神？如何在必修模块与选修模块的教学中选取适当的教学方法，既把握教材的重点又取得最好的教学效果？

教材的合理取舍问题。国家课程校本化过程中，教师更新教学理念的同时该如何整合教学内容、做好教材的"加法"和"减法"？在某些学科中，教材的选用非常关键。例如，信息技术学科的高中教材，这本书的理论性过强，而信息技术学科本身是立足于实践的一门课，必须真正将实践落实到实处学生才能有所收获。刚开始的时候，学生在使用的过程中都比较茫然，不能真正领会课本的精神。美术学科的教材是人民教育出版社出版的一套实验用书，内容不完全适用，也需要教师对其进行整合，并将书中的内容进行分类整理。由于美术学科的独特性，此次分类是将三个学段的美术书全部知识进行的重组。

教与学方式改变的问题。教与学方式的改变造成课时紧张。体验式教学、探究式教学、互动式教学等师生互动、生生互动的新的教与学方式和教学内容的增加和教学要求的提高带来了课时的紧张，这就出现两种情况，完成教学任务课堂形式就比较陈旧；课堂形式活跃就会影响教学进度。针对内容有选择地进行强调体验和互动，这就会占用课时，不可避免有些内容就很"夹生"。

活动与课时矛盾的问题。课时问题对于某些非高考科目而言，普遍存在时间紧张，课时不够，再加上学生的学习差异和教材的不完善，教师在授课和引导学生的时候就会显得有些吃力。为了体现课堂教学的"新"与"活"，教师在授课过程中更多的是采用自己的材料，由于受到课时的限制，对教材上设计的活动（专家点评、知识链接）使用的少。高一、高二这一问题不凸显，到高三学生在复习使用阅读教材时会觉得很多东西非常陌生，对于教材的设计不理解，更不利于学生理解教材的整体意图。所以，对于教材的活动设计应当给予足够的重视。即使这样，新教材的使用还是使教师们有些措手不及。英语的主要问题是教材内容一下子增加很多，原来是一篇课文教两个星期，现在是一个模块（包括三个单元）教一个半月，每个单元还有两篇重要的课文以及听力和写作的专题，词汇量也大大增加，内容多，教不完。教师们总说课时不够，只有加大课堂密度，学生的掌握情况来不及顾及，分化现象趋于加大。

2. 学科层面的主要问题

在课改初期，各学科组也根据自己的学科特点对国家课程校本化实施进行了大量的思考与研究，梳理出自身学科在国家课程校本化实施中面临的问题。

语文学科在实践过程中，考虑到国家课程校本化如何能做到国家课程与学校语文发展特色的有机结合，应制定怎样的具体的长期规划更能适合语文学科对国家课程校本化的实施。

数学学科面临的主要问题是如何处理新教科书中对一些教学内容编排的变化。例如，不讲极限直接讲导数等；又如必修课内容与相应选修课引申知识的衔接等。如何处理高中数学课程中必修课程与选修课程的关系，在教学中如何将它们有机结合，以取得最优的教学效果。国家课程校本化过程中如何设置数学探究、数学建模、数学文化等新课标特别强调的教学内容。

化学学科在课改初开设的校本选修课"化学实验"是国家课程"实验化学"模块的基础，有一定的积累，但没有固化，也没有编写教材，因此对于后续的实施有着很大难度。

政治学科在课改初期，最大的挑战是课时没变，但新增加了一个模块"文化生活"，这部分知识教师们得自己先学习，积极参加培训，深化认识。关于课时的问题，将前三个模块的知识重新进行梳理，删繁就简，有效的提高效率。

技术学科目前在高一年级开设的是"信息技术"，高二年级计划开设的是"通用技术"。根据海淀区对"信息技术"课程的指导建议，同时结合我校的实际情况，原来在"信息技术"新课程标准中高中学生最多可以学习 6 个模块，每个模块 36 学时，2 学分，共 12 学分。每位学生在该学科中至少修满 4 学分，所以在开设的 6 个模块中我们只计划了"信息技术基础""算法与程序设计""多媒体技术应用""网络技术应用"等几个模块，其中"信息技术基础"为全体学生必修模块，其他 3 个模块中每位学生至少选修一个。海淀区目前只要求了前 3 个模块。通用技术课程在高二年级开设，通用技术课程的学生只要学习完必修模块"技术与设计 1"和"技术与设计 2"就可以得到 4 学分，这两门课程也是我校准备在高二开设的模块。通用技术课程设置选修模块 7 个，模块之间为并列关系，供学生在修学必修模块之后根据兴趣和条件自由选择。考虑到场所、设备等因素，本着一切从实际出发的原则，在上述选修模块中，学校将根据实际情况在高中二年级创造相应的选修模块学习条件，为学生创设更大的选择空间。

（二）国家课程校本化的选择策略

课程实施策略能更好地将国家课程校本化的理论落实到实践中去，

对一个学校来讲并非易事。为此，学校组织各教研组对国家课程校本化实施进行认真研究和仔细分析。学校认为，要完整地、创造性地落实国家课程的要求，必须解决国家课程校本化过程中面临的问题，力求在教学过程中理顺各部分教学内容的关系。同时，教师的观念将起决定性作用，体会新课标中对学生和教师的要求和期望，新课标不仅需要教师改变教学方式，也需要教师适当调整教学观念，体会到教学不是教教材，而是以教材为载体进行育人的过程。为此，我们首先从转变观念入手，开始我们的校本化实践研究过程。

1. 贯彻新理念，走进新课改

在这个过程中需要对新课标进行反复学习和消化，我们提出新课标精神应在实践中探索，在实践中学习，在实践中提高。同时制定了学习和理解新课标精神的步骤。

第一，学习新课标，确立新理念。学观念是教学实践的先导，首先学校组织教师参加北京市新课程的培训，初步了解新课程的思维方法、逻辑顺序以及新课程与老课程之间的差异，从思想上首先体会新课程理念的变化。定期参加学校新课改的交流和培训，同时外请专家对新课程进行指导，并依据这些理论制订课改计划和实施方案。

第二，学习新理念，实施新课改。确立"促进学生全面发展"的宗旨。把促进学生人格的完善、促进学生的终身发展作为出发点和落脚点，转变教学时以教材逻辑顺序、理论体系完整性为从学生的生活实际出发，教学要符合学生的思维逻辑，深入领会新教材逻辑线索的变化，使得教学真正为学生服务，真正解决学生实际需要的问题，从而促进学生的全面发展。课堂教学目标上，坚持课堂教学的"三维目标"。在备课时，坚持备学生、备教材、备教法、备时事，努力实现知识目标、能力目标、情感态度与价值观相结合，最终落实到价值观的形成和确立。挖掘出教材背后真正有意义的，让学生受益终身的有价值的内容，转变教学方法。以挖掘和激发学生的自主学习为目标，认真研究学法，加强学法指导，从以教为中心转移到以学为中心，教会学生会学习、会求知。教学活动突出和体现学科生活性、实践性、开放性、人文性的特点。主动开发课程资源，在必修课的基础上开发各学科的选修课。

2. 践行新理念，落到实践中

经过多次分析、研究、讨论高中各学科教科书的内容和教学要求，并充分考虑我校学生的学业水平，制定合理有效的教材顺序，同时也调整课程设计并通过课堂践行新课改。任课教师在上课中随时记录教学过程中的问题和收获，总结研讨经验和教训。

英语学科的教师们在新课标实施之初已经在进行对于旧教材进行改造的工作，开始思考怎样在课本不变的情况下开展课程改革。教师们对教材进行积极开发，补充了许多与话题有关的阅读篇目，在课堂开展小组活动和辩论，为课改进行了心理上的准备。课改初期，教师们接受了培训，对于新的课改有了进一步的认识。

物理学科教师们共同认识到，课堂教学是贯彻和实践新课改理念最直接和最有效的途径，要让物理课堂成为我们专业发展的舞台，不断提高自己对物理教育的理解，丰富物理学科的修养，得到人才培养与自身提高的双赢。实验教学是使学生全面、有效地掌握物理知识的重要手段，是发展学生能力和技能的基本途径，更是激发学生学习物理兴趣的重要手段。在课堂教学中，以学生能力得到发展为出发点，以深入钻研物理知识为载体，以演示、分组实验为工具，联系实际应用，不断创新，总结出许多行之有效、有特色的实验教学方法。从一项一项小实验改进到共同研究实验创新，从潜意识科研到全体参与省级重点课题，教师们为了能使学生在物理学习过程当中收获更多，在教学研究中不断提升自我。在深化专业知识的同时，教师教育教学能力也在和谐的氛围中得到提高。以"逆风行舟"为例，该原理利用了平行四边形定则，经过教师的讲解和受力分析，学生是不难理解的，但要想用身边的材料，做成一个逆风而行的小船，却非易事。一般制作出来的小船放入水中后容易在原地打转，并左右摇摆，我们对原因进行分析，并走访了附近的航模店，得到启示，在船的下面吊个配重，并在平行于船身的方向悬吊一个硬塑料板以减小船的横向移动，同时在船尾插一个三角板以进一步阻止船打圈。最后我们看到制成的帆船终于在逆风中徐徐前行，大家都由衷感到欣慰。

二、国家课程校本化的实践研究

国家课程校本化实施过程中，针对产生的问题，相应学科的教师也采取了一些方法，结合海淀区关于信息技术课程的指导建议，将课改的某些内容条理化，结合现有的教材，将内容进行重新整合，相应教师也加强集体备课，并结合我校校本教材方面的资料，突出学生的主体地位，从实践入手，给予学生充分施展的平台。

从 2007 年学校进入自主课程实验开始，我们的实践研究一直在进行中，从未停止，特别是在学科知识的整合研究上做了大量的工作，也取得了不少的经验。例如，我校信息技术教师结合海淀区的要求，同时也不拘泥于教材，从内容安排和教学进度上进行重新分配，注意因材施教，适度取舍，取得了一定的效果。在上课时，不要求学生统一按教师教学的内容去做，对于已掌握了教学内容的学生，放宽限制，给出一个范围的目标，让他们去完成。这样做可以有效地解决学生起点不一致的问题，同时增加了学生对信息技术学习的兴趣。

(一)贴近学生实际，完善课程规划

各学科通过实践研究，不断完善和改进高中三年的课程规划，使课程规划更加贴近学生实际，更加体现学校的特色和文化，如语文学科通过第二阶段的改进工作，完成了语文学科三年的课程规划：每周 6 课时，共 23 个模块，必修 10 个模块，选修 11 个模块，复习 2 个模块，如表 4-1 所示。

表 4-1　语文课程规划表

课程编号	课程名称	选课学生	必修/选修	周课时数	开课学段	学分
Y—G—1—1	高中语文阅读	全体	必修	4	1	2
Y—G—1—2	高中语文阅读	全体	必修	4	2	2
Y—G—1—3	高中语文阅读	全体	必修	4	3	2
Y—G—1—4	高中语文阅读	全体	必修	4	4	2

续表

课程编号	课程名称	选课学生	必修/选修	周课时数	开课学段	学分
Y－G－1－5	高中语文阅读	全体	必修	4	5	2
Y－G－2－1	中国文化经典研读	全体	选修	4	6	1
Y－G－2－2	古代诗歌散文欣赏	全体	选修	4	7	1
Y－G－2－3	现代诗歌散文欣赏	全体	选修	4	8	1
Y－X－1－1	基础写作(记叙)	全体	必修	2	1	1
Y－X－1－2	基础写作(记叙)	全体	必修	2	2	1
Y－X－1－3	基础写作(议论)	全体	必修	2	3	1
Y－X－1－4	基础写作(议论)	全体	必修	2	4	1
Y－X－1－5	基础写作(实用)	全体	必修	2	5	1
Y－X－2－4	专业写作(文学)	全体	选修	2	6	1
Y－X－2－5	专业写作(论文)	全体	选修	2	7	1
Y－X－2－6	专业写作(网络)	全体	选修	2	8	1
Y－G－2－7	先秦诸子经典选读	部分	选修	4	9	1
Y－G－2－8	中外小说研读	部分	选修	4	9	1
Y－G－2－9	中外传记作品选读	部分	选修	4	10	1
Y－G－2－10	语言文字应用	部分	选修	4	10	1
Y－G－2－11	文章写作与修改	全体	选修	2	9、10	1
Y－F	高考复习	全体	复习	6	11	1
Y－F	高考复习	全体	复习	6	12	1

"课程编号"说明：Y 代表语文，G 代表国家课程，X 代表校本课程，F 代表复习模块。第一个数字代表必修 1 或选修 2，第二个数字代表模块次序。

数学学科在第一阶段教学实践的基础上，调整并整合了教学内容和教学顺序，并细化了每部分教学内容的教学时间、教学要求和部分教学内容的教学时数，使得教学过程更加规范。在第二阶段重新调整的课程规划如表 4-2 所示。

表 4-2　数学分年级课程规划表

时间	内容及顺序	课时
高一第一学期（上）	必修一 第一章 集合及不等式解法（不含参数）；第二章 函数；第三章 基本初等函数Ⅰ	20
高一第一学期（下）	必修四 第一章 基本初等函数Ⅱ；第二章 平面向量；第三章 三角恒等变换	8
高一第二学期（上）	必修五（至少讲完§3.2）第一章 解三角形；第二章 数列；第三章 不等式（§3.1 不等式与不等关系，§3.2 均值不等式）	13
高一第二学期（下）	必修五 §3.3 一元二次不等式及其解法（含参数）；§3.4 不等式的实际应用；§3.5 二元一次不等式（组）与简单的线性规划问题 必修三 第一章 算法初步；第二章 统计；第三章 概率 必修二 第一章 空间几何体；§2.4 空间直角坐标系	16
高二第一学期	选修 2-1 第一章 常用逻辑用语 选修 2-1 第三章 空间向量与立体几何 必修二 第二章 平面解析几何初步 选修 2-1 第二章 圆锥曲线与方程 选修 2-2 第一章 导数及其运算（导数、导数的运算、导数的应用）	15
高二第二学期	选修 2-2 第一章 导数及其运算（定积分与微积分基本定理）；第二章 推理与证明；第三章 数系的扩充与复数； 选修 2-3 第一章 计数原理；第二章 概率；第三章 统计案例 选修 4-1 几何问题选讲 选修 4-4 坐标系与参数方程	18

　　技术学科建立了更加符合我校实际的校本化国家课程体系，从信息技术和通用技术两个学科的要求来建立高一和高二年级的课程平台。

　　目前高中一年级预计开设的课程安排如表 4-3 所示。

表 4-3　信息技术课程规划表

课程	模块	学时	学分
必修课程	必修：信息技术基础	36	2
选修课程	选修 1：算法与程序设计	36	2
	选修 2：多媒体技术应用	36	2
	选修 2：网络技术应用	36	2

通用技术学科 3 个选修模块全部设置为开放式选课，学生可以从中选择自己的第 1 志愿和第 2 志愿，然后，再根据教室的情况进行适当的调整。最初选课的情况并不理想，因为选择算法模块的人数是最少的，网络居中，多媒体通常最多，尤其到了年级末尾的几个班，这种情况更加明显。所以，2012 年后，我们的选课方案进行了调整，只在最前面的 4 个班开设算法课的选择，后面的几个班则设置 2 个多媒体的教学班，从而解决了学生的选课问题，极大地解决了当时的选课矛盾。现在，我们可以保证 90％以上的学生在第 1 志愿能够选到自己爱上的课。兴趣是最好的老师，只有学生选择了自己感兴趣的方向，在接下来的学习中才能更有主动性。通用技术学科的设置在高二年级，具体说明如表4-4 所示。

表 4-4　通用技术课程规划表

课程	模块	学时	学分
必修课程	必修 1：技术与设计 1	36	2
	必修 2：技术与设计 2	36	2

通过两年的学习，学生可以完成国家课程 8 学分的基本要求，辅助以我们的选修课程体系，学生还可以选择更多的选修模块来进行学习。排课方案如表 4-5 所示。

表 4-5　技术分年级课程规划表

技术	信息 通用	高一年级				高二年级			
		1	2	3	4	1	2	3	4
		信息技术必修		信息技术选修		通用技术必修 1		通用技术必修 2	

音乐学科的主要做法是优先开设有利于面向全体学生的基础性模块——音乐鉴赏课，以保证培养学生音乐审美能力、丰富情感、提高文化素养、增进身心健康的重要途径。高二则用第一学期开选修课，但根据我区实际情况，能够同时开设其余 5 个模块的高中各校，暂时还没有，主要原因是受师资力量和设备条件等方面的局限。因此，各校只能根据实际情况，尽可能开设其他的选修模块。

目前高中一年级预计开设的课程安排如表 4-6 所示。

表 4-6　音乐课程规划表

课程	模块	学时	学分
必修课程	必修：音乐鉴赏	36	2
必修课程	选修 1：歌唱	18	1
	选修 2：创作	18	1
	选修 3：音乐与戏剧	18	1
	选修 4：演奏	18	1
	选修 5：音乐与舞蹈	18	1

备注：高一新生可从上表的五个选修模块中选择其中一个。

对于具有较强音乐能力并愿意在音乐方面继续发展的学生，在获得必修学分后，鼓励选修其他模块，或继续深化歌唱、演奏、创作模块的学习，每修满 18 学时，通过考试或考查评价，可获得 1 学分。与其他学校不同的是，我校的 5 个选修模块全部设置为开放式选课，学生可以从中选择自己的第 1 志愿和第 2 志愿，然后，再根据教室的情况进行适当的调整。我们可以保证 90％以上的学生在第 1 志愿能够选到自己爱上的课。兴趣是最好的老师，只有学生选择了自己感兴趣的方向，在接下来的学习中才能更有主动性。学生选课方面，学校和教师应加强对学生选课的指导。在学生选课前，教师应将音乐课程不同模块的内容、性质和开课计划（包括课时安排、上课地点、教材和任课教师等）及时向学生详细介绍。在学生选课时，音乐教师和班主任共同对学生选课给予具体指导，以避免学生选课的盲目性。学校有能力开出的模块，均应面向全体学生，让学生按照自己的意愿并通过教师的指导，选择符合个人兴趣爱好和发展需求的学习内容。

（二）深度整合教材，选取符合新课程理念的教与学方式

英语学科有了第一阶段的尝试，在第二阶段我们的国家课程校本化就做得更加大胆和自如了。备课和检测的过程更加关注学生，力求做到一切从学生出发，一切为了学生。基于这个理念，在集体备课时，教师共同制定教学进程，确定整合内容，编写教案、学案，及时增加与单元话题相关的、更新鲜的阅读材料。备课组长负责，每个年级都整理了本年级的教案、学案、PPT、单元测验等一系列自主编写的资料，开学之初自觉传给下一个年级，使他们能够在前人对教材开发的基础上进一步研发，少走弯路，提高实效性。几年来，初步形成了系列。毕业年级在继承了以往资源的基础上也自主编写出北京一零一中学高三复习系列丛书，包括出版表达分册、阅读专项分册、完形填空分册以及学生优秀作文集——《榜上有名》。教师们开发了很多有特色的课例：孙娜老师对于阅读课的思考，对于启发式教学的理解和尝试；张蕾老师利用网络进行高中英语阅读教学的三次探索。

化学学科第二阶段总结上一阶段的经验，不断优化方案，并将使其成为固化选修课程，避免资源浪费，促使课程的可持续发展。在学校开放日分别展示了"物质结构与性质"和"实验化学"两门国家课程校本化的选修课程。于璐老师展示了"配合物的性质"，崔峰老师展示了"植物体中某些元素的检验"，均受到外校教师的一致好评。

政治学科在2010—2014年这个阶段，已经基本适应了新课改的教材内容，在各方面已能够有些成功的经验。不断解决前阶段的困惑，改变课程过于注重知识传授的倾向，强调学生获得知识与技能的过程，要同时成为学会学习和形成正确价值观的过程；改变课程内容繁、难、偏、旧和过于注重书本知识的现状，关注学生的兴趣和经验，精选终身学习必备的知识与技能；改变过于强调接受学习、死记硬背、机械训练的现状，倡导学生主动参与、乐于探究，勤于动手。各模块课时的问题，政治学科做了如下调整：高一阶段第一学期从必修1讲到第九课结束，第二学期开始讲第十和十一课，再讲完必修2；高二阶段第一学期讲必修4到第九课结束，第二学期开始讲第十和十一课，再讲完必修3。从高考的要求看，刚开始考查相对直白，到现在能力要求逐步提高，教学上加大了专题研究的力度，提升对文化的理论研究。

地理学科从教学实际出发，围绕课程目标，调整和重组教材内容。我校是自主会考，时间安排在高一学期末，在高一一年内必须完成必修三个模块的学习。基于知识逻辑线索和学生认知规律的考虑，在高一第一学期我们对必修 1 教材章节顺序进行调整。调整和取舍的依据是课标的要求和学生的学习需求，通过对教材结构必要的重组，在教学中突出各地理要素之间的内在联系，有利于学生理解地理环境各要素之间互相制约、互相影响的关系，体现课标要求，满足学生的学习需求。

体育与健康课是全体高中学生的必修课程，教育部颁发的《普通高中体育与健康课程标准（实验）》规定：为了满足学生在体育与健康方面的不同层次、多样化的需求，将高中体育与健康课程内容划分为必修和选修两部分。必修内容是对全体学生学习体育与健康课程内容的共同要求。根据多样性和选择性的教学理念，应结合学校的实际情况，允许学生自己选择运动项目进行学习，以发展运动兴趣和专长。根据我校的实际情况，我们在两节体育课中分别安排了健康教育专题，田径、体操、武术等必修和必选的模块，同时还安排了一节选修课程（分七个模块十三个小组）。在实际实施过程中，我们以全面发展学生身体素质和培养运动兴趣为前提，根据高中男女生体质特点和生理特点，分别制定了固定的教学内容。

三、国家课程校本化的研究成果

（一）研制完成《北京一零一中学国家课程校本化实施标准》

为了更有效地渗透自我教育的理念，着力推进国家课程校本化，学校根据课程标准的要求和学校学生的发展需求，以自我教育理念为指导思想，研制了《北京一零一中学国家课程校本化实施标准》，从教学安排、课程目标、学习要求、策略建议等方面细化国家课程的相关要求。

1. 教学安排

根据北京一零一中学学生的特点和自我教育的教学原则调整模块教学顺序，深度整合模块教学内容。例如，数学必修模块的实施为了更符合学生的认知逻辑，将顺序从"一二三四五"调整为"一四五三二"。模块间的深度整合是国家课程校本化的核心，各学科做了很多探索与研究，总结了不少宝贵的经验。例如，将体育学科的田径模块渗透到其余模块教学中，既保证了学生有兴趣的运动项目得以巩固、发挥和提升，又确保学生的身体素质得以提高。化学的国家选修模块《化学与生活》，知识部分渗透到高一两个必修模块中，而与生活联系较为紧密的实践部分则整合成实验选修《化学与生活》和实践考察活动。

又如，语文学科的课程整合实践做法是将必修课程按照一个学期的教学时段实施，分为常规型课程、个性化课程和实践活动课程。常规型课程是以基础性的知识、能力为重点，教学节数约为80％（教学单位为全年级，保证所有学生完成共性、基础性的学习）。个性化课程是留出10％左右的弹性教学节数，让教师自主安排多元的相关语文教学活动（教学单位为班级，为教师提供特色语文教学活动空间，满足不同层次学生的需求，给出学生自主发展的空间）。实践活动课程是利用10％左右弹性教学节数，侧重使学生以体验、应用和时间的形式学习语文（教学单位为班级或全年级）。

2. 课程目标

课程目标体现北京一零一中学学生的现有基础和发展需求，是对国家课程标准的校本化解读。如物理1：在本模块中，学生通过学习运动描述、相互作用与运动规律、经历科学探究活动，初步了解物理学的特点和研究方法，体会物理学在生活和生产中的应用以及对社会发展的影响。本模块的概念和规律是进一步学习的基础，有关实验在高中物理中具有典型性，要通过这些实验学习基本的操作技能，体会实验在物理学中的地位及实践在人类认识世界中的作用。

3. 多维细目表

以"教、学、评"多维细目表的形式对每一课时的知识从目标分解、认知层次、三维目标、教学策略与建议的方面进行规范解读。例如，语文学科按单元主题对每篇文章进行目标分解，同时细化认知层次和策略建议，如表4-7所示。

表 4-7　语文多维细目表

学期教学内容安排	高一上学期第一学段(2010.9—2010.11) 人教版必修一模块						
单元及内容	第一单元：高中语文特色第一周						
单元主题	初高中过渡；提出高中语文学习要求；本校高考满分作文欣赏						

序号	篇目	课时	目标分解	认知层次					三维目标	教学策略与建议	备注
				了解	识记	理解	掌握	运用			
		7	实用的语文，心灵的语文(2节)			√				学习讨论	
			高考满分作文欣赏(3节)			√				学习讨论	

英语学科按单元主题对每篇文章进行项目分解，同时细化认知层次和策略建议，如表 4-8 所示。

表 4-8　英语多维细目表

学段	单元话题	项目分解	认知层次					课时	重点难点	三维目标	教学策略与建议	备注
			了解	识记	理解	掌握	运用					
高一第一学期	必修1 Unit 1 Lifestyles	Culture Corner	√						1. Lifestyle adjectives 2. Jobs 3. Life description 4. Function: Preferences 5. Listening strategy: Prediction 6. Writing: Personal letter 7. Future tense	1. 知识：学会谈论不同的生活方式的词语和表达 2. 能力：学会写非正式信函 3. 情感：了解和理解不同人的生活方式，养成积极健康的生活方式	补充与志愿者和生活方式有关的阅读材料	

续表

学段	单元话题	项目分解		认知层次					课时	重点难点	三维目标	教学策略与建议	备注
				了解	识记	理解	掌握	运用					
高一第一学期	必修1 Unit 1 Lifestyles	词汇	课标词汇（个）					√					
			非课标词汇（个）				√						
		功能句					√						
		知识点						√					
		语法						√					
		写作						√					

（二）提炼出各学科的学科特色，构建各学科的课程模型

在学校整体课程体系下，各学科根据自身的学科特点，以及对北京一零一中学学生在该学科上的学科能力和学科核心素养要求，构建了学科的课程模型。

1. 语文学科的学科特色与课程模型

（1）学科特色

"实、活、博、品"，即"朴实、灵活、广博、品位"。具体讲：注重语文基础与语文能力的双重提升；注重在语文教学中提升学生人文素养；注重阅读与思考、表达与应用的有机融合；注重经典阅读与"快餐阅读"的有机融合；关注并尊重学生的读写体验，以读为要，读写相通；语文综合实践活动丰富多样，如文学社、朗诵社、戏剧节、辩论会、赛诗会等，成为学校文化的一部分；拓展跨学科的广度，打造精品课程，培养学生的综合实践能力。

（2）课程模型（图4-1）

北京一零一中学是一个满溢着书香的诗意栖居地，郭涵校长曾说："让每一个学生都成长为精神的贵族是我们追求的教育理想。"着眼于语

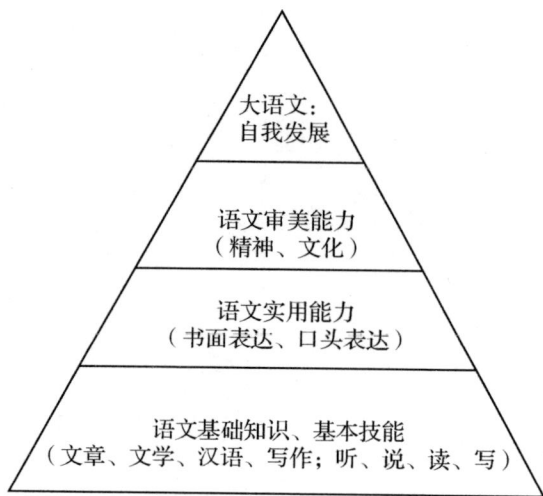

图 4-1　语文学科课程模型

文学科基本规律的研究，强化母语地位，指导学生正确理解和运用祖国
的语言文字，提升学生的语文学习力，提高学生的语文素质和人文素
养，这是当下语文学科切实的现实任务。而为北京一零一中学培养具有
担当意识的未来杰出人才，为国家培养未来的合格公民，充分发挥语文
学科应有的育人功能，则是北京一零一中学语文人高远的目标和追求。

2. 地理学科学科特色与课程模型

（1）学科特色

地理学科以人与环境的关系为学习对象，兼有人文与社会科学属
性。中学地理课程有别于其他学科的本质特点，首先体现在其课程内容
和课程性质上。而地理课程又与地理学科密切相连。尽管对于地理学科
的研究对象和学科性质，目前地理学界还有较为多元的认识，但"人与
环境的关系"是不同学术观点中较为公认的地理学的研究对象，地理学
是一门"兼有自然科学性质和社会科学性质的综合性学科"是不同学术
观点中较为公认的地理学的学科性质。基于对地理学科的认识，中学
地理课程的研究对象可以概括为"人与环境的关系"，同时也是中学课
程中唯一一门以"人与环境的关系"为主要学习对象的课程。在课程标
准所规定的八个领域中，地理课程是唯一一门"跨领域"的课程，其中
科学领域 2 学分，人文与社会科学领域 4 学分。这一课程设置反映了

中学地理课程的性质。

多方面开发课程资源，通过地理实践打造具有"趣味"与"品位"的地理课程。与北京市乃至全国诸多学校相比，得天独厚的天时、地利、人和优势成为北京一零一中学开发地理课程的重要资源。北京一零一中学地理组挖掘本校深厚的历史积淀，利用广阔的校园环境，邀请优秀毕业生和家长，开展多样化的实践活动，为学生提供观察、动手的机会，在实践中学习地理知识，认识、感悟身边的环境，欣赏生活的世界，让学生对地理感兴趣，生活有品位。

趣味一词有两层含义：能够引起兴趣的特性；使人感到愉快。兴趣是学习最好的老师，是学生产生持续学习欲望的内动力之一。在初中阶段，学生可以通过识地图认识校园环境；通过设计上操最佳路线学习、应用地图；通过定向越野和校园寻宝练习应用地图、锻炼身体；通过感受冬日里霜、雪等现象，认识影响气温变化的因素；通过气象站的运用，学习观测、记录、分析数据，了解天气变化；在校园中认识不同的树种；通过观察花草树木变化感受北京的四季……在高中阶段，学生在校园中学习旅游景观的欣赏，认识园林建筑艺术；走进标本室，识别各类岩石、矿物；在西苑市场进行农产品调查，了解城市农业生产；集聚荷塘，欣赏中秋明月，感悟古人的月夜遐想……

品位，泛指人或事物的品质、水平。对于心智较不成熟的学生而言，地理课程兴趣当先。对于心智较为成熟的学生，我们则希望地理课程内容能够在一定程度上提升学生生活的品位。结合《地理教育国际宪章》及课程标准，我们将"品位"的内涵概括为全球意识、环境意识、责任意识、多元文化意识，并在地理课程中渗透这些意识。

全球意识是指人类赖以生存的地球是一个自然、社会、经济、文化等多因素构成的复合系统，全人类是一个相互联系、相互依存的整体。我们在考虑区域地理问题的时候，也要同时考虑到区域地理问题与世界其他国家和地区的相互作用。

我们希望学生能够具备一定的环保知识、逐步树立环境保护意识和正确的人与环境观，并外化为自身的行为。

责任意识是在认识的基础上，明确自身所肩负的对环境、社会发展的责任。

多元文化意识是指学生认识和了解不同层面、不同种类、不同地域的文化，理解其形成，并尊重不同的文化差异。

例如，地理组曾邀请以前的毕业生来学校为学弟学妹讲授自己在世界各地的见闻，扩大学生的知识面，增强对多元文化的理解，潜移默化感染学生。又如，毕业生"骑行西藏"的讲座等，以毕业生独特的视角切入西藏的所见所闻，学生不仅可以了解不同地域的文化，更可以分享他人的人生感悟。地理组开设的"带你去旅行"课程，邀请多位教师与学生共同分享他们的旅行经历和经验。此外，北京一零一中学毗邻北大、清华、国防大学等高等院校，有丰富的家长资源和社会资源。我们也为学生邀请了国防大学教授、莫言等名人为学生开设讲座，培养学生的国际视野，加深学生的文化底蕴。

以自主开发技术平台为依托，进行课堂教学改革，体现生成性与互动性。北京一零一中学的地理课堂，运用以潘天士老师为主开发的多媒体PPT备课平台，针对中学生心理特点设计了很多游戏式反馈。通过打气球、计时答题、随机点名、搭配等多种形式的练习，巩固课上所学，活跃课堂气氛。该平台能够实现课堂的互动与生成。通过对PPT技术的重新开发，在地理课堂能够实现课堂教学中的师生互动、生生互动。教师可以通过多媒体备课平台，以不同的教学流程路径实现对课堂的管理。教师可以依据学情切换教学内容，增强地理课堂的互动性与生成性。在师生、生生的互动过程中，学生与学生间、学生与教师间的思维发生碰撞，形成新的思想。对某一问题的深入探讨，可以帮助学生从更高、更深、更广的层面认识。

（2）课程模型

地理学科学习力模型：建构起"知识与经验""心理与品质""实践与合作"三方面的"气旋"结构模型，如图4-2所示。

地理课程三维模型图如图4-3所示。

将学校现有的地理课程填入该结构，则形成了北京一零一中学地理课程图谱，如表4-9至表4-12所示。

策略与反思
批判与创新

地理观点与能力
地理思维与视角
地理审美与情趣

具有地理素养的
负责任的公民

实践与合作

知识与经验

干扰力

意志与进取

心理与品质

自然
地理

知识与经验

人文
地理

地球和地图

图 4-2 地理学科学习力模型

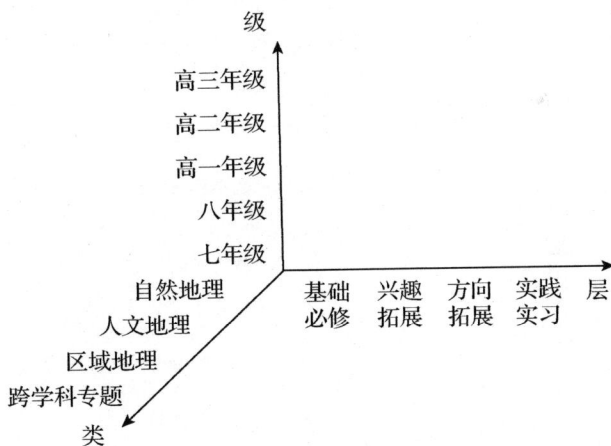

级

高三年级
高二年级
高一年级
八年级
七年级

自然地理
人文地理
区域地理
跨学科专题

类

基础 兴趣 方向 实践 层
必修 拓展 拓展 实习

图 4-3 地理课程三维模型图

表 4-9　七年级地理课程图谱

	基础必修	兴趣拓展	方向拓展	实践实习
自然地理	地球与地图			
人文地理				
区域地理	世界地理	玩转北京、探秘世界（网络课程）		
跨学科专题		宇宙与地球、宝石鉴赏、物候	天文竞赛	天文 DIY、科学探索、气象知识竞赛

表 4-10　八年级地理课程图谱

	基础必修	兴趣拓展	方向拓展	实践实习
自然地理				
人文地理				
区域地理	中国地理	魅力中国（网络课程）		
跨学科专题		宝石鉴赏、物候	天文竞赛	科学探索、气象知识竞赛

表 4-11　高一年级地理课程图谱

	基础必修	兴趣拓展	方向拓展	实践实习
自然地理	自然地理		Pre-AP Environmental Science	
人文地理	人文地理	旅游地理（网络课程）	Pre-AP Human Geography	
区域地理	区域可持续发展			
跨学科专题		宇宙与地球、军事地理	天文竞赛	天文 DIY、科学探索、宝石赏析

表 4-12　高二、高三年级地理课程图谱

	基础必修	兴趣拓展	方向拓展	实践实习
自然地理		自然灾害（网络课程）	自然灾害与防治	
人文地理		带你去旅行、旅游地理（网络课程）	旅游地理、AP Human Geography	北京人文地理实习
区域地理		中国地理、世界地理		
跨学科专题				科学探索

3. 英语学科的学科特色与课程模型

（1）学科特色

北京一零一中学英语学科的总体特色概括起来就是人文性、交际性、多元性。

人文性：北京一零一中学英语学科组尊重学生的文化体验，注重将英文原版读物与课本的有机结合；同时注重在英语教学中提升学生的国际视野和人文素养。在英语教学的同时渗透德育教育，寓教于单元话题教学中。英语学科组非常注重开展丰富多样的综合实践活动，如英语节、英语手抄报展示，英语宣传手册展示等，这些都成了学校文化的一部分。每年我校学生都会前往德国、美国进行校际文化交流，这样的校际文化交流不仅拓宽了学生们的视野，也为学生们提供了深入了解外国文化的机会。

交际性：北京一零一中学英语学科组在英语学科的教学过程中注重英语基础与英语能力的双重提升；关注学生运用英语进行协作交流的能力，注重听、说、读、写各方面综合训练有机融合。每年会参加外研社举办的模拟联合国活动，通过积极的参与，学生们的语言综合运用能力和合作交往实践能力均得到了大幅度的提升，学生们在用英语进行交流的过程中增强了自信，各方面能力也都得到了锻炼。本着语言学习在于应用的指导思想，强调语言的实用性。北京一零一中学英语组教师们指导学生参加国家和省市级英语写作、口语、阅读等各方面的比赛，每年都有大量学生获得国家级和省市级奖项。

多元性：我校目前学生以行政班级为单位进行划分，七年级、八年级、九年级、高一、高二、高三共 6 个年级约 70 个行政班级开设英语课程。在高中阶段，高一年级开设"英语 1""英语 2""英语 3""英语 4"必修模块课程。高二年级开设"英语 5"必修模块课程和"英语 6""英语 7""英语 8"选修模块课程。高三年级开设"英语 9"选修模块课程和高考英语总复习课程。首先，由于学生水平能力的差异我们需要对学生进行多层次的有不同针对性的教学。其次，课程内容上我们进行多元创设，让学生们有更多的机会选择更丰富的课程内容。另外，我们还开设了"旅游英语""英语翻译技巧""英语词汇及其起源""英语原著阅读""英语电影赏析""美剧赏析""英语文章阅读技巧""英语歌曲大家唱"等校本选修课程，这不仅是对必修课的一个有益补充，也使得学生在更高层面上达到对教材的深入理解，而且还会有效地提高学生对英语学习的浓厚兴趣，从而提高课堂的实效性。最后，为了更好地了解学生的学习效果，我们还有针对性地创设了多元评价体系以促进学生的自主学习。

（2）课程模型

通过分析外语语言表达能力的形成过程和外语语言交际能力形成的过程（图 4-4），以及学生学习英语的过程中出现的实际问题，我们总结出第二语言习得者在外语学习的过程中的三方面困难：第一，缺乏语言环境；第二，语言思维转换困难；第三，东西方文化差异与语言理解。要解决这三方面的困难我们必须要了解语言学习的四个维度，最终形成外语学科课程模型（图 4-5）。

4. 生物学科的学科特色与课程模型

（1）学科特色

生物学科的关键词：生命、健康、生态、细胞、遗传、进化、探究。生命与健康代表生物学科在人文教育方面的贡献，即情感态度和价值观方面的贡献。生态、细胞、遗传、进化代表生物学科知识的核心，进化论是生物学最大的统一理论。探究代表生物学科的研究方法。北京一零一中学属于北京市重点中学，生源优质，旨在培养具有科学素养、开放视野、责任意识的拔尖创新人才。学校中许多学生热爱生物学，有些学生加入了学校的"根与芽"社团，有些学生在研究性学习中选择研究生命科学方向的问题进行研究，在科技竞赛活动中也取得了优异的成绩，

言语表达能力形成过程　　　　　　　　　　　外语言语交际能力形成过程

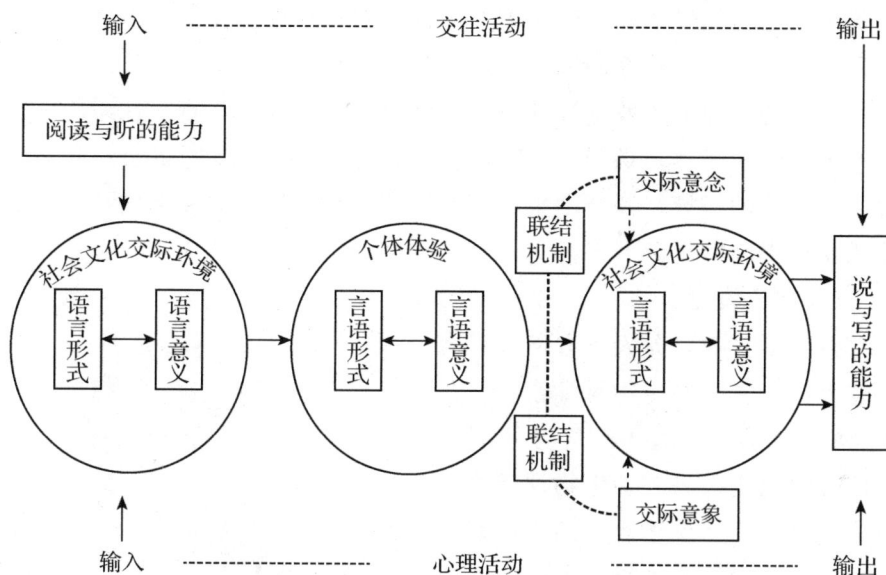

输入 - - - - - - - - - - 交往活动 - - - - - - - - - - 输出

阅读与听的能力

社会文化交际环境
语言形式 ←→ 语言意义

个体体验
言语形式 ←→ 言语意义

联结机制

交际意念

社会文化交际环境
言语形式 ←→ 言语意义

说与写的能力

联结机制

交际意象

输入 - - - - - - - - - - 心理活动 - - - - - - - - - - 输出

图 4-4　外语语言表达能力及交际能力过程图

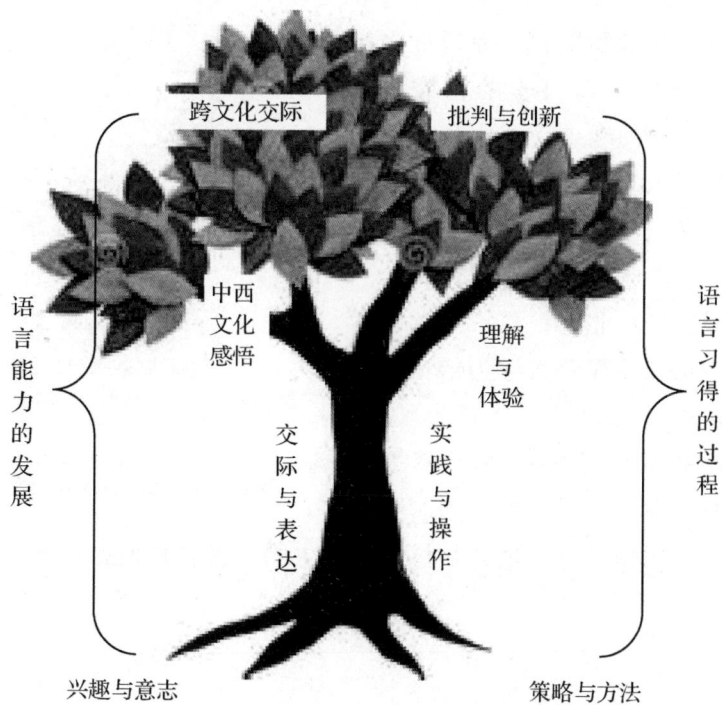

跨文化交际　　　批判与创新

语言能力的发展

中西文化感悟

理解与体验

语言习得的过程

交际与表达

实践与操作

兴趣与意志　　　　　　　策略与方法

图 4-5　外语学科课程模型模型图

学校被评为北京市科技教育示范校。北京一零一中学生物教研组的教师们利用上述的优势条件，认真落实生物学课程标准所提倡的课程理念与目标，充分挖掘生物学课程资源，因材施教，逐步形成了以下学科特色：倡导基于理解的教学设计；注重健康教育、环保教育；注重培养学生的生物科学素养；倡导 STS 教育，给学生提供实践的机会；重视生物学习方法的指导，提高学生自主学习能力；开展丰富多彩的生物学课外活动，提高学生学习兴趣。

（2）课程模型

生物学科在培养人才方面的任务是着力培养学生的生物科学素养，提高每个高中学生的生物科学素养是课程标准，也是以另一种生物课程实施中的核心人物。生物学科的学科思想是从学科知识体系抽提出来的，丰富了人类哲学思想宝库；是学生通过学习具体的生物学知识和原理后最终提炼和领悟到的生命科学的精髓。例如，生物进化的观点、结构与功能相适应的观点、生态学的观点、可持续发展的观点、系统论的观点、稳态的观点、辩证唯物主义自然观等。

课程模型：北京一零一中学以生物课程理念和课程总目标为依据，以科学与技术学习力结构要素为基础，以生物学科对学生的发展贡献为导向，借助生命的遗传物质 DNA 分子结构模型，建构了具有生物学科特色的生物学科课程模型，模型展示如图 4-6 所示。

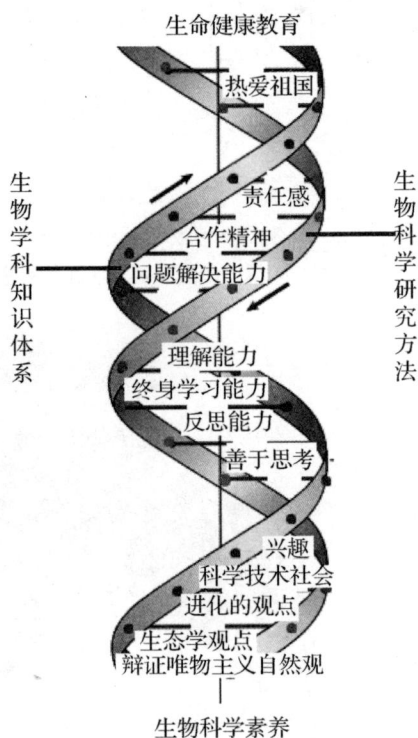

图 4-6　生物学科课程模型图

第五章

自我教育理念下的课堂教学实践

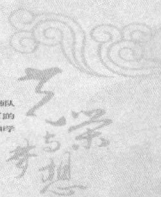

课堂教学是自主课程实验的主阵地，在这几年的实践研究中，北京一零一中学以自我教育理念为指导，以学科核心能力培养为主线，借助大数据信息环境，深化课堂教学改革，提高课堂教学质量，激发学生的学习兴趣和积极性，使学优生更优秀，学困生有发展，特长生更专业。在自主课程实验的第二阶段，通过"课例研究"的形式，开展"重塑课堂"活动，开展自我教育理念指导下的"多样化教学模式"研究：深化学案导学、探究问题导学、尝试自我导学，进行"自主课堂""互动课堂"等课堂教学实践研究，尝试"翻转"课堂、网络"微课"等教学研究与实践。各学科通过教学内容和教学模式的探索，形成北京一零一中学"严、实、活、清、高"的课堂教学特色和北京一零一中学"聚焦课堂、以学定教、以研领教、因材施教"的课堂教学文化。

一、有效机制确保常态课的教学质量

（一）落实常规管理，规范常态课教学行为

学校制定《北京一零一中学教学常规管理制度》，加强自主课程实验中的教学常规管理，以期树立教学质量是学校的生命线的教学观。从教学管理上，建立校长、教学主任、教研组长、备课组长的四级教学管理体制，学校教学工作是在校长领导下，由教学主任直接负责学校教学管理、教学监督、教学反馈、教学检查，组织教研组长和备课组长按时完成学校组织的各种教学活动。教研组长负责落实学校、教学处制订的各项教学计划。校长、教学主任、教研组长、备课组长和任课教师必须认真履行岗位职责。

1. 建立健全教学研究机制，保障教学质量提升

建立教学研究的导向机制、激励机制和保障机制，每学期至少主持召开 3 次教学工作会议，整合研究、决策学校教学工作，研究解决教学工作实际问题。正确及时的导向、激励和保障机制能充分调动起教师的积极性，使师资能力不断完善，师资力量不断发展壮大，不断成长，完成好教学工作以及关注学生成长工作，在有导向、有激励、有保障的环境中努力工作。同时，学校定期开展形式多样、行之有效的校本研修，教研组每两周定期开展一次教研活动，备课组每周必须定期进行一次集体备课，各学科每学期至少组织一次校级或更大范围的公开课。制订学科三年教学整体规划，按时完成教学任务；加强实验教学管理，保证数量和质量。

2. 整合教育教学问题，开展教学改革讨论

鼓励教师观察、发现教育教学中的问题，并进行整合，确定一至两项作为重点专题开展课题研究和教改实验。积极创造条件，有目的、有计划地组织教师开展信息技术与其他学科教学的整合研究，开展数字化教学改革实践，促进教师教法和学生学法的变革。

课堂教学强调以学生为主体，教师为主导，实施有效教学。注重培养学生分析问题、解决问题的能力；注重学生创新能力的培养。教学目的明确，知识传授准确，重点难点解决得好。自觉运用现代教育理论不断改进教学，尊重学生的主体地位，把培养学生的创新能力作为重要的教学目标，注重学法指导。通过听课加强教学研究的力度，互相取长补短，提倡跨学年、跨学科、跨学校听课，认真记录，认真说、评课。教师每学期听课要在 10 节以上。

3. 推行"师徒结对"制度，促进教师专业成长

制定由"新、老"教师"传、帮、带"制度，组建青年教师培训学校，促进青年教师专业成长。重视中青年教师的培养，制订切合本校实际的培养计划。注意组织和选拔优秀青年教师参加进修培训，培养一批高素质的骨干教师和学科带头人。建立集体备课机制，要求在个人充分备课的基础上，教师必须参加每周一次的集体备课，集体备课重点研究教法、学法，设计好教学过程。集体备课要做到"三定"（定时间、定内容、定中心发言人），"四统一"（统一进度、统一要求、统一重点难点、统一作业和单元测验）。

4. 完善教学评价机制

注重教学评价，形成以教师自评为主，学生、家长和学校管理者共同参与的评价机制。引导教师对自己、同事的教学行为进行分析、反思与评价，提高教师自我完善意识。各学科都要给学生布置适当作业，要求目的明确，难度适宜，分量适当，有利于夯实基础，提高学习能力。学生作业总量要由各教研组和年级组协调。对后进学生，教师要进行个别谈话，了解并分析原因，帮助他们树立信心，改进学习方法。有针对性地进行个别辅导，对他们的作业多做面批面改。在辅导中要渗透思想教育，解决好学生的非智力因素和心理障碍，调动所有学生的学习积极性。

期中、期末考试，除统考或学校指定人员命题外，由备课组长负责组题、教研组长审核，要求命题规范、难度适宜，主客观命题比例得当，注重基础，强调能力考查，统一评分标准。学校对命题人的命题质量进行考核。各任课教师要在期末前，按平时成绩 30%、期中成绩 30%、期末成绩 40% 的比例评出所教学生的学期成绩；学年末按上下学期成绩 4：6 比例，评出所教学生的学年成绩。

(二)明确质量标准，引导各学科有效开展常态课教学活动

各学科根据学科特点制定了《学科常态课有效教学质量标准》，对各

学科的教学质量控制总原则、基本标准(包括备课、上课、学习过程、课后总结、学生活动等方面)、具体课型要求做了规定,并且给出了不同课型的优秀课例作为参考。

1. 课堂教学方面

语文学科常态课有效教学质量标准中要求充分认识本学科"工具性与人文性"的内涵:语文是最重要的交际工具,要注重语文课程的应用价值和实际效能,强化在生活实践中完成学习过程。语文学科规定教学工作不满一年的教师要手写教案,四十岁以下的教师要有比较规范的详案。各备课组把本年级教学资源有系统地整理、保留,及时交给下一年级的备课组长。

数学学科要求提高学生"数学素养"的内涵包括:数学知识的内在联系;数学规律的形成过程;数学思想方法的提炼;数学理性精神(依靠思维能力对感性材料进行一系列的抽象和概括、分析和综合,以形成概念、判断或推理,这种认识为理性认识。重视理性认识活动,以寻找事物的本质、规律及内部联系)的体验等方面。数学学科要求激发学生学习兴趣,使课堂活泼有序,尽量使每一个学生有参与表达、练习、回答问题等的机会,教师提问要科学、有效,针对学生认知情况,问题要具体、有梯度、跨度不宜过大,要体现思维价值,对学生的回答及时做出评判。教师要抓住互动中的闪光点及时科学点评,教师也要善于机智应变。

物理组规定每周至少一次集体备课,备课组活动要有计划、有记录,要定时间、定内容、定主讲人,要统一进度、统一练习、资源共享。要求教师在运用导入技能时,要注意导入必须紧扣本节课的教学目标,要针对学生的特点,这样的导入方式才能满足学生的听课需要。导入要有启发性,能够引起学生的悬念,激发学生的思维活动。还要注意,导入要简洁,要尽快使学生进入教学情境,时间不宜过长。教学语言要体现出对学生的尊重态度,要饱含丰富的感情;要体现新旧知识的联系;要尽可能把抽象的概念具体化,使深奥的道理形象化;要能引起学生合乎逻辑的思考。

化学学科教师必须根据化学课程标准和考试说明的要求,经过精选给学生布置适当的作业,作业量一般不超过半小时。

生物组给出了教案规范。教案规范一般应包括：授课班级、授课时间地点、章节课题、教学目标（三维）、课型、教学重难点分析、教学媒体、教学方法、教学过程、板书设计、作业或反馈、教学反思等。生物学科要求虽然教无定法，但对于"新授课"且教学内容或比较适合的情况下，应努力尝试探究式的教学模式。教师应重视教学过程中"设问"或"问题串"的设计，提高学生在课堂上思维的密度和深度，达成对知识、能力、情感三维目标的落实。

历史学科要求进行多样化的教学，要求历史课的教学方式应以教师讲述为主。学生的主体作用表现为积极思维并提出问题的过程。各种活动课的设计要围绕完成教学任务来设计，特别要注意内容的科学性，以史实为依据，避免对历史事件、历史人物的庸俗化。

2. 课后反思方面

物理组规定教师批改作业要抓作业书写的规范性，尤其是在物理起步阶段，对计算题的解题格式、说理题的答题要点、作图题的细节规定进行统一规范。发现问题，随时纠正，必要时重做，培养出学生良好的答题习惯。要把粗批和细批相结合，对基础题普遍都能对的一扫而过，熟悉学生字形后，对基础好的学生的作业，可以批快些，但对容易出错的题要批慢些，不光看答案，还要看解题过程，最好能在错题上画上醒目的记号或写少量的字。

化学学科要求加强个性化辅导。对部分优秀生的辅导可以和学科竞赛相结合，辅导要有计划、有准备、有重点地进行。对基础比较薄弱的学生的辅导要积极主动，多鼓励，多付出。教师养成每节课课后记录教学反思的好习惯。

生物学科要求教师对学习成绩不理想的学生多鼓劲、多督促，以提高他们的学习主动性；对学有专长的学生进行有计划、针对性强、准备充分的培训。

3. 常态课优秀课例方面

对于不同课型的教学，各学科也给出了具有学科特点的课型分类及具体课例。例如，语文学科要求新授课切忌课前铺垫繁杂，作家与课文背景知识介绍不应太多；特殊文章的背景等知识应灵活补充，可在课文学习过程中介绍也可在课后介绍。教师在备课过程中应有自己的体会和认识，不应照搬或完全依赖教参等相关"权威"知识，教师在初读文章过程中的感受应该最接近学生的体验，教师应充分利用这种体验备学情。一篇文章或一节课应有明确的教学目标，但应尽可能把这一个目标放到学期整体的教学计划中，使每篇文章的学习既保持个体的独特性，同时又与其他文章构成完整的知识体系。作文课依据学期的教学计划，制定相关的写作能力要求。尽可能加强作文题目拟定的系统性和科学性，切忌作文教学的随意性。作文题目可借鉴相关的成题，但备课组更应提高自己的命题水平，根据学生的具体情况和教学中发生的变化，拟定适合本校本年级学生写作水平的作文题目，力求有特色，训练价值高。作文教学应从重"做后讲评"过渡到重"写前指导"。作文课应有完整的教案，包括写前指导、例文评析和教学总结（反思）。例文应有不同层次的作文，以供不同程度的学生明确目标，共同提高。

数学学科给出新授课的教学模式：①启发式教学的模式。基本程序是：导入→探究→归纳→应用→总结。②结构式教学的模式。基本程序是：自我实践→交流→提炼→形成结构→巩固练习。③发现式教学的模式。基本程序是：创设情境→提出问题→组织交流→鼓励猜想→引导论证→运用结论。试卷讲评课要在认真批阅并统计试卷的基础上，找出典型的、共性的问题；课上指出上述问题与学生共同探讨问题原因，做归因分析；针对问题进行跟踪训练；讲评试卷不能"就题论题"，而应"借题发挥"，通过讲评，达到归纳、总结、巩固、提高、拓展的目的。

生物学科就新授课、实验课、复习课、讲评课四种课型在教学设计各环节上的不同之处进行辨析，提出相应的标准。例如，新授课的教学目标是侧重知识点落实、思维能力训练，应渗透情感态度和价值观的培养，而实验课则侧重技能训练，巩固知识点，复习课则侧重生物学核心概念的梳理。

历史学科要求新授课基础知识传授线索清楚，概念准确，知识结构严谨，无科学性错误。主要历史人物的活动和重要历史事件的讲述具体、充实，并能注意新旧知识间的联系。史料选择典型，对历史问题的分析到位，史论统一。活动课虽然学生唱主角，但整个课堂要由教师把握，注意启发引导，不要偏离教学目标。教师要有课堂小结，突出强调教学重点，纠正学生活动中出现的问题，实现教学目标，并对学生参与情况进行总结。针对教学目标设计课后测评，学生课后完成，或要求学生完成一定字数的活动课感想。

(三)规范学生学习常规，保障学习自主有效进行

《北京一零一中学教学常规管理制度》中也做了"北京一零一中学学生学习常规要求"。北京一零一中学教学崇尚严谨，倡导勤学求实，探索创新的学风。为了进一步提高学习效率，帮助学生掌握正确的学习方法和养成良好的学习习惯，对学生学习过程中的预习、听课、作业、复习、考试、实验、课外学习等基本环节做了要求，如预习时如果发现与新课相联系的旧知识掌握得不好，要查阅和补习旧知识，给学习新知识打下好的基础。根据"不动笔墨不读书"的原则，做好预习笔记，做到边读、边画、边批、边写、边想、边预习，结果要认真记在预习笔记本上。

1. 课堂中专心致志

上课时，要让学生努力当课堂的主人，要让学生认真思考教师提出的每一个问题，认真观察教师的每一个演示实验，大胆举手发表自己的见解，积极参加课堂讨论，做到"深入咀嚼思考，大胆质疑问难"。学生做好课堂笔记，强化理解记忆，做到十记：记板书、记思路、记事例、记典型例题、记补充内容、记疑问或不同见解、记老师闪光的语言、记自己灵感的火花、记同学或自己的失误、记教材或参考资料的不足。

2. 课后作业规范要求

书写要工整，切忌涂改过多，解题步骤既要简明、有条理，又要完整无缺，要按照各科教师的作业规范去做，认真订正错误。作业经教师批改后，要仔细看一遍，对于作业中出现的错误，要认真改正，不理解之处要及时请教老师或同学，建立"错题簿"，记下错题和疑点，以便随时强化。

3. 学而时习之

复习应有当天复习、单元复习、期中(末)复习、假期复习。复习的主要任务是达到对知识的深入理解和掌握，在理解和掌握的过程中提高运用知识的技能技巧，使知识融会贯通，同时还要通过归纳整理，使知识系统化，真正成为自己知识链条的一个有机组成部分。

4. 正确对待考试

考试是检查学生学习效果的一种方法，考得好，可以促进自己进一

步努力学习；考得不好，也可以促使自己认真分析存在的问题，以便今后有针对性地学习。所以，考试并不可怕，绝不应当产生畏考心理，造成情绪紧张，影响水平的正常发挥。我们的考试策略是：充满信心，稳定情绪；通览全卷，明确要求；认真审题，先易后难；字迹清楚，书写规范；及时检查，防止错漏。

5. 实践、实验秉承严谨态度

实验时要遵守实验室的各项规定，听从教师安排。注意熟悉实验所用仪器设备的名称、功能和操作方法，仔细观察实验现象，认真测定数据，做好记录，严格遵守操作规程，爱护仪器设备，注意安全。

课外学习应该做到，根据自己的特长和爱好，在教师指导下，制订课外学习计划，选择一些课外读物学习。课外学习一定要从自己的实际出发，量力而行，忌好高骛远，贪多求全。

二、课程改革初期有效教学的实践与研究

随着课程改革的推进，课堂教学中师生关系、教学方式和组织形式、学生评价方式等方面发生着令人鼓舞的变化，新课程所倡导的民主平等、合作共享的理念正逐步为教师和学生所接受。与此同时，由于新的课程标准给教师很大的创造空间，以及教师对新课程理念理解的偏差，课堂教学实践中出现了不同层面的问题。例如，忽略基础知识和技能的培养、学生合作探究活动形式上的过度追求、教学资源完全游离于教材之外等。这些问题在一定程度上降低了课堂教学的有效性，影响着学生主动发展和教师专业化发展。因此，反思既有的课程改革实践，以积极有效的探索和解决策略纠正教学实践行为的偏差，才能推进新课程改革的良性和深入发展。

基于以上思考，本着"反思研讨、共同提高"的目的，北京一零一中学在课程改革初期进行了"新课程理念下的有效教学策略探究"的系列教学研讨。全面贯彻落实新课程理念，全面推进素质教育，为基础教育美好的明天而不断创新。

(一)厘清有效教学的基本理论

有效教学理论既是一门理论科学，也是一门应用科学。它既要研究

教学的现象、问题，揭示教学的一般规律，也要研究利用和遵循规律解决教学实际问题的方法策略和技术。它既是描述性的理论，也是一种处方性和规范性的理论。有效教学是为了提高教师的工作效益、强化过程评价和目标管理的一种现代教学理念。学生只要取得了自己应有的"进步和发展"，就应当认定是"有效教学"的体现。

1. 有效教学的基本特征

关注全体学生。每位教师要树立"双全"意识，既要确立"为了学生发展"的思想，又要树立"全人"的理念。学生的发展是全人的发展，而不是某一方面或某一学科的发展，所以教师不要过高地估计自己所教学科的价值，要把学科价值定位在一个完整的人的全面发展上。

关注教学效益。教学效益不同于生产效益，它不取决于教师花最少的时间、教最多的内容，而取决于在单位时间内学生的学习结果与学习过程的进展情况。有效教学旗帜鲜明地反对缺乏效益的"奉献"，因为这种意义上的"奉献"其实是在耽误学生的进步与发展。

关注测性量化。每节课的教学目标要尽可能明确与具体，只有目标具体，措施才具有针对性，也便于检验教师的教学效益。有效教学主张科学地将定量与定性、过程与结果结合起来，全面地评价学生的学习成绩和教师的工作实绩。

实施反思教学。有效教学迫切地需要教师自觉养成反思与总结的好习惯，做到天天反思、堂堂反思，不断地追问"自己的教学有效吗？""有没有比我更有效的教学？"因此，没有反思性教学就没有有效教学。

有效教学核心。学生参与包括行为参与、认知参与和情感参与三个方面。学生的情感参与和认知参与成正比。由于学生的广泛参与使得其自身在学习过程中不断得到启发，激励从而优化知识结构，乃至有所发现、有所创造。

有效教学策略。有效教学需要教师掌握有关的策略性知识，以便自己面对具体的情境做出策略和选择。譬如，课程开发的基本功、教学策划与设计的基本功、了解学生和与学生沟通的基本功，帮助和指导学生进行"意义构建"的基本功等。

2. 有效教学的五种关键行为

清晰授课。在实际的教学中，在清晰授课程度上，教师之间的差别很大，并不是所有教师都能清晰而直接地与学生交流。研究表明，教师之间在认知清晰性和口头呈现的清晰性上有很大差异。清晰教学的表现：告诉学生课时目标，做到口齿清楚，目标明确；弄清学生是否已经掌握了与任务相关的前置知识；缓慢而明确地发出指令，必要时可重复指令或将指令划分成若干小指令；清晰地解释概念，使学生能按逻辑的顺序逐步理解；了解学生的能力水平，关注学生注意力保持期。教学适应学生当前水平或略高于当前水平；在每一节课结束时进行回顾总结。

多样化教学。人们对有经验的教师和没经验的教师进行研究发现，前者在教学策略上灵活多样，而后者则不知道运用替代性教学策略。教师所拥有的最大财富中，一是对多样教学策略的了解；二是学会灵活地运用变换这些策略。教学可以分为教学方式和教学活动。从教学方式上，有听觉的、视觉的、触角的、嗅觉的等；从教学活动上，有讲解、讨论、问答、讲演等形式。教学中，在教学方式和教学活动中安排一些变化，就可以在多样的背景下呈现该堂课的内容。多样化教学不仅能够帮助学习者保持注意并积极投入学习过程，还给学生提供更易记忆和更清晰的学习经历。多样化教学的表现：使用吸引注意的技巧，如用挑战性问题、视觉刺激或引起学生好奇的举例等。通过变化目光接触、语速、音量或手势来表示内容或活动发生了变化。教学活动能吸引学生积极参与或偶尔使用学生的意见开始教学。变换材料呈现方式，比如讲解、提问、练习、讨论等。变换提问类型，比如发散性问题、聚合性问题、试探性问题。

任务导向。任务导向是指把多少课堂时间用于完成教学任务规定的学术性内容。教师用于教授课题的时间越多，学生的学习机会就越多。与任务相关的问题，教师必须予以回答的有：我讲课、提问用了多少时间？鼓励学生咨询或独立思考又用了多少时间？组织教学用了多少时间？评估学生行为用了多少时间？任务导向的教学表现：大多数时间用于教授切题的内容。围绕目标任务进行思维训练和技能训练。教师对总体目标任务（如期末考试、中考）做到心中有数。针对目标任务选择最适合的教学模式。

引导学生投入学习过程。学习内容的掌握程度与学生投入学习过程的时间直接相关。因此，对课堂时间的有效使用和学生的积极练习是掌握学习内容的重要成分。学生实际投入学习材料的时间，称为投入率，它是指用于学习的时间百分比。在这段时间里，学生真的在学习，忙于教学材料并从教师提供的活动中受益。有时，尽管教师可能在任务导向地教学，也可能为学生提供了最多的内容，但学生可能并没有投入学习。引导学生投入学习过程的有效措施：在每组教学刺激之后立即安排相应的练习或问题。在一种非评价性的气氛中提供反馈机会（比如第一次可以让学生不受约束地集体回答）。为可能需要的学生准备个性化教学材料（比如纠正性练习）。使用有意义的口头表扬，引导学生保持学习的积极性（比如解释答案为什么正确）。监督课堂作业，在独立练习期间频繁地检查进展情况。

确保学生成功率。学生学习的成功率，是指学生理解和准确完成练习的比率。教师的任务导向和学生投入率与学生成功率是密切相关的。中高水平成功率的教学能提高学生的成就感，增强学生的自尊心，提高学生对学科内容学习的积极性，凡是在学习任务上所花时间超出平均水平的，往往成功率就高，结果他们的成就更高，记忆力更好，学习态度也更积极，中高水平成功率不仅使学生掌握了课时内容，还给学生提供了实践应用所学知识的基础。因此，有效教学的一个关键行为就是组织和安排高成功率的教学，并向学生提出超越给定信息的挑战。提高学生成功率的有效措施：在学生最初的回答之后立即给予纠正，或示范正确答案并告诉学生如何做到正确回答。把教学内容适当划分成小块，使学习者在当前水平上轻易消化学习内容。以容易掌握的步骤安排向新材料过渡。变换刺激的呈现节奏，并持续不断地为教学高潮或关键事件做准备。使用复习、测试、反馈、评析，形成紧张、期待等不同程度的间隔。

(二)有效教学的实践研究

北京一零一中学用自我教育理念去指导不同学科进行有效教学研究。

1. 课堂教学研究的实践探索

语文学科围绕学习方式、学生主体地位、教师角色、教育效果、教育影响等方面做了深入的学习及研讨，并在构建课堂教学模式方面做了有益的尝试。

数学学科首先通过 2007 年 10 月北京市教研部组织的新课改后首次全市数学公开课活动中，数学组张燕菱和佟昀老师所做的公开课"函数的零点"，吕晓琳、邹斌老师所做的公开课"二分法"，是课堂教学研究实践的有益尝试。四位教师在市、区两级教研员的帮助下展示了新课改理念下有效课堂的教学方法。

在课改最初的几年中，全体高中数学教师共开设区级及以上级别的公开课达到 32 节，教师们在实践中探索，在探索中总结和前行，不断加深对新课改的认识。就如张燕菱老师的教学反思所言："我们的备课历经两个多月，教案反复修改，几乎每天都会有新的想法涌现出来。这些想法大部分是来自于我们对教材及课标的不断研究、备课组及整个教研组教师的意见，并且特别得益于区里、市里的专家、同行的帮助与指导。在此过程中，我们几个对教材的理解越来越深入，也越来越清楚地认识到，新教材是怎样注重对学生能力的培养与提高的。因此，我们认为在今后的教学工作中，应特别注重对教材的研究与理解，加强备课组、教研组内的协作与交流，不管多忙，都应坚持参加市、区的教研活动及各学校之间的交流学习。这样，我们对教材和新课标的认识及把握才能不断提高。"其次，在反复实践、研究、讨论的基础上，数学科组制定了"北京一零一中学数学概念课堂教学评价量表"，为教师们上好概念课制定了切实可行的评价标准。此外，经过大量的教学实践和研讨，制定了《数学学科常态课有效教学质量标准（试行稿）》。

物理学科将有效教学研究具体化为任务驱动教学模式的研究和实践。任务驱动教学模式是一种建立在建构主义理论等基础上的新型教学模式。该教学模式以任务为新知识的载体，学生在完成任务的过程中实现对知识的主动建构，提高探究和解决问题的能力，充分体现了教师主导作用和学生主体地位。

2012年3月21日，物理组承办了海淀区物理开放日活动，孟云瑛、冯继兵、张晓利、相新蕾、郭金宁、王跃飞、杨双伟七位老师向全区从八年级至高三的物理老师奉献了七节研究课。此次研究课的主题是任务驱动型学习模式的实践探索。孟云瑛老师在"大气压强"一节课中一会儿变成"医生"，一会儿变成"家庭主妇"，一会儿又是"魔术师"，游刃有余地设计了现场拔火罐、瓶子吞鸡蛋等很多实验，令人耳目一新，拍手称绝。冯继兵老师把浮力产生的原因通过几个小实验演绎得栩栩如生，仿佛让学生们乘着"神奇校车"走进了液体的内部，让学生们感到物理太有趣、太神奇了。张晓利老师把测量密度的各种方法设计得丝丝入扣，学生既落实了中考的考点，又学会了解决实际问题的方法。郭金宁老师像一个科普节目的主持人，带领学生们纵横古今，探寻"光到底是什么"，她用激光束产生美丽的干涉条纹从而进行定量测量的实验，"惊艳"了全场，听课的教师一致表示，北京一零一中学的实验设计水平真的了不起。杨双伟老师在"零模试卷讲评"中，鼓励优点、分析缺点、提炼解题方法、总结应试技巧，她带着最真挚的情感极大鼓舞着学生们的斗志，让学生们看到"你不是一个人在战斗"，未来的曙光一定属于我们。王跃飞老师讲解的弹簧问题是学生最怕的。王老师从力和运动角度、从能量守恒角度、从动量守恒角度，不断变化条件由易到难、层层递进、归纳方法，体现了高三复习的高效性。七位教师以让学生完成一个个具体的任务为线索，把教学内容巧妙地设计隐含在单个的任务中，让学生以分组或独立完成任务的方式领会学习的核心内容。在学生完成任务的同时培养学生的创新意识、创新能力以及自主学习的习惯，引导他们学会如何去发现，如何去思考，如何去寻找解决问题的方法，最终让学生自己提出问题，并经过思考，自己解决问题。任务驱动教学模式体现了"主导—主体"结合的教学设计原则，它避免了在以教为主和以学为主的教学设计中，教师主导作用和学生主体地位体现的相互矛盾，既发挥教师的主导作用，又充分体现学生的主体地位。

化学学科主要进行学案导学的教学研究、实践和创新。比如，常态课中限于课时，尤其是完整的实验探究耗时较多，在现有条件下还不能给学生足够的时间和空间，那能不能在校本选修课中进行尝试呢？甚至设计课余自主学习呢？

尝试在选修课中把"以结果为目标"的实验课改变为"以过程为目标"的实验课。"以过程为目标"是指学生根据资料进行实验，在实验过程中摸索药品的用量、实验条件、工具的选择、数据的记录、实验的步骤等，或者根据资料自己设计实验方案。这类实验课更注重摸索的过程，无论实验成功与否，学生在摸索过程中所获得的经验会带给学生比较高的成就感，从而提高了成就动机。

"以过程为目标"的实验选修课中学案的作用：增强学案的倾听功能。大多数学生觉得写实验报告枯燥，教师采取的策略是在实验步骤中留出空白，让学生把自己在实验过程中的经历、感受、经验、收获记录下来，使学案成为学生做实验的诉说对象。

2. 课堂教学研究的改进完善

（1）语文学科

在自主课程实验的第二阶段，课堂教学研究中对学生地位和教师作用以及教学研究的效果和影响做了反思。萨特在《存在主义是一种人道主义》一文中指出："人首先将其自身推向未来，并意识到自己在这样做。人确实是一个拥有主体生命的规划，而不是一种苔藓、菌类或者花椰菜。"学生角色由传统意义上的学习中的接受者、被动者甚或说"知识的容器"，转向学习的主体者、主动者、质疑者、批判者、创造者、合作者……以学生为中心，突出学生的主体地位，是自我教育理念下课堂教学模式的最突出特点。

教师的角色也发生了转变。传统意义上的教师是讲解者、训导者、灌输者、自我表演者、权威者，或学者、权威的宣传者等。当下意义上的教师是组织者、启发者、引领者、促进者、学习者、倾听者、交流者、评价者、指导者。

教育效果通过改进也收到了良好的成效。以探究训练模式为例，它促进了探究策略、价值观和态度的发展，而这些对于探究精神的形成是非常重要的。例如，探究过程中的技巧（观察、搜集和组织材料，明确和控制变量，形成和验证假设与解释，推理）；积极而自觉的学习态度；

语言表达能力；对知识模糊性的接受；逻辑思维能力；对所有知识都具有暂时性的认识。

探究训练的主要学习效果在于过程，包括观察、搜集和组织资料，确认和控制变量，形成和检验假设，提出解释和做出推理。探究训练模式很好地把这几种综合成了一个单独而富有意义的学习单元。

教育影响主要体现在：学习方式的转变。从学生角度，先学后教，疑后再教，教而启智、启思。从教师角度，创设情境，搭建问题平台，学生质疑，讨论、释疑、整合评价，迁移提高。

融洽、平等的师生、生生关系有利于学生主体精神的发挥以及学校的稳定发展。学生作为教学过程主体人格的丰富完善，需要学校、社会、家庭等多方面共同努力，而在得到教师和其他同学充分尊重、信任和理解的情况下，学生学习的积极性、主动性最易于激发出来，著名的"罗森塔尔效应"就充分证明了这一点。同时，学生对教师的理解、尊重也容易加强教师教的主动性、针对性、诱导性和实效性，容易激发教师的讲授激情；对其他同学的友爱、互助更能增加学校内部的凝聚力。

关乎责任、尊严，学生自我发展与成长的有效性。在学校的学习生活中，学校通过课程建设、开展特色课程等方式为学生提供学习、发展特长的机会，在此过程中也要注重学生的自尊、自信、自强、自立信念的树立，因为这可以使学生的无限潜力被挖掘出来。关乎学生生命及心智的成长，关乎学生良好思维品质，质疑、批判、创造、合作精神的培养。

教师教育观念转变，教育理念簇新，专业水平提高，身心和谐发展，有教育成就感。

语文综合实践活动课案例除了课内、课外的阅读外，我们还充分挖掘课本资源，积极开展语文的综合实践活动，最大限度地激发学生学习语文的兴趣，让语文课堂丰富多彩起来。

例如，经典名篇的演讲比赛。为了让学生们更好地理解必修2第四单元中的演讲篇目，如《我有一个梦想》《马克思墓前的讲话》《就任北京大学校长之演说》等，了解演讲词的特点，同时，也为了锻炼学生们口头表达的能力，学校举办了高一年级的演讲比赛。演讲稿的来源有三：第一，课文中的经典篇目；第二，教师适当补充的中外演讲名篇；第三，学生们结合亲身经历自己撰写的演讲稿。比赛以班级为单位，采用抽签的方式，抽到的学生限时到前面来演讲，比赛要求必须脱稿，同时要有语态、语调、语气的具体的评分细则，评委打分，此次演讲评选出一、二、三等奖若干。主题演讲比赛是我校学生提高书面和口头表达能力、推动创新文化建设的一次有益实践，各位参赛选手不仅展现了良好的精神风貌、较高的演讲水平，更重要的是体现了积极向上、勇于争先的进取精神。可以说，这次演讲比赛赛出了风格，赛出了水平，更赛出了北京一零一中学学生的魅力和风采。

又如，高一年级戏剧节开展的——"绽放青春风采 体验戏剧人生"。为了引领学生深切感悟戏剧这一艺术形式的独特魅力，体验传统文化的强大力量，培养学生研读经典、分析文本的能力，培养学生的人文情怀。在高一年级，语文备课组结合语文课本（必修4）的戏剧单元教学，除了选取教材中三部经典篇目《窦娥冤》《雷雨》《哈姆雷特》外，还补充了《茶馆》《一个无政府主义者的意外死亡》《罗密欧与朱丽叶》等几部中外戏剧名篇，以此为基础举办了此次戏剧节活动。先是由班级代表抽签确定所演篇目，之后进行初赛，最后胜出的两个班级进入决赛，由评委评选出最后的获胜者参加高一年级戏剧节的会演。会演共有六个班级参加，演出的剧目题材上丰富多样，涵盖了古今中外经典剧目。两个小时的演出可谓高潮迭起，精彩纷呈。高一年级戏剧节将艺术带到学生的身旁，培养了他们的合作意识，学生灵活的思维和独特的表现形式为戏剧艺术注入新鲜的血液，让经典与时俱进，充满新的活力。这次活动让学生受益匪浅，他们认认真真地研读了经典，从中体味剧中人物丰富的性格特点，他们真正地走进了人物的内心世界，收获到了别样的生命体验，展开了深层次的人生思考。

再如，"聆听经典""诵读经典"活动——"琅琅诵读 传唱经典"。我校师生聆听"让朗读丰富我们的人生"朗诵讲座。2013年11月21日下午，中国传媒大学播音与主持艺术学院院长鲁景超教授来到我校，给我校教师和部分爱好朗诵的学生举办了一次讲座"让朗读丰富我们的人生"。她在讲座结束时说："愿朗读成为我们的习惯，让朗读丰富我们的人生。"之后，鲁院长受聘担任我校人文教育顾问。她还邀请我校师生参加第15届齐越朗诵艺术节暨全国大学生朗诵大会总决赛展演活动。

　　例如，赴中国传媒大学聆听"经典名家朗诵会"。我校师生应中国传媒大学播音与主持艺术学院院长鲁景超教授的邀请，2013年12月5日于传媒大学聆听了"经典名家朗诵会"，参加此次活动的有方明、瞿弦和等一代名家，另外，还有著名演员濮存昕等。他们以饱满的热情和富有感染力的声音，征服了现场所有的观众，不时传来阵阵掌声。阅读好书、聆听经典，这可以说是人生最美好的时刻，但又是日常生活中可能常常被忽略的片刻，相信通过此次"聆听名家朗诵"的陶冶，会提醒学生热爱读书、铭记经典。

　　例如，赴现代文学馆聆听"百年光未然作品朗诵音乐会"。2013年10月29日，诗歌朗诵兴趣小组的30余名师生，在严寅贤副校长和众位语文老师一道来到现代文学馆，聆听"黄河的歌者，长江的儿子——百年光未然作品朗诵音乐会"。朗诵音乐会是为纪念著名戏剧家、诗人、文艺理论家张光年（即光未然）诞辰一百周年而举办，选取了光年先生著名的《黄河大合唱》《五月的鲜花》《午夜雷声》《阿细人的歌》等经典作品。方明、虹云、曹灿、苏民等名家大师或温柔婉约、深情款款、或激情澎湃、气势昂扬的演绎，深深地感染了大家。最后，在作曲家叶小纲的指挥下，学生和观众、演员一起唱起《黄河大合唱之七·保卫黄河》，将这场朗诵音乐会推向高潮。学生为名家大师精湛的艺术魅力折服。体验到诗歌的节奏、韵律和相关的朗诵艺术技巧。张光年的作品，以高昂的爱国热情，恢宏博大的学术底蕴，教会我们为人做事的道理和为国奉献的责任感。

　　例如，参加海淀区举办的"诵读经典"的诗歌朗诵大赛。北京一零一中学以诗歌朗诵作为民族文化教育的载体，以美的内涵和形式，激浊扬清、陶冶情操，在潜移默化中培养学生的人文底蕴。学校组织了诗歌朗诵兴趣小组，并聘请了中国传媒大学播音支持学院的专家，在课余时间对学生们进行诗歌朗诵培训。同时，于2013年11月参加了海淀区举办的"诵读经典"的诗歌朗诵大赛，我校高一、高二年级共12位学生参加了此次比赛。学生们以艾青的《雪落在中国的土地上》为载体，在抑扬顿挫的声调中，体会作者的思想情感、人格追求和志趣品位，提高了审美情趣。文以载道，以文化人，诗歌朗诵活动必将为人文校园建设再添新叶。

例如，参加第 15 届齐越朗诵艺术节暨全国大学生朗诵大会总决赛展演活动。2013 年 12 月 6 日晚，第 15 届齐越朗诵艺术节暨全国大学生朗诵大会总决赛在中国传媒大学举行。这次活动是由教育部语言文字应用管理司和中国传媒大学联合主办、中国传媒大学播音主持艺术学院承办的，主题为"我的梦，中国梦"。来自全国 95 所高校的 430 部优秀作品通过初赛、复赛的角逐，最终有 26 部作品入围决赛。我校作为全国唯——所中学参加了这次朗诵大赛总决赛中的展演环节。8 日，我校学生又来到首都图书馆，参加了这次朗诵大会优秀作品的公益展演活动，该活动也获得了社会的广泛好评，中央电视台新闻联播以及新闻直播间都对此次活动进行了报道。通过这次活动改变了学生对于朗诵的理解，高一年级的王雪凌说："我以前一直认为朗诵只要把文章读得声情并茂就足矣了，可是当我有幸参加过这次齐越节朗诵大赛之后，我才深深地认识到，原来朗诵者，能够通过文章以外的东西告诉读者这么多。我深刻体会到一个好的作品需要用灵魂去诠释，把作品最本真的含义挖掘出来并完完全全地展现给观众，这才是朗诵者的义务。"这次活动使学生加深了对朗诵的理解，同时也领略到了语言的独特魅力，感受到了中华经典文化的博大精深，正如教育部语言文字应用管理司司长姚喜双所说："我们向世界传递中国好声音，我们用声音传承我们的文化，传承我们的文明。"

语文学科有效教学课堂教学研究实例如下。

《〈名人传〉序》教学设计

高建民

教学目标

1. 知识目标

了解罗曼·罗兰"仁慈的受难者"的英雄观，增进对西方文化的了解。

2. 能力目标

揣摩文中意蕴丰富的语句，把握文本的内在联系，深入理解文本。

3. 情感态度和价值观目标

理解"心灵伟大"的现实意义，提升学生的思想境界。

教学重点

理解作者的英雄观及写作目的。

教学难点

理解文中一些难句的意义，理解作者的英雄观。

教学方法

导读法、讲授法。

课时安排

1课时。

课前准备

学生预习课文，了解三位传主的基本情况。

教学过程

1. 导入

提到英雄，你会想到谁？

2. 理解"因为心灵而伟大"及其意义

(1)学生朗读课文3、4自然段，思考：作者心中的英雄是怎样的？即"只是靠心灵而伟大的人"。

(2)通常对"英雄"的界定是"大智大勇，丰功伟绩"，而作者认为英雄是"只是靠心灵而伟大的人"，甚至不是"以思想或强力称雄的人"，你如何理解？

①心灵太重要：没有伟大的心灵就没有……甚至……

②成败不重要：理解"主要是成为伟大，而不是显得伟大"，即如果没有伟大的品格，成功者就只能成为空虚的偶像，供功利的人们膜拜。

(3)进一步搜索文本信息，联系前文找时代的原因。（第1自然段）

小结：物质主义时代，需要心灵的指引。而思想和强力都不能给人们以心灵的自由。

3. 理解"由于灾患而成为伟大"及其意义

(1)英雄们怎样成为伟大的人呢？

"固然由于毅力而成为伟大，可是也由于灾患而成为伟大。"

(2)面对患难，英雄们如何对待呢？结合贝多芬一段谈谈。

①面对自己的不幸："扼住命运的咽喉"，表现出生命的坚强。

②面对"同胞"的不幸："向可怜的人类吹嘘勇气""用痛苦换来欢乐"。

(3)进一步检索文本信息，联系前文思考作者推出"受难英雄"有什么现实意义？

现实："时代平庸""生活是一场无日无之的斗争""谁不是受难者呢"。

小结：意义在于，为不甘于平庸的人驱除孤独、指引大路、树立榜样。

4. 总结作者写传的意图

(1)学生讨论归纳。

①功利的现实：物质主义、自私自利。社会需要伟大的心灵！时代在呼唤！

②艰苦的人生："无日无之"的斗争。不甘平庸的"受难者们"需要伟大心灵的扶持和指引——献给受难者！

(2)集体朗诵：第5节。

小结：作者试图用伟大的心灵的力量感染人、教育人，扭转社会的庸俗，鼓舞人们重新鼓起"对生命对人类的信仰"。

5. 反馈、拓展

联系生活，能说出一个曾经或正在打动你的"心灵"的故事吗？

教学反思

我觉得当前的语文课要更"语文"、更人文、更深刻、更实在。

"把语文课上成'语文课'！"这是若干年来语文教育界的强烈呼声。当语文课不再是语言的飞翔，不再是文学的舞蹈，不再是思想的碰撞，不再是心灵的震颤，而只剩下了声光电中热火朝天的表面繁荣，语文课恐怕就不再姓"语"。失去了灵魂的语文课，怎么能牵着学生的心找到"回家的路"？因此，讲"《名人传》序"，我不想为了追求生动，把贝多芬、米开朗琪罗、托尔斯泰三位艺术大师的艺术作品一股脑展示出来，让语文课变成音乐课、美术课、电影课，我必须带领学生在语言文字的精美世界里品味、推敲、提炼、延展。"语文味"是我备课的起点，也是我追求的境界。

"讲什么比怎么讲更重要。"我们为什么要带学生拿起这篇文章？学生放下这篇文章后能得到什么？仅仅是把这篇文章读懂了？不，这远远不够。世界上的好文章实在太多太多，我们怎能把它们都搬来堆满学生的头脑？当许许多多读书人在浮躁世风中陶醉于"知道主义"的时候，我们必须清醒：在这个充满挑战的世纪，知识已不再是追求的最高目标，更重要的是获得知识的能力以及正确使用这种能力须具备的正确的情感、态度和价值观。《〈名人传〉序》，传达了罗曼·罗兰的英雄观，但我们不能把教学止于传授这种英雄观，我们必须让学生理解到，这种英雄观背后作者对现实的关注，对人类的悲悯，学生为这种人文精神深深打动之后，对"英雄观"的理解就举重若轻了，而这种人文精神一旦植根于学生的心灵，它的影响将是无限深远的。所以，本课我重点讲"写传目的"。

"教学要善于'得寸进尺'。"教学不能满足于显见于表面的"寸"，而要抓住一切可能的机会，引导学生更进一"尺"。课文是很好的媒介。深入解读文本、深入感受和思考文本、深入思考人生和社会，应当成为语文课上的主旋律。在"浅阅读"风气盛行的当下，这种"深入"尤其宝贵。文本中的许多语意隽永的语句，不是拦路虎，而是锻炼学生的难得的好材料，"不是靠思想和强力称雄，而是因为心灵而伟大""主要是成为伟大，而不是显得伟大""把英雄的首席给予纯洁而坚强的贝多芬""重新唤起对人类对生命的信仰"，当学生结合文章和自己的生活体验透彻解读了这些句子之后，他们就会清晰地听到作者那焦灼而激昂的呐喊，深刻地体会到作者那博大而悲悯的情怀，思想因之豁然而开朗，心灵因之訇然而震撼。

"语文教学要守正出新，第一是实用。"所以，语文课再也不能追求好看而搞花架子了，把"多媒体"滥用成"多霉体"，把"合作学习"操作成"合座学习"，把"活动课"上成"玩乐课"，已经成为新课程教改中令人哭笑不得的现象。为什么不实在一点，回到语文教学的本意上来呢？还是多一点对传统的自信吧，不要盲目跟风，追溯语文教学的"源"，培植语文教学的"本"，才会有好的语文课。教学过程中牢牢抓住文本，引导学生从字句中发现，从句段中提炼，从思路中梳理，从文章中延展，这都是语文课上必须要做的事，怎可轻慢？对于本课这样一篇深厚的文章，教师的深入引导尤为重要，学生的深度参与也是必须。愤悱以发之，循序而渐进，语文教学之道。

著名特级教师方晓山老师评此课说"定位高""问得准""引得好"，正是对我上面几点想法和实施效果的肯定。但我觉得这节课在"唤醒"学生积累方面还不够，使得学生在抽象的说理中跋涉。我要在以后的教学中把这个遗憾变成亮点。

更"语文"、更人文，语文教学才会有效；更深刻、更实在，语文的教学才会高效。

《人琴俱亡》教学设计
程丽

课题	人琴俱亡	授课教师	程丽
总课时	1课时	授课班级	八年级(12)班
教材分析	1. 单元结构分析 　　本课为苏教版语文教材八年级上册第三单元第13课，单元主题为"至爱亲情"。该单元设置了多个篇目让学生感受父母兄弟的至爱亲情，其中不乏朱自清的《背影》这样描写父爱的经典名篇，而作为同样脍炙人口的优秀古代名篇《人琴俱亡》，就是让学生体会感人至深的手足之情。 　　单元主题与学生生活比较贴近，单元教学要求引导学生感受作品中的人物和事件，使其引起学生对自身家庭生活的回忆或者共鸣，在此基础上体会父母兄弟的至爱深情。 　　但是，本单元课文的时代背景都距离学生生活的时代较远，学生不太容易了解，所以需要引导学生在了解一定社会背景的基础上，通过反复吟诵感悟蕴含在文中丰富的人文内涵，体会渗透在字里行间的浓浓亲情。 　　本文是这一单元的文言文，文言文教学是初中语文教学不可或缺的重要组成部分，它起着传承民族优秀文化，对学生进行思想道德教育，帮助学生认识古代社会以及更好的掌握现代汉语的作用。八年级学生在经历了七年级文言文教学的基本训练后，已经初步具备阅读浅易文言文的能力，而初步理解本课内容不难。但是，作为《世说新语》中一篇经典的文言篇目，如何能让学生掌握文言文基本内容的同时，对作品做出适当的鉴赏、评析，体味文中之情，想象文中之景，领悟文中之道，感受文中之雅，才是本节课教学所追求的目标。 2. 课文分析 　　《人琴俱亡》出自《世说新语·伤逝》第十六篇，它内容简短，却意味隽永。作为魏晋时代的士人代表，王子猷表达情感的方式独特、率性，感情真挚自然，触动人心，从中我们更能读出魏晋时代独特的士人心态及其情感的个性化表达。因此，在指导学生自学文言文字词的基础上，应侧重于对文章情感内涵的理解，并通过反复诵读加深体会，力求准确把握、读出情味，这是理解文章的关键。

续表

课题	人琴俱亡	授课教师	程丽
总课时	1课时	授课班级	八年级（12）班

<table>
<tr><td rowspan="1">教材
分析</td><td>

从整体感知文意上来看，本文篇幅短小，字词难度不大，属于浅易文言文。其中，除了书下注释里附的4个字词解释以外，"笃""索""素""既""绝""卒"等实词都是古汉语常用词语，应指导学生熟练掌握与积累。

在把握文章情感中，文中所表现的兄弟深情显而易见。但是，学生对这一情感的把握往往会借助直觉感受，而不是通过沉入文本细细品味语言。其实，文章除了"恸绝良久"一句外，几乎全是以侧面描写的方式呈现这份感情。例如，"弦既不调"一句，在客观上呈现的是琴弦因长久无人弹奏而失去原有的音准；在主观上也有子猷因过度悲痛而导致弹到最后曲不成调；甚至可以理解为琴与主人的长久相伴使其沾染灵性，琴与子敬融为一体，必与子敬相知。子敬已亡，琴又怎能独存于世，必追子敬而去。再如，"月余亦卒"一句，也可以从主客观来理解，客观上子猷病重，主观上也有弟弟离世的悲痛加速了子猷的病情。甚至"径入坐灵床上"的"径"一字，也能体现出子猷急切想要以弹琴方式与弟弟交汇心灵、告慰亡灵的悲痛心情。这些无一不侧面体现出二人的兄弟深情。

但是，在把握兄弟之情的过程中，有一处应是学生理解的困惑，即既然子猷对子敬兄弟情深，为何在此前的表现是"了不悲""都不哭"，这也是本课的难点。其实，这看似矛盾的地方在能够通体把握主旨情感的基础上，就不会也不应该理解为"不知情"或"不动情"，我们可以理解为子猷在强制压抑自己悲痛的情感，直至最后睹物思人无法再控制，也可以理解为悲痛至极时的"无声胜有声"；如果从知人论世角度分析，在当时社会的"魏晋风度"所体现的"追求个性""追求旷达"以及王子猷率性不羁的独特性格，也应当可以为此行为做注解。

此外，关于本文的主旨情感，通常意义上的结论仅仅是表现子猷和子敬的兄弟之情，教参也明确指出本文的主题思想是表现兄弟情深。但是，深入文本分析人物的言行举止，结合子猷、子敬的生活经历，就会发现本文不仅要表现单纯的兄弟之情，而是更有知音者的倾心之情。

子猷、子敬兄弟出身名门望族、诗礼之家。优越的物质条件、浓郁的文化氛围赋予了他们卓尔不群的才气，也分别造就了两人卓尔不群的性情。二人彼此互为赏识，常在一起谈天说地，吟诗作赋，弹琴奏乐，其乐融融。在中国古代文化中，琴文化是中国传统文化的重要组成部分，"左琴右书"是中国传统文化人的基本生态。历代文人墨客都喜欢把内在的思想和情感借助外在的工具来阐发，古琴也因此被赋予丰富的人文内涵，在古琴深沉隽永的音乐语言之中，沉积着中国传统文人的生命况味，他们以此修身养性，表达心声，寻觅知音。此外，琴文化与伤悼文化密不可分的关系也成为秦文化在几千年发展中的一个特色，《伯牙绝弦》即是如此。

</td></tr>
</table>

续表

课题	人琴俱亡	授课教师	程丽
总课时	1课时	授课班级	八年级(12)班
教材分析	而本文中，子猷在弟弟子敬亡故后，就采用了弹琴这一独特的悼念方式，不仅仅是因为他知道子敬"素好琴"，弹一曲为子敬送行，更是以弹琴表哀痛之意，传怀念之声，以此方式与亡灵交流。所以，至于"掷琴"的情节，或许是知音不在，无人再能欣赏；更可以理解为子猷了解子敬对琴的珍爱，知晓"弦既不调"之意，碎琴以求其与子敬同去，这些均足以体现子猷对子敬的了解。所以，《人琴俱亡》不仅体现的是兄弟情深，更有超越兄弟知情的独特的知音之情。 　　本文虽然短小，但其感天动地的情感、独特的个性体验、简洁的写作特点都使其成为《世说新语》中亘古流传的经典佳作。 　　3.教材中助读系统、练习系统、知识系统的分析 　　本文的单元提示将本文仅仅定位在"手足之情"尚显浅显。 　　书下注释中的王子猷和王子敬仅交代出为王羲之的儿子，未做排行的明确交代，个人觉得应有必要向学生指出。		
学情分析	1.学生对文言文模糊、反感、畏惧 　　虽然文言文教学是初中语文教学的重要组成部分，但是由于历史久远而存在着自身特点，学生普遍对学习文言文缺乏兴趣，成绩不够理想。七年级的文言文教学注重让学生学会借助注释和工具书理解基本内容，具备阅读浅易文言文的能力，但是，做到"独立"阅读当有一定难度。同时，虽能大致理解文意，但学生普遍对文言文语言表达形式、表现方式、语词含义等方面都存在着语言距离，对文言文的常用实词、重要虚词的掌握仍显边界化、模糊化、随意化；同时，隐藏在文言文中的微言大义，更增加了学生认知理解的难度。 　　2.《人琴俱亡》所体现的最基本的手足情深，是割不断的血肉之情 　　因课文短小，文言文语法难度不大，因而学生能够在初步理解文意的基础上，比较直观地感受到王子猷、王子敬之间的兄弟之情。但是，作为独生子女的一代，他们还无法深切理解这份情感的笃厚，对于超越兄弟深情的知音之情，学生更是难以体会。同时，课文中子猷"了不悲""都不哭"的看似与后文矛盾的行为，也成为学生理解课文的疑问及难点。因而，知人论世，深入而细致的文字鉴赏、分析就尤为重要。		
教学目标	1.掌握与积累常用文言词语的含义及用法，理解文章内容。 　　2.诵读与品味语言，从子猷独特的悼念方式中体会兄弟之间的至爱亲情和知音之情。 　　3.感受中国优秀古典文言作品的魅力。		

续表

课题	人琴俱亡	授课教师	程丽
总课时	1 课时	授课班级	八年级（12）班
教学重点	诵读与品味语言，体会子猷与子敬之间的兄弟深情。		
教学难点	从子猷独特的悼念方式中体会子猷与子敬的知音情谊。		

教学环节	教师活动	学生活动	设计意图
一、导入（2分钟）	1. 以《世说新语》中的"袒腹晒书"故事切入，分析郝隆的人物行为及人物个性。 2. 简介《世说新语》，以鲁迅对《世说新语》的评价——"一部名士的教科书"作为悬念，引入《人琴俱亡》。	学生朗读"袒腹晒书"故事并翻译大意。	初步使学生感受到魏晋文人独特的个性，激发学生进一步探究本文的兴趣。
二、整体感知（12分钟）	1. 诵读：正字音，标句读。教师范读。 2. 指导学生疏通文意。引导学生按照自主翻译的原则，对照书下注释与古汉语词典，完成对课文的初步翻译。 3. 在学生质疑与释疑、翻译过程中，教师进行适当的点拨、引导，强调常用及重要文言词语的积累性。	1. 学生正字音，标句读。自由读、齐读、个人读。 2. 自主翻译与质疑：将对照书下注释自译中不能确定的词语圈出。 3. 组内质疑与释疑：与同学互译，共解疑问，将仍不能确定译出的词语圈出。 4. 班内质疑与释疑：将组内不能确定的词语提出，全班交流解答。 一名学生完整翻译全文。	1. 发挥文言教学的诵读功能，训练学生的文言语感。 2. 在阅读浅易文言文的过程中，训练学生具备借助注释和工具书理解内容的基本能力。 3. 强调训练学生自主翻译能力。 4. 掌握和熟悉文言文常用词语的含义及用法。
三、把握情感（15分钟）	1. 请学生根据文意揣摩情感，朗读课文。 2. 品析语言：指导学生从文中的词语或句子中分析子猷对子敬的兄弟深情。 3. 请学生在把握情感之后有感情的朗诵课文。	1. 学生齐读课文。 2. 学生在课文中寻找关键词、句，细致分析其如何体现兄弟感情。 3. 一名学生朗读。	通过反复诵读及抓住文本的分析，把握文章的基本情感。

续表

课题	人琴俱亡	授课教师	程丽
总课时	1课时	授课班级	八年级(12)班
教学环节	教师活动	学生活动	设计意图
四、探究与思考(15分钟)	1. 探究子猷"语时了不悲""都不哭"这一看似矛盾的情节，进一步思考二人的兄弟之情及人物的个性。 2. 探究子猷以弹琴凭吊子敬的独特方式。 3. 以中国古琴文化进行文意的拓展与延伸，适度补充与"以琴声传心声"有关的诗文链接材料，引导学生进一步体会二者超越兄弟之情的知音情谊。	学生思考与回答	1. 从本文看似矛盾的疑点入手，通过分析解决把握文章主旨的难点。 2. 通过中国古琴文化知识的链接，进一步引发学生对知音情的理解与感悟。
五、熟读成诵(3分钟)	1. 配乐，创设情境，请学生在把握情感的基础上再次有感情地朗读课文。 2. 将原文挖空，进行提示性背诵。 3. 请学生尝试无提示背诵。	学生朗读 学生背诵	以反复诵读为基础，最终达到熟读成诵，逐步形成和提高学生文言文的阅读与欣赏能力。
六、拓展延伸(3分钟)	1. 小结课文。 2. 以《人琴俱亡》管窥魏晋时期的士人思想及社会风貌，介绍《世说新语》的主要记叙内容及思想价值。		进一步激发学生深入了解与阅读文言作品的兴趣，感受中国优秀古典文学的魅力，变被动接受为具有主动探求的需求意识。
板书设计	人琴俱亡 刘义庆 月余亦卒 恸绝良久　　　兄弟情 此已丧矣　　　知音情 取子敬弹 弦既不调		

续表

课题	人琴俱亡	授课教师	程丽
总课时	1课时	授课班级	八年级(12)班
评价设计	1. 布置《人琴俱亡》读后感，可以从人物形象、人物个性、思想感情、语言等多个角度谈个人感受，教师从中了解学生对文章内容与情感的把握，甚至学生个性化的感受。 2. 推荐拓展阅读《世说新语》的其他篇目，以使学生更深、更全面地了解魏晋时期的士人思想及世风世貌，进而感受中国优秀古典文言作品的文学魅力。		

(2)数学学科

数学学科在已有数学概念课教学评价量表的基础上，又制定了《北京一零一中学数学习题课课堂教学评价量表》和《北京一零一中学数学复习课课堂教学评价量表》。数学学科还修改和完善常态课标准，在《数学学科常态课有效教学质量标准(试行稿)》中增加了课型要求。

首先，讲评课(试卷)要求在认真批阅并统计的基础上，找出典型的、共性的问题，课上指出上述问题与学生共同探讨问题原因，做归因分析。针对问题进行跟踪训练。讲评试卷不能“就题论题”，而应“借题发挥”，通过讲评，达到归纳、总结、巩固、提高、拓展的目的。

其次，在习题课方面，需要做到围绕主题(想解决的问题，想培养的思想方法)精心设计，并恰当组题，例题数量适当，难度合理，例题应具有典型性。用题组形成知识串、方法串、思想串(主题)充分利用数学本身的内在教育性(题组之间搭成方法阶梯等)，事半功倍，提高效率，使学生在练中思，在思中学，在学中“归”。

再次，复习课中要注意构建知识结构的网络体系(不妨以图、表形式体现)，引导学生构建完整的知识体系。通常有一题多问，一题多解，一题多变，多题归一等形式，设计变式训练题组(不变换问题的本质，通过变换问题的条件和结论，使本质的东西更全面)。也可以通过让学生系统梳理知识点并交流的过程，体验与感悟。通过复习，达到如下目标：强化主干知识，形成知识网络，典型问题归类，解题方法熟练，思想方法清晰。

最后，竞赛活动要求。组织八年级、九年级、高一学生参加北京市数学竞赛；组织高二、高三学生参加全国高中数学竞赛；组织高一、高二学生参加北京市数学知识应用竞赛；组织高一、高二学生参加美国国家数学竞赛；组织学生参加五羊杯、希望杯数学竞赛。每年各年级至少组织一次圆明杯数学竞赛。

自我教育理念下的学校课程建设和实施的过程中，北京一零一中学数学组全体教师认真学习新的课程标准，积极尝试课堂教学改革，从提升理论修养和反思教学实践方面，逐渐形成了北京一零一中学数学组自己的教学特色：严、实、活、清、高。严是指严谨的治学态度，严格的教学要求。严谨的治学态度是教师业务素养提高的基本保证，是实现优质教学的前提；严格的教学要求则是有效教学的核心要求，是实现教学预期的根本保障。实是指实事求是的科学精神，讲究实效的教学风格。数学教学需要把数学家面对未知世界的求真、求实的科学追求，义无反顾、坚持不懈的奋斗精神通过教师的身体力行，言传身教传递给学生，影响学生。而数学所崇尚的简洁需要我们用最简单、最实效的方式来表达我们的思想。活是指活而不乱的教学氛围，灵活多样的教学模式。墨守成规是我们所鄙弃的，鲜活灵动的教学模式会最大程度的吸引学生的注意力；以教师为主导，学生为主体的课堂教学既不失活泼，又井然有序，从而更加容易实现我们的教学意图。清是指清晰明确的教学思路，一段一清的教学节奏。庖丁解牛合于桑林之舞，乃中经首之会，节奏的优美成就了艺术的生活。而教学的艺术更需要明细的思路和恰到好处的节奏。高是指高品位的教学风范，高质量、高效益的教学成果。

数学学科课堂教学研究实例如下。

不等式与不等关系分式（第二课时）教学设计

熊永昌

教学目标	掌握不等式性质定理1、2、3及推论，注意每个定理的条件。
教学重点	1. 理解定理1、定理2的证明，即"$a>b \Leftrightarrow b<a$"和"$a>b$，$b>c \Rightarrow a>c$"的这两个证明。定理证明的依据是实数大小的比较与实数运算的符号法则。 2. 定理3的推论，即"$a>b$，$c>d \Rightarrow a+c>b+d$"，是同向不等式相加法则的依据，但两个同向不等式的两边分别相减时，就不能得出一般结论。
教学难点	1. 理解同向不等式、异向不等式概念。 2. 理解不等式的性质定理1~3及其证明。 3. 理解证明不等式的逻辑推理方法。 4. 通过对不等式性质定理的掌握，培养学生灵活应变的解题能力和思考问题严谨周密的习惯。

教学过程		
教学环节	师生活动	点评
一、复习回顾	引入：同学们好，前面我们已经学过了比较实数大小，今天我们将学习不等式的性质及其证明。	
	回顾： 1. 两实数之间有且只有以下三个大小关系之一：$a>b$；$a<b$；$a=b$。 2. 判断两个实数大小的充要条件： $a>b \Leftrightarrow a-b>0$；$a<b \Leftrightarrow a-b<0$；$a=b \Leftrightarrow a-b=0$。 四大作用： (1)比较两个实数的大小；(2)推导不等式的性质；(3)不等式的证明；(4)解不等式的主要依据。 3. 比较两个数(式)的大小的方法和步骤： (1)作差比较：分三步进行，①作差；②变形；③定号。 (2)作商比较：$a>0$ 时，$\dfrac{b}{a}>1 \Rightarrow b>a$；$a<0$ 时，$\dfrac{b}{a}>1 \Rightarrow b<a$。	变形是关键。 1. 变形常用手段：配方法、因式分解法。 2. 变形常见形式：变形几个因式的平方和或几个因式的积。
	问题： 1. 如果甲的年龄大于乙的年龄，那么乙的年龄小于甲的年龄吗？为什么？ 2. 如果甲的个子比乙高，乙的个子比丙高，那么甲的个子比丙高吗？为什么？	
二、新课讲解	1. 同向不等式。两个不等号方向相同的不等式。例如，$a>b$，$c>d$，是同向不等式。异向不等式：两个不等号方向相反的不等式。例如，$a>b$，$c<d$，是异向不等式。	点评： 1. 问题：定理 l 有没有必要证明？拓展问题：若 $a>b$，则 $\dfrac{1}{a}$ 和 $\dfrac{1}{b}$ 谁大？（学生探究，说明证明的必要性）。 2. "实数 a、b 的大小"与"$a-b$ 与零的关系"是证明不等式性质的基础。
	2. 不等式的性质： 性质1：如果 $a>b$，那么 $b<a$，如果 $b<a$，那么 $a>b$。即 $a>b \Rightarrow b<a$；$b<a \Rightarrow a>b$(对称性)。 问：能证明吗？用什么方法？ 证明：（作差比较法，师生共同完成） $\because a>b$，$\therefore a-b>0$。 由正数的相反数是负数，得 $-(a-b)<0$， 即 $b-a<0$，$\therefore b<a$。（定理的后半部分略）	

二、 新课 讲解	性质2：如果$a>b$，且$b>c$，那么$a>c$。 即 $a>b$，$b>c \Rightarrow a>c$。（传递性） 证明：$\because a>b$，$b>c$，$\therefore a-b>0$，$b-c>0$。 根据两个正数的和仍是正数，得 $(a-b)+(b-c)>0$，即 $a-c>0$，$\therefore a>c$。	点评： 根据定理l，定理2还可以表示为：$c<b$，$b<a \Rightarrow c<a$。 点评： 这是不等式的传递性，这种传递性可以推广到n个的情形。
	性质3：如果$a>b$，那么$a+c>b+c$。 即 $a>b \Rightarrow a+c>b+c$。（可加性） 证明：$\because a>b$，$\therefore a-b>0$， $\therefore (a+c)-(b+c)>0$，即 $a+c>b+c$。	点评： 性质3的逆命题也成立，所以性质3可以表述成：$a>b \Leftrightarrow a+c>b+c$。
	推论1：如果$a+b>c$，那么$a>c-b$， 即 $a+b>c \Leftrightarrow a>c-b$。（移项法则） 证明：（学生完成）	点评： 不等式中任何一项改变符号后，可以把它从一边移到另一边。
	推论2：如果$a>b$，且$c>d$，那么$a+c>b+d$。 即 $a>b$，$c>d \Rightarrow a+c>b+d$。（相加法则）	
	证明： 证法一： $\left.\begin{array}{l}a>b \Rightarrow a+c>b+c \\ c>d \Rightarrow b+c>b+d\end{array}\right\} \Rightarrow a+c>b+d$。 证法二： $\left.\begin{array}{l}a>b \Rightarrow a-b>0 \\ c>d \Rightarrow c-d>0\end{array}\right\} \Rightarrow a-b+c-d>0 \Rightarrow a+c>b+d$。	点评： 1. 这一推论可以推广到任意有限个同向不等式两边分别相加，即两个或者更多个同向不等式两边分别相加，所得不等式与原不等式同向。 2. 两个同向不等式的两边分别相减时，不能得出一般的结论。

	性质4：如果 $a>b$，且 $c>0$，那么 $ac>bc$； 如果 $a>b$，且 $c<0$，那么 $ac<bc$。（可乘性） 证明：（学生自主完成）。	
二、 新课 讲解	推论1：如果 $a>b>0$，且 $c>d>0$，那么 $ac>bd$。（相乘法则） 证明：（学生自主完成）。	点评： 此推论的更一般结论：几个两边都是正数的同向不等式分别相乘，所得到的不等式与原来的不等式同向。
	推论2：若 $a>b>0$，则 $a^n>b^n$（$n\in\mathbf{N}$ 且 $n>1$）。（乘方法则） 证明：（利用推论1的结论）。	
	推论3：若 $a>b>0$，则 $\sqrt[n]{a}>\sqrt[n]{b}$（$n\in\mathbf{N}$ 且 $n>1$）。（开方法则） 证明：（反证法）。	
三、 例题 选讲	例1：已知 $a>b$，$c<d$，求证：$a-c>b-d$。（相减法则） 分析： 思路一：证明"$a-c>b-d$"，实际是根据已知条件比较 $a-c$ 与 $b-d$ 的大小，所以以实数的运算性质与大小顺序之间的关系为依据，直接运用实数运算的符号法则来确定差的符号，最后达到证题目的。 证法一：$\because a>b$，$c<d$， $\therefore a-b>0$，$d-c>0$， $\therefore (a-c)-(b-d)=(a-b)+(d-c)>0$。（两个正数的和仍为正数） 故 $a-c>b-d$。 思路二：我们已熟悉不等式的性质中的定理1~3及推论，所以运用不等式的性质，加以变形，最后达到证明目的。 证法二：$\because c<d$，$\therefore -c>-d$。又 $\because a>b$， $\therefore a+(-c)>b+(-d)$， $\therefore a-c>b-d$。	

三、例题选讲	例 2：应用不等式性质，证明下列不等式。 (1)已知 $a>b$，$ab>0$，求证：$\dfrac{1}{a}<\dfrac{1}{b}$。 (2)已知 $a>b$，$c>d$，求证：$a-c>b-d$。 (3)已知 $a>b>0$，$0<c<d$，求证：$\dfrac{a}{c}<\dfrac{b}{d}$。 分析： 证明：(1)$\because \dfrac{1}{a}-\dfrac{1}{b}=\dfrac{b-a}{ab}$，又 $\because a>b\Rightarrow b-a<0$， 且 $ab>0$，$\therefore \dfrac{1}{a}-\dfrac{1}{b}=\dfrac{b-a}{ab}<0$，$\therefore \dfrac{1}{a}<\dfrac{1}{b}$。 (2)(3)由学生自主完成。	
四、课堂练习	1. 判断下列命题的真假，并说明理由： (1)如果 $a>b$，那么 $a-c>b-c$。 (2)如果 $a>b$，那么 $\dfrac{a}{c}>\dfrac{b}{c}$。 分析：从不等式性质定理找依据，与性质定理相违的为假，与定理相符的为真。 答案： (1)真，因为推理符合定理 3。 (2)假，由不等式的基本性质 2，3(初中)可知，当 $c<0$ 时，$\dfrac{a}{c}<\dfrac{b}{c}$，即不等式两边同乘以一个数，必须明确这个数的正负。 2. 回答下列问题： (1)如果 $a>b$，$c>d$，能否断定 $a+c$ 与 $b+d$ 谁大谁小？举例说明。 (2)如果 $a>b$，$c>d$，能否断定 $a-2c$ 与 $b-2d$ 谁大谁小？举例说明。 答案：(1)不能断定。例如，$2>1$，$1<3\Rightarrow 2+1<1+3$；而 $2>1$，$-1<-0.8\Rightarrow 2-1>1-0.8$，异向不等式作加法没定论。 (2)不能断定。例如，$a>b$，$c=1>d=-1\Rightarrow a-2c=a-2$，$b+2=b-2d$，其大小不定 $a=8>1=b$ 时，$a-2c=6>b+2=3$ 而 $a=2>1=b$ 时，$a-2c=0<b+2=3$。	

五、 例题 选讲	例 3：已知 $a>b>c>d>0$，且 $\dfrac{a}{b}=\dfrac{c}{d}$， 求证：$a+d>b+c$。 证明：$\because \dfrac{a}{b}=\dfrac{c}{d}$，$\therefore \dfrac{a-b}{b}=\dfrac{c-d}{d}$， $\therefore (a-b)d=(c-d)b$。又 $\because a>b>c>d>0$， $\therefore a-b>0$，$c-d>0$，$b>d>0$ 且 $\dfrac{b}{d}>1$， $\therefore \dfrac{a-b}{c-d}=\dfrac{b}{d}>1$， $\therefore a-b>c-d$，即 $a+d>b+c$。	点评： 此题中，不等式性质和比例定理联合使用，使式子形与形之间的转换更迅速。这道题不仅有不等式性质应用的信息，更有比例的信息，因此这道题既要重视性质的运用技巧，也要重视比例定理的应用技巧。
六、 拓展 延伸	例 4：设 $f(x)=ax^2+bx$，且 $1\leqslant f(-1)\leqslant 2$，$2\leqslant f(1)\leqslant 4$，求 $f(-2)$ 的取值范围。 解：由已知 $1\leqslant a-b\leqslant 2$ ①， $2\leqslant a+b\leqslant 4$ ② 若将 $f(-2)=4a-2b$ 用 $a-b$ 与 $a+b$ 表示，则问题得解。 设 $4a-2b=m(a-b)+n(a+b)$，（m，n 为待定系数）， 即 $4a-2b=(m+n)a-(m-n)b$， 于是得 $\begin{cases} m+n=4 \\ m-n=2 \end{cases}$ 得：$m=3$，$n=1$。 由 ①×3＋②×1 得 $5\leqslant 4a-2b\leqslant 10$， 即 $5\leqslant f(-2)\leqslant 10$。 另法：由 $\begin{cases} a-b=f(-1) \\ a+b=f(1) \end{cases}$ 得 $\begin{cases} a=\dfrac{1}{2}[f(1)+f(-1)] \\ b=\dfrac{1}{2}[f(1)-f(-1)] \end{cases}$， $\therefore f(-2)=4a-2b=3f(-1)+f(1)\cdots\cdots$	点评： 常见错解：由①②解出 a 和 b 的范围，再凑出 $4a-2b$ 的范围。错误的原因是 a 和 b 不同时接近端点值，可借由线性规划知识解释。
七、 课堂 小结	本节课我们学习了不等式的性质 1～4 及其推论，理解不等式性质的反对称性（$a>b\Leftrightarrow b<a$）、传递性（$a>b$，$b>c\Rightarrow a>c$）、可加性（$a>b\Rightarrow a+c>b+c$）、加法法则（$a>b$，$c>d\Rightarrow a+c>b+d$）、可乘性及乘法法则和乘方法则。记住这些性质的条件，尤其是字母的符号及不等式的方向，要搞清楚这些性质的主要用途及其证明的基本方法。	

| 八、布置作业 | （一）（p.67）练习 B：1、2、3。

（二）补充：

1. 如果 a，$b\in\mathbf{R}$，求不等式 $a>b$，$\dfrac{1}{a}>\dfrac{1}{b}$ 同时成立的条件。

2. 已知 a，b，$c\in\mathbf{R}$，$a+b+c=0$，$abc<0$ 求证：$\dfrac{1}{a}+\dfrac{1}{b}+\dfrac{1}{c}>0$。

3. 已知 $ab>0$，$\mid a\mid>\mid b\mid$，比较 $\dfrac{1}{a}$ 与 $\dfrac{1}{b}$ 的大小。

4. 如果 a，$b>0$ 求证：$\dfrac{b}{a}>1\Leftrightarrow b>a$。

答案：

1. 解：$\left.\begin{array}{l}\dfrac{1}{a}-\dfrac{1}{b}=\dfrac{b-a}{ab}>0\\a>b\Rightarrow b-a<0\end{array}\right\}\Rightarrow ab<0$。

2. 证：$\because a+b+c=0$，$\therefore a^2+b^2+c^2+2ab+2ac+2bc=0$。
又 $\because abc\neq0$，$\therefore a^2+b^2+c^2>0$，$\therefore ab+ac+bc<0$。
$\because \dfrac{1}{a}+\dfrac{1}{b}+\dfrac{1}{c}=\dfrac{ab+bc+ca}{abc}$，$abc<0$
且 $ab+ac+bc<0$，$\therefore \dfrac{1}{a}+\dfrac{1}{b}+\dfrac{1}{c}>0$。

3. 解：$\dfrac{1}{a}-\dfrac{1}{b}=\dfrac{b-a}{ab}$，
当 $a>0$，$b>0$ 时，$\because \mid a\mid>\mid b\mid$ 即 $a>b$，
$b-a<0$，$ab>0$，$\therefore \dfrac{b-a}{ab}<0$，$\therefore \dfrac{1}{a}<\dfrac{1}{b}$。
当 $a<0$，$b<0$ 时 $\because \mid a\mid>\mid b\mid$ 即 $a<b$，
$b-a>0$，$ab>0$，$\therefore \dfrac{b-a}{ab}>0$，$\therefore \dfrac{1}{a}>\dfrac{1}{b}$。

4. 证：$\dfrac{b}{a}-1=\dfrac{b-a}{a}>0$，$\because a>0$，$\therefore b-a>0$，$\therefore a<b$。
$b>a\Rightarrow b-a>0$，$\because a>0$，$\therefore \dfrac{b-a}{a}=\dfrac{b}{a}-1>0$，$\therefore \dfrac{b}{a}>1$。 | |

课程说明：通过概念解读和例题解析，让学生理解不等式的性质 1～4 及其推论，并记住这些性质的条件，尤其是字母的符号及不等式的方向，清楚这些性质的主要用途及其证明的基本方法，提升学生的推理论证能力。

（3）化学学科

化学学科继续第一阶段的研究，进行教学的探究和创新。创新（续第一阶段）：促进学生认识方式转变的学案导学——由知识解析为本向认识发展为本过渡。这个方式的转变特点是用问题创设情境时更注重学生认识方式的转变，通过认识模型的建构和应用，真正内化为学生自觉思考问题的思路和方法。

2013年3月，于璐和王昱甥两位教师对高三年级开展"化学综合实验复习——解决不同类型化学综合实验问题的一般思路"课程。2013年12月，我校化学教师参加主题为"基于模型建构的复习教学研究"的北京市高中化学新课程系列教学研讨活动。商晓芹和张俊华老师研究主题：基于认识模型建构的金属及其化合物复习教学研究。崔峰和白光耀老师研究主题：基于认识模型建构的有机化合物复习教学研究。邹映波和黄木兰老师研究主题：基于化学键解决有机推断问题和合成问题。2014年4月，我校杨晶晶、罗克梅、郭富丽、白光耀四位教师参加海淀区"促进学生学科能力发展的教学改进"研究课，课程主题为"基于学生化学学科能力探查的电解质溶液教学研究"。

以高一年级必修1元素化合物的学习与教学为例分析。

1. 为什么要建构认识模型？

（1）从课程的角度看

元素化合物学习与教学的发展层级

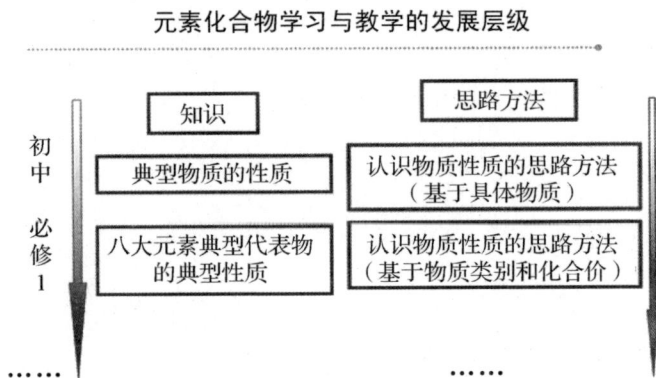

从课程的角度看，从初中到高一，知识跨度大，需要有系统的思路方法做指导。

（2）从学生的角度看

从学生的角度看，需要一个"认识系统"并能真正内化为自己的思路。

学生问题诊断：

问题1：研究物质性质的方法在初中基础上基本只能借助于记忆和

类比，要掌握大量的物质性质感到非常困难。

问题2：对教师给出的从两个角度认识物质性质的方法能够了解，经过教师不断强化，在教师启发下也能被"挤"出来，但思维的系统性不够，仍然不能内化为自己的思路。

（3）从教师的角度看

通过学习感悟到用模的好处，有了建构切实好用的认识模型的强烈愿望。

教师前期认识：教师自己感觉从两个角度认识物质性质的方法非常好用，耐心教给学生并不断强化，学生还是没接受。教师感到很无奈，经常抱怨。

学习"高备"理念：知识不仅是静态的结论，还是生动的过程，更是思维的工具和方法，是具有认识论和方法论的功能和价值的。

每个学科有其特定的认识和研究领域，有其特有的认识活动和问题解决任务，需要匹配的认识事物以及分析和解决问题的角度、思路和方法。

认识方式的差异是导致学生个人概念差异的本质原因。概念转变要先转变原有的认识方式，而且学好核心的化学概念原理的基础应该是引导学生具备其相应所需要的认识方式。

基于促进学生认识方式转变及认识发展的教学设计与实践是提高课堂教学实效性的根本所在。

知识解析为本的教学与认识发展为本的教学是两种不同的学科教学范式。

认识发展为本的教学策略之一：建构认识模型。

2. 如何建构认识模型

利用核心知识，基于学生认识发展和不同课程要求，对本学期教学内容进行整体规划，重新整合。具体如下：

①讲到氧化还原反应（第二章）时开始建构二维图。

②讲金属及其化合物（第三章）之前用二维图预测性质。

③金属及其化合物全章总结时学生自觉用二维图画转化关系。

④金属及其化合物复习认识模型的建构。

⑤金属及其化合物复习认识模型的完善与应用。

⑥讲非金属及其化合物（第四章）时自觉运用二维图预测性质。

⑦非金属及其化合物全章总结时自觉运用二维图总结元素及其化合物的性质及其转化关系。

3. 总结反思

①经过实践，与往届学生相比，多数学生能较自觉地运用认识模型，实际上完成了以下转化过程：了解→清晰→应用→内化，从而真正促进了学生的认识发展。

②应设计符合学生认识发展层级的任务，基于具体任务，从个别到一般体现思路，思路应精细化，将"方向性"转变为"可行性"。

促进学生认识发展的教学设计策略如下：

策略1：帮助学生建构知识结构的活动设计。激活相关知识，建构联系，以小组合作形式探讨分析开放性的问题。

策略2：帮助学生建立认识思路的活动设计。示范—概括—实践—应用，应循序渐进、贯穿始终。

策略3：解决分析问题的思路和方法的外显策略。通过板书或PPT展现思路和方法；通过学案展现核心认识角度和思路；通过追问学生解决问题的过程实现思路外显；通过设计认识反思性活动；通过设计多样化的"评价类"教学活动……

③对教师提出了很高的要求，首先要经历学习、接受、内化并熟悉认识模型的建构和应用，再设计出多样化的、高效的、教学活动。实施过程很痛苦，但受益匪浅，有破茧化蝶的感觉。

（4）其他学科

政治学科在第二阶段对一些问题进行了修正和完善，形成了较为成熟的自我教育理念下的课堂教学模式。

信息技术和音乐学科的每一门课都进行了精心的筛选，尤其是高中的选修模块和大众选修课的方面。不是所有的课都采用同一种课型。有的以讲解为主，有的以实践为主，当然更多的是在一节课上以一种混合的形式存在。

这两个学科中有些内容完全让学生自己攻克有难度，但是单纯讲授式的教学不能贯穿整个教学过程，教师在不断地摸索，寻找解决问题的突破点，探索适合学生发展的教学方法和教学内容，以充分调动学生的积极性和主观能动性。目前主要有三种教学模式。

第一，基于问题的教学。提出问题，以学生独立完成为主，教师只提供必要的辅导，培养学生探索问题和解决问题的能力，更有利于创新能力的培养。

第二，"项目驱动"教学。在理论教学中采用"项目驱动"教学法，整个课程教学围绕一个"工程项目"进行，通过逐步拓展的实训项目和设计，将每一个阶段的学习进行小结性的贯穿与能力提高，将知识点都融化到一个个实训项目中。

第三，讨论式教学。教师在习题课的教学中，采用讨论式教学方法，学生们通过提问、答辩、论证、反驳、判断等激烈的讨论，互相启发、相互协作去分析问题、发现问题、解决问题，总结经验。不仅可以让学生获得课外的知识，而且利于充分挖掘学生的学习潜力。

美术教师对课程的整合与改革进行了精心的准备与设计。每位教师根据自己熟悉的领域进行教学内容整合，加大了学生学习内容的深入程度，更好地将知识融入生活，为学生学习提供了有力的保障。通过教学内容的改革，将创意部分交给学生，让学生真正体会到自主创意理念是什么，带学生更好地通过自己的努力，攻克有难度的学习问题。现阶段的课程整合，教师在不断地摸索的过程中，遇到问题，教师也能积极寻找解决问题的突破点，探索适合学生发展的教学方法和教学内容，以充分调动学生的积极性和主观能动性，让学生更加喜欢美术这个人文学科。

生物学科则以开展"自我教育理念——生物学概念教学实践研究"推进学科组的课堂教学研究。

三、自我教育理念下多样化的教学模式

"教学有法，教无定法，因材施教，贵在得法。"新课程实践迫切要求教师教学模式和学生学习方式的改变。在"以学生发展为本"的全新理念指导下，教师的角色逐渐从单一到综合，既是课堂学习的引导者又是课堂学习活动的组织者，更是课堂探究学习的合作者。将上述理念落实在教学实践中会逐渐形成各种不同的教学模式，且会在教师的不断探索中得到发展。

(一)学案导学教学模式研究实践

我们所说的学案导学教学模式，不同于以往课堂教学中给学生提供教学学案，让学生在课堂上基于学案的引导展开学习，实际上是将一些教师课堂演示的易于操作的实验，学生可以利用身边事物，设计学生家庭实验，让学生在课前提前完成。

1. 学案导学的特点

(1)学案导学可以提前让学生做好知识储备

学生在预习的时候必然会有部分内容弄不懂。不懂的原因很多，其中一个原因是没有掌握好有关的旧知识，也可以说没有掌握好新课的预备知识。通过预习，可以让学生对相关旧知识进行先期复习，去掉新知识学习过程的拦路虎。

(2)学案导学可以预防学生被动学习，提高听讲水平

预习过程新教材不可能全都理解了，总会遗留下一些疑惑，盼着上课时解决。这样听讲目的明确，态度积极，注意力也容易集中，听讲效果好，有效解决上课被动学习的现象。当教师讲到自己预习时已经理解的部分时，就可以把注意力集中在看教师如何提出问题、分析问题、解决问题，拿自己的思路与教师或同学的思路进行比较，取人之长，补己之短。

(3)学案导学可以预防学生抄板书，提高笔记水平

有的学生课前不预习，不知道教师板书的内容书上有没有，从头抄到底，顾不上听课，更来不及思考，这种盲目性的听课，大大影响了听课的效果。如果有了先期预习，对教材内容心里一清二楚，上课时就可以着重记书上没有的或自己不太清楚的部分，以及教师反复强调的关键问题。这样做，就可以把更多的时间用在参与课堂活动、思考理解问题上。

(4)学案导学可以促进学生提升观察分析能力

通过学案导学，让学生充分感受生活中的知识，提高学生的学习兴趣，提高学生观察分析能力。例如，在物理课堂上有许多小实验在课上不可能一一体验，如冰箱拿出的冰镇汽水的玻璃壁上有小水珠，人步行

的速度，观察自行车上利用和减小摩擦的零件，手托起两个鸡蛋的力等诸多案例，但预习过程可以让学生提前观察和感受这些物理现象，既提高了学生学习物理的兴趣，又提高了课堂的效率。

2. 学案导学研究实践案例

化学学科系统全面地使用学案导学是从 2005 届高三总复习开始的。尽管有很多的复习参考书，区进修自编的总复习用书也紧贴考试大纲，但依然无法让教师完全按照一本复习资料来复习，无法把教师集体备课时的一些复习思路和想法很好地呈现出来。于是化学组开始了第一轮自编所有总复习内容的学案，把总复习用书作为辅助材料。

早期的学案多以基本知识点的简单呈现为特点；多以概念陈述、重点知识填空、化学用语书写为主要形式；更多的是关注知识解析，但关注学生的认识发展不够；关注教法，但关注学生的学法不够；关注STS，但有机融合不够。

反思 1：新课程改革提出了新的课程标准，化学组在学习新理念的同时付诸实践，确立并开展了海淀区教育科研"十五"规划重点课题"高中化学教学中研究性学习的探索"。本课题实施期间，共上各级公开课二十多节，试图以公开课为点、以平时的课堂教学为面，点面结合，总结出不同类型的知识内容在运用探究式教学模式时的不同特点，成功积累了不少案例。例如，白光耀老师的一次研究课（高一元素周期律复习课）给我们的启示：把学生的易错点汇编成"知识回顾"，去冲击学生原有的思想，再适时地进行知识总结，效果非常好。这样的复习方法能不能用到高三总复习中，能不能每节内容都这样去设计还有待考虑。

创新 1：高三总复习新学案的不断创新。

总复习学案全面实施新思路。统一了编写新学案的基本框架：高考要求—回顾练习—知识总结—课堂练习—课堂检测—反思总结。2010届、2011 届高三总复习学案因开始新课程高考，又在原基础上做了较大修改和完善。

反思 2：在运用高三总复习新学案取得很好效果的同时，教师们越来越深刻地感受到高一、高二阶段的重要性，整个高中的化学学习应该整体规划，而不是等到高三才去狠抓。正好学校要求制定各学科常态课有效教学质量标准，化学组教师抓住契机，制定了《北京一零一中学化学学科常态课有效教学质量标准》，并确立了总目标：保证每种课、每节课都合格，每个学段、每个年级都把好关。化学组的教师们还不满足于每节课都合格，还追求每节课都高效。因此，教师们又确立并且开展了海淀区教育科研"十一五"规划课题"在中学化学教学中转变学生学习方式的策略研究"，在上一个课题的基础上做了有延续性的较深入的研究。将新课程中转变学生学习方式的理念应用于中学化学日常教学中，提出了可操作的、系统的转变学生学习方式的探究学习、小组合作、自主学习等教学策略，设计了新课程学生自主学习学案。

创新 2：新授课新学案的不断创新。

特点：问题驱动，引发思考；创设情境，注重理解；问题开放，关注体验；适当留白，预设空间。2010 届开始较系统地设计自主学习创新学案，包括预习和课上两部分学案的设计，逐步引领学生养成自主学习意识。之后编写出《高中化学新课程自主学习创新学案》(主要在实验班实践运用)。2013 届新高一创编《高中化学学习指导手册》，已创编必修 1 和必修 2 两个模块，一轮后将各个模块编成一个系列(在全年级全面实践运用)。

反思 3：精心设计的学案中，学生的活动是否有效是关键，如何在课堂上真正实施以及如何做有效的评价都是教师们进一步要研究的问题。于是化学组又申报了海淀区教育科研"十二五"规划课题"化学课堂学生有效活动的设计及评价方法研究"。

创新 3：评价方式的创新。

我们在《化学与生活》选修模块的评价中尝试了综合评价方式：口试 30 分 ＋ 笔试 50 分 ＋ 家庭探究作业 20 分(其中口试的方法是我们的创新点)。

设计"综合评价"方式的目的是希望通过改变评价方式，使学生在学习《化学与生活》模块时，实现两个转变：

第一，主动阅读、理解教材，提高学习能力。这是因为大多数学生往往通过课堂听教师讲，课下做习题来准备纸笔测验，缺乏自己主动学习的过程。

第二，激励学生追求卓越。纸笔测验通常只有一次机会(如模块考试)，考完了，就结束了，学生往往会遗憾，很多地方可以做得更好却没有机会了。

口试规则：在问题中抽签，每章抽出一个问题，每个问题满分 5 分；再从重要问题中抽出 1 个回答，满分 10 分；共 30 分（问题提纲提前发给学生）。回答问题时 4 个人一组，各自抽签，抽到的问题互不相同，每个人在 4 分钟内回答完毕。若对成绩不满意可重考，直至满意为止。

活动 1：学校营养配餐的食谱设计（12 分）（应用第一、二章内容）。活动 2：家中的材料使用及污染状况调查（14 分）（应用第三、四章内容）。活动 3：绘制宣传画（4 分）（主题 1——合理使用药品；主题 2——推广生活垃圾分类）。

体会：在具有延续性的课题研究过程中，在精心编写高中三年每一节学案的过程中，教师们有目的地以转变学生学习方式为目标，设计教学、评价教学、反思教学、不断创新，关注学生的成长和学习行为。深入教学的研究对学生转变学习方式起到了积极的作用，无论在课堂教学，还是在选修课、课余学习，学生都保持着很高的兴趣和热情，对选修课的评价接近满分。教师成为有目的地转变学生学习方式的日常教学的实践者和实施者。师生教学相长，有效地促进了学生的全面持续发展，也促进了教师的专业发展，从而促进了化学学科的特色发展。

首先促进学生的全面持续发展：注重课前自主学习指导，促进主动学习意识的培养；注重过程学习，促进科学思维的培养；注重实验探究的开放性，促进创新精神的培养；注重学法指导，促进学习能力的培养；注重化学发展史实，促进科学兴趣的培养；注重化学与 STSE 的联系，促进人文精神的培养。

其次促进教师的专业发展和化学学科特色发展：连续四年承担市级以上研讨活动，多位教师承担市级以上公开课；青年教师得到快速成长，多人次在教学比赛获一等奖；课题连续获海淀区优秀教育科研成果一等奖；多篇论文发表及获奖并出版著作《转变学生学习方式的化学教学策略与操作》。

（二）数学学科基于不同课型的多样化教学模式研究

数学学科对"新授课""习题课"这两种主要课型进行了反复摸索与实践，以学案导学模式为重点，主要研究不同课型的教学模式。经认真尝试和研究，总结出了以下四种典型的教学模式。

1."新授课"的教学模式

"新授课"的教学模式可以分为启发式教学、结构式教学、发现式教学。他们的特点分别是：

启发式教学的模式基本程序是：导入—探究—归纳—应用—总结。如何体现以学生为本？首先教师就要把单一的"教"改为丰富的"导"，而这种"导"就是"启"，通过"启"促进"思"。它既是新型的教学理念，又是区别于传统灌输式教学的一种教学方法，主要有归纳启发式，演绎启发式和类比启发式。

例如，人民教育出版社出版的《普通高中课程标准实验教科书·数学》（以下简称人教版《数学》）选修 2-2 中"1.2.1 常数函数与幂函数的导数"一节的教学引入，由于教材未安排极限的学习，所以基本初等函数的求导公式不能证明，这正好是巩固导数概念，训练学生归纳推理的好机会。所以安排下面这样的练习：求下列函数的导数，然后让学生通过观察发现导函数结构与原函数结构（系数、幂指数）的相同与不同，发现规律，归纳求导公式。在新教学理念的指导下，通过设置上述这些看似细小的教学环节，体会新课程教材的变化，把握新课程精髓，又自信又有效地处理这样的学习内容。

结构式教学的模式基本程序是：自我实践—交流—提炼—形成结构—巩固练习。由于新课程的基本理念与建构主义教学观具有内在一致性，所以对于新知识的学习，就可以采用建立在建构主义学习观基础上的教学模式。这种模式的特点是强调学习过程中学生的主动性和建构性，主张知识结构网络化，即在学生思考的基础上组织交流，在交流中引导学生认真观察、思索，找出共性，加以概括，形成概念，并对知识结构网络化。这种方式对揭示知识规律、认识知识本质有很好的帮助。

发现式教学的模式基本程序是：创设情境—提出问题—组织交流—鼓励猜想—引导论证—运用结论。这种模式过去经常出现在公开课中，而现在在新课程理念的感召下，它已走进平常的课堂。创设情境中的问题，体现出"问题是数学的心脏"这一基本观点；情境体现出数学与生活的联系；创设则体现以人为本、体现创新。具体操作方法与启发探究式相似，重点是要鼓励学生大胆猜想，培养学生的创新能力和数学素养。

例如，人教版《数学》八年级(上)第十三章实数第一节的"算术平方根"的教学。上课开始，教师提出问题1：我有两块面积为1平方米的正方形布料(边叙述边简单画图、板书)，想把它拼成一个面积为2平方米的大正方形桌布，你说我能拼得出来吗？（注：接缝处的材料损失忽略不计）如果能，请你告诉我如何拼；不能，请说出理由。

由于问题的背景为学生所熟悉，因此激活了学生已有的知识经验，激发了学生的好奇心和求知欲，于是学生们自觉地想办法尝试解决这个问题。学生先独立操作(学生用剪刀剪正方形纸片并进行拼凑，剪刀和正方形纸片教师课前发给学生)，教师予以提示：正方形有什么性质？轴对称性和中心对称性(小学学过)等是否能帮助你分割正方形？接着是周边同学间交流和班级交流(请同学利用教师准备好的吹塑纸蘸水贴在黑板上演示)。

这个教学案例比较好地体现了学生是学习的主体，教师是教学活动的组织者、引导者。采用动手实践、自主探究和合作探究相结合的教学方式，课堂气氛活跃、轻松，取得了良好的教学效果。

以上的学习过程，通过教师创设的情境，一方面学生由于进行了足够的"操作"，从而形成了丰富的算术平方根概念的表象，使得算术平方根概念的建立也就水到渠成了。另一方面用拼图的方法给出了一个面积为2的正方形也是为了体现引入"探究性教学"的必要性。

2. 导练建构的教学模式

导练建构的教学模式基本程序是：变式导练—应用建构—归纳提炼—完善建构。变式教学是指不变换问题的本质，通过变换问题的条件和结论，使本质的东西更全面的一种教学方法。正如伽利略所说"科学是在不断改变思维角度的探索中前进的"。通常有一题多问、一题多解、一题多变、多题归一等形式。通过变式能巩固、加深解决问题的方法，使教学有实效。这种模式对原有的习题课教学模式的突破体现在如下三点：更加科学，即抓住了变式教学的本质(核心不变)；思维集中，使教学有实效；设置要求具体，体现以人为本。

3. 导学建构的教学模式

导学建构的教学模式基本程序是：复习—交流—概括—练习。

通过让学生系统梳理知识点并交流的过程，不仅复习了知识且培养了合作能力。它的突破体现在给学生建立起系统归纳知识与方法的责任、培养并发展学生学会学习的能力。导练建构的教学模式强调"练"，在练中思，思中学，学中"归"。导学建构的教学模式则是先强调"归"，即概念、公式等的梳理，然后到练。

4. 功能题组的教学模式

功能题组的教学模式基本程序是：渐进题组—实践思考—归纳提炼—反思概括。用题组形成知识串、方法串、思想串。选题组的原则是：功能突出，目标明显，具有层次性（由远到近、由浅入深），适时性（恰到好处），适中性（离学生不远不近）。形式有：一题多思、一题多解、一题多变、一题多式、多题一解等。这种模式的突破点在于：充分利用数学本身的内在教育性（题组之间搭成方法阶梯等），事半功倍，提高效率。

（三）问题导学教学模式研究实践

1. 问题导学教学模式的特点

（1）问题导入，目标明确，有利于学生自主探究

问题导入的实质是把教学目标问题化，让学生带着问题研读教材，初步完成教学目标。教师根据教学内容的特点，选用恰当的方法，引导学生积极思考，或根据已有知识探究新知识。

（2）自主学习，独立思考，有助于锻炼和培养学生的学习能力

从时间上看，学生自主探究的时间占整个课堂的三分之一以上，大部分学习任务是学生在这个阶段通过自主探究完成的。从内容上看，学生所预习探究的问题都是教学的主要问题，这些问题的自主解决，无疑是学生学习能力的体现。

（3）探究解疑，有助于学生深刻理解教学内容

合作探究的方法是学生之间交流探究体会，通过讨论、辩论等途径实现对知识的深刻理解。在这个过程中，教师应认真听取学生们的自学感悟，及时肯定其合理的见解，对于学生认识不到位的地方，要用正确的方法引导他们得出正确的认识。此过程的关键是"导"，忌讽刺学生和教师直接给出正确答案。

（4）变被动为主动，有利于提高学习效率

"问题导学法"教学模式的最大特点是始终坚持"学生为主体，教师为主导"，学生学习由被动接受，变为主动感悟，学习效率大大提高。

2. 以物理组为例的问题导学教学模式探究

物理组李玲老师的研究课"动量定理"就尝试采用问题导学模式。问题可以由教师提出，也可以由学生提出。教师穿插式地提出一些问题，然后学生在解决问题的过程中也会提出一些新的问题。这两者中，学生提出的或学生反映出的问题是教师需要特别重视的地方，学生的"问题"往往就是学生表现出极大兴趣的点，有时也是影响他理解知识内容的关键所在。

李玲老师的课开篇向学生们展示一个飞鸟撞高铁的新闻事件，李老师提出问题：为什么小鸟能产生那么大的威力？学生在思考的过程中，有人认为是小鸟对高铁玻璃的冲击力特别大，还有人认为是高铁玻璃本身存在质量问题，后面学生们就要通过物理知识的学习来解决这个问题。教师可以在大方向的引导上，分层次地、逐步深入地提出一些问题引发学生的思考。所以从这一层面来说，教师需要引导性地提出一些问题。教师在引导过程中要关注学生的困惑，鼓励学生提出问题，同时也要求教师要敏锐地洞察出学生的问题，及时给予引导和反馈。例如，学生在学习了动量定理之后，在用它解决小鸟撞高铁的实际问题时就会面临没有数据，怎么去估算这个实际问题。学生提出困惑之后，就会自己想到需要知道哪些物理量，让学生经历根据生活实际问题构建物理模型的过程，自己对物理量进行估测和估算。再比如，抽纸条而电池不动的实验，这个实验学生初中学过，是用惯性解释的，那课上再做，学生就会提出问题：这个实验与动量定理有什么关系，就会深入思考下去，就自然而然地过渡到深层次的思考和分析上了。

问题导学式的核心就是"问题"二字，所以问题内容的含金量就显得尤为关键。要提就提货真价实的"真问题"，不要提没汁没味的"假问题"。"真问题"应该是能引发学生深入思考的问题，要有一定的思考量。因此，教师在备课中，备"问题"时，一定要好好琢磨琢磨，不要浪费任何一个问题，也不要错过学生的任何一个好的问题……研究课中"飞鸟撞高铁"的新闻引发的问题"小鸟为什么有那么大的威力"就是一个"真问题"。学生要思考如何建立关于这个问题的物理模型，思考如此大的力可能和什么因素有关系，需要自己去对一些物理量进行估计，运用物理规律进行计算，最后还要分析所得数据的物理意义和生活实际的联系。因此，这是真正让学生去经历一个研究过程的"真问题"。比如，让学生思考生活中的缓冲现象有哪些，它们的原理是什么。让学生打开思维，充分去思考，并用学过的知识进行解释。这其中谈到的汽车安全带和儿童安全座椅的问题，又引发出为什么婴儿在乘坐汽车的时候由成人抱着很危险的实际问题。学生通过计算，看看在发生紧急情况的瞬间，成人到底能不能抱住婴儿。通过一系列的思考和运算，学生发现成人能够施加的力太小，紧急情况下婴儿一定会被脱手而出。问题解决，学生都很有成就感，同时激发了学生研究问题的兴趣。物理这门学科，来源于生活，又高于生活。很多物理规律的提出都是根据对生活中的现象分析得来的。所以作为物理教师应该在课堂上还原物理来源于生活这样一个过程。从学生的身边现象入手，从学生亲身经历的生活中提出问题让他们运用物理知识来解决，这样的问题不仅具有一定的思考量，更进一步说，对实际生活是具有指导意义的，这远比做两道物理大难题有意义。解决生活中实实在在的问题，才是解决"真正的问题"。这就是学以致用，学有所用。

"问题"的提出要有梯度。教师提出的问题有一些是需要教师在课前精心准备的，除了问题本身的内容以外，问题设置的梯度也要考虑学生的认知水平和认知规律。对于一些较难理解的物理知识，教师最好以"搭台阶"的方式设置物理问题，帮助学生理解和消化所学的内容。学生在思考的过程中，在什么位置给他"搭台阶"，设置问题，"台阶搭多高"，问题到什么程度，这些都是教师在课前需要认真下功夫琢磨的。这样"搭台阶"的过程也可以是在学生解决一个"大问题"的时候给他们设置出一些"小问题"，适当地引导他的思考过程。例如，在解决"小鸟威力为什么那么大"的大问题中设计几个小问题，从一个物理模型，提出为什么物体的动量会改变，动量改变量与力之间的关系是什么，小鸟撞高铁的力是多大，这么大的撞击力是个什么概念。还有在钩码下落绳断皮筋不断的分析中，引导学生思考为什么会有这个实验现象，如何用传感器测量绳上的力等。设置梯度合适的问题有利于学生对物理知识的理解，"搭好台阶"这也是对教师功底的考查。

不要让"问题"终止于课堂。从更广泛的意义上来说，学生在"填鸭式"的教育下，普遍缺乏问题意识和质疑、批判的精神，创新能力不足。所以，这种问题导学式的教学模式不单单是让学生解决物理问题，更要培养学生提出问题的意识和能力，要有质疑和批判精神。不要让问题终止于课堂，要让它从课堂中延伸出去，延伸到生活中去，有了问题意识和质疑精神，科技文明就能不断创新和进步。其实说到细微处，这些离不开教育，也离不开教师在课堂上对学生的引导和培养。因此教师就要有意识地培养学生的问题意识，这的确比学生会做一些物理题更加重要。

总之，"问题导学法"教学模式坚持以问题为核心，以探究为主线，自主探究与合作探究相结合，学生探究与教师引导探究相结合，充分调动各方面的积极因素参与课堂教学，教学任务在探究中完成，教学目标在探究中实现。与其他教学模式相比，该教学模式结构紧凑，科学合理，简便易行，对现代化教学设备的依赖性较小，易于推广。

(四)基于"学习力"的教学模式实践探究

学习力是一个人学习动力、学习毅力、学习能力和创造力的总和。北京师范大学裴娣娜教授提出学习力的三层次结构释义：第一层次"人的基本素质"，即"知识与经验、策略与反思、意志与进取"；第二层次"对实现人的发展两个基本路径的把握"，即"实践与活动、协作与交往"；第三层次"人发展的最高境界"，即"批判与创新"。

我校各个学科基于"学习力"的教学模式，也进行了不同的实践探究，以物理学科为例，物理学科根据自身的特色、物理学习力的内涵、我校学生的实际情况，以及结合对课程标准中三维目标的理解，将物理学习力可以分为三个层次，这三个层次是螺旋式上升但又有重叠，是有机联系的整体。

第一层次，物理知识与技能、物理思想与方法、科学精神态度与价值观。

第二层次，科学探究。根据裴娣娜教授提出的学习力的第二层次是融合当前课程标准倡导的科学探究的七要素，这是培养中学生物理创造性思维能力的主要呈现形式，亦是培养学生学习力的重要途径。

第三层次，继承、批判、创新。物理学习力最终要培养学生在继承的基础上，具备批判性的思维，并具有一定的创新能力。

2014年4月13日上午，物理组史艺、方羽两位教师就如何在物理教学中注重培养物理学科学习力进行了公开课的展示活动。程翔副校长、严寅贤副校长、物理组的部分教师观摩了这两节课。此外，裴娣娜教授"学生学习力与学科建设研究"项目组的专家北师大副教授郑葳老师以及北师大物理系李春密教授的两位学生也观摩了这两节课并给予指导。

史艺老师围绕打点计时器的工作原理展开研究，引出生活中的各种共振现象。本节课的很多设计都是创新性的，有一定研究价值。史老师通过层层递进的问题设置引导学生自主思考，学生积极参与，思维活跃，有很多思维碰撞的火花都非常精彩，亮点频现，真正做到了以学生为主体的教学形式。通过让学生提出问题、思考解决方案、学生动手实验等多个环节切实培养了学生的多方面的物理学习力，不仅注重物理知识的传承，更注重能力的培养。此外，史艺老师最后以爱因斯坦的一段话启示学生们如何客观地去认识科学这把双刃剑，做到科学素养和人文素养相结合。

方羽老师围绕不同形状的物体从斜面滚落快慢的研究，由学生进行汇报展示。课前学生分组认真细致地对任务进行讨论研究，课上由每组学生的代表进行小组展示。国际班的学生不仅展示了自己的物理素养，也展示了他们的英语功底。各组学生并没有千篇一律，而是分别从不同的角度对研究问题进行了分析和理论推导，并得出了正确的结论。最后，方老师又通过实验验证了学生们得出的理论结果与实际是相符的，让学生们体会到了物理的神奇奥秘。另外，还有学生用几何画板软件验证了一个大家普遍的错误认识，关于滚落物体的某点的轨迹问题，学生观察很仔细，研究也很巧妙，非常不错，展现了学生敢于质疑的精神和科学素养。

课后，两位教师分别从培养学生学习力的角度具体分析了授课思路。校领导、专家及物理组的听课教师都对这两节课给予了高度的评价。会议氛围热烈，大家积极发言，从中国教育的现实大背景到国内外教材和考察内容的比较分析，到本校物理学科学习力课程建设的方案到大家在现实教育中面临的各种困惑都展开了深入的讨论。严寅贤副校长还提出应把常态课的精彩片段记录汇总，延续下去的宝贵建议，得到教师们的认可。大家一致认为物理教学要培养学生的创造性思维，努力启发学生用新颖的方法解决问题，鼓励学生思考，放手让学生去做。学生能够发现新问题并进行解决是学习力的一个重要体现。郑教授提出从学习力的角度要让学生"乐学""会学"，并对教师提出的物理学习力的模型给予了宝贵的意见，使我们对物理学习力的认识又深入了一个阶段。

(五)各学科"自我导学"教学模式实践

1. 政治学科"自我导学"教学模式实践

政治学科在第一阶段主要以"政治学科教学中渗透人生规划教学的教学模式研究"的课题研究为依托开展教学模式的实践探索。探索实例如下所示。

在探索的过程中，我们也需要不断完善实践中的教学模式，最终实现学生的自我教育。教育家陶行知曾说："教是为了不教。""不教而教"可称为教育的最高境界。教育者对学生施教是他人的外部教育，应该称之为"他人教育"；而学生主动对自己的教育则是自我内部教育，应该称之为"自我教育"。只有能够激发学生进行自我教育的教育，才是真正的教育。教育的制高点是自我教育。没有自我教育，任何教育都不能完成，自我教育是教育的理想境界，也是现代教育发展的趋势。要想达到"不教而教"的教育最高境界，就必须充分利用课堂教学这一教学重要环节，寻找有效的方法与途径，循序渐进地提升学生自我教育的能力。

在课堂教学中，政治学科从不同课型的教学模式研究转变为重点研究在自我教育理念下以学生自主学习为主要特征的"自我导学"的教学模式。

1. 实施"自我导学"教学模式的可行性

首先，高中学生已经具备一定的自控能力，自我意识较强，对自身的心理与行为的主动掌握能力，调整自己行为动机和冲动的能力，均较为成熟，学习的目的与方向性更为明确，因此具有自我教育的良好内因与能力。其次，通过近十年的学习经验积累，已有自己的一些学习方法与辨别、判断能力，若在课堂教学中合理引导，不断重复巩固，应能训练自我学习的一些方法，提升自主学习的能力。

2."自我导学"教学模式的探究与思考

虽然提升自主学习能力的途径与方法可能有多种，但最重要的阵地仍然在课堂。针对高中数学教学内容的多种形式（新授课教学、习题课教学、复习课教学、试卷讲评课教学等），不同内容对教师上课要求虽然不同，但通过创设合适情境，以问题为引导，为学生提供思维的合理情境，是教学共同的重要途径，这条途径可引导学生形成自我教育、自主研究、独立复习的一套有效策略与方法，是实现高中学生自我学习的重要途径。因此，归纳—独立发现问题—自主提出解决办法—改变问题条件发现新问题—再次解决问题—反思条件的其他变化方式又提新问题—自我解决，这样的重复过程，势必形成学生自我学习的一套有效途径，围绕这一途径创设的教学模式，对提升学生自主学习能力有重要帮助。

3. 帮助学生提高自我学习能力的课堂教学模式研究

以复习课为例，课前预习学案的设定可由教师制定，问题提出以学生接触过的问题为主，从中归纳整理，通过发现规律和提出问题，形成进一步思考的空间；课堂围绕课前预习，总结一类问题的规律，再次以改变问题条件、等式结构等方法，提出新问题，并类比所学解决问题的方法，提出解决新问题的方法。课后，进一步从问题条件的改变入手，发现新问题，就能形成一套自我学习的有效途径。学生在这种课堂教学的反复引导下，就能形成和提高自我学习的能力。"自我导学"的教学流程归纳如下所示。

课前学案（归纳整理）→独立解决
　　　↓
课堂探索（变式分析）→讨论探究→总结方法→形成规律，得出结论
　　　↓
课后反思（总结提炼）→发散思考，提出新问题→独立解决
　　　↓
自我教育（类比分析）→自主学习

政治学科也在第二阶段的教学模式探索中做了一些工作。例如，专家讲座，开阔视野。政治学科一直都很注重提升理论素养，所以不断将专家引进来，聘请沙福敏教师为我们的校外指导专家。最近我们请来首

都师范大学哲学系陈嘉映教授讲"希腊人的求真精神";请到北京大学马克思学院党委书记、博士生导师、《生活与哲学》的主编孙熙国教授,进行教材分析,让教师受益匪浅。

每年3月,政治组都有一个保留节目,聘请本校北京市人大代表、政协委员给高一的学生做讲座,他们会从亲历者的角度,把课本知识生活化,非常真实可信,学生非常感兴趣。同时,发挥本组教师的专业知识,康文中博士"当代世界格局与中国和平发展道路"专题报告会,充分发挥了本组教师的资源。另外,政治组还重视通过研究公开课,提升教学水平。

2. 语文学科"自我导学"教学模式实例

读书报告

张新村

一、教学定位

(一)课标要求

1. 具有广泛的阅读兴趣,努力扩大阅读视野。学会正确、自主地阅读材料,读好书,读整本书,丰富自己的精神世界,提高文化品位。课外自读文学名著(五部以上)及其他读物,总量不少于150万字。

2. 课外阅读活动是阅读教学的重要组成部分。应根据不同学生的具体情况,适时推荐文化品位高、难易程度适当的课外读物。鼓励学生开展多种活动,如写书评、写读后感,举办读书报告会、作品讨论会等,分享阅读乐趣,交流阅读成果,共同提高阅读能力。

(二)阅读经典,涵养人文

新课标关注学生的人格建构和精神建构,其中很重要的表现就是十分重视经典阅读在语文教育中的作用,重视经典阅读在充实学生的文化底蕴,提高学生的艺术品位和语文素养上的独特功能。

"经典是一个民族或几个民族长期以来决定阅读的书籍,是世世代代的出于不同的理由,以先期的热情和神秘的忠诚阅读的书。"经典阅读的重要意义和价值是什么呢?人文主义认为,阅读经典,可以跨越时间与空间的鸿沟,沟通文明与种族的壁垒,吸收全人类的文化精粹,丰富人类的共通人性,改善人类的生存状态与精神状态。

（三）有序读书，阶段总结

高一年级以学期为单位，计划阅读六本书，具体安排是：第一学期期中前一本，期中到期末一本，寒假一本；第二学期期中前一本，期中到期末一本，暑假一本。

一个阶段即学生读完一本书后，教师组织学生写出读书报告。六次的报告要求同中有异，各有侧重。这样的做法，以读促写，读写结合，可以更快更好地提高学生的语文能力和语文素养。阅读是一种吸收，写作是一种表达，吸收是表达的基础，从阅读中获取写作资源和写作技巧，在写作中表现自己的阅读积累和文化素养，可以反过来促进阅读。

二、读书报告要求

1. 评价作者，200 字左右。

2. 评价作品，200 字左右。

3. 写一篇不少于 800 字的读后感，题目自拟。

三、教学目标

1. 以读书报告的形式，检验学生课外读书的情况，形成阶段性成果。

2. 教师为学生的阅读实践创设良好环境，组织学生交流阅读感受和体验，形成评价，使学生学会正确、自主地阅读，进而丰富自己的精神世界，提高文化品位。

四、教学时数

两课时。

五、教学过程

（一）导入

（二）读书报告交流

1. 读书方法交流。

2. 读书成果交流。

（三）学习形式

1. 指名展示，学生评价。

2. 比较阅读，合作学习，交流心得。

（四）总结

发现问题、提出问题、分析问题、解决问题是学生学习语文学科最终目标，以往的教学中更关注学生解决问题的能力。其实，发现并提出问题的能力比分析、解决问题的能力更重要。发现问题的方法有很多，如类比猜想、对比观察、化归分析、思维顿悟等。在这些方法中，从已有问题出发，通过类比猜想、对比观察，主动改变条件、结论，就能发现并提出新的有效问题。只有能发现并提出新问题，学生才能提升自主学习的能力。

3. 其他学科"自我导学"教学模式实践

物理学科"自我导学"教学模式实践。物理学科认为传统的教学侧重在教师的"教"上，所以教师总在纠结"我都教了这么多遍了，为什么学生还是不会呢"。教师会认为"我教了"，学生就"应该会"。然而，实际上教师一味地满堂灌，是在机械地训练学生，并没有让学生真正去体会解决问题的过程，也不符合学生的认知规律。现在的教学理念要落在学生的"学"为主，要遵循学生的认知规律进行教学。

化学学科"自我导学"教学模式实践。近年来，化学学科也不断进行着课堂教学模式的探究与实践研究：海淀区教育科研"十五"规划重点课题"高中化学教学中探究式学习的探索"（负责人杨丽群）；海淀区教育科研"十一五"规划课题"在中学化学教学中转变学生学习方式的策略研究"（负责人陈争）；海淀区教育科研"十二五"规划课题"化学课堂学生有效活动的设计及评价方法研究"（负责人陈争）；2013 年 3 月开始参加北京师范大学化学教育研究所的"基于专家支持的高中化学新课程高端备课及教学实践研究"项目研究；2014 年 3 月开始参加海淀区"促进学生学科能力发展的教学改进"课题研究。

化学组的课题研究特点是以课堂教学为核心，以转变学生学习方式和认识方式为目标，体现了教师自发的需求和愿望，是紧密联系教学实际的行动研究。

技术学科和美术学科在教学改革模式的探索上，也促进了学生利用多样化的学习方式进行自我学习。美术学科在教学改革模式的探索上希望学生能够利用多样化的学习方式进行自我学习。由于现代美学强调应用性、审美性、技术性、创新性、市场性这五大方面，美术教学上也可以结合学生的自主学习完成多样化的教学模式的尝试。主要方式包括：网络学习常态化、小组交流常态化以及交流方式多样化。

网络学习常态化。现在的网络已经成为很多人获取信息的第一渠道，众多的学习平台可以让学生不仅学习国内的课程，还可以学习国外的课程。技术学科相关课程，如网易公开课、可汗学院等；美术学科相关课程，如网易公开课等。罗浮宫 APP 或通过各大美术馆开通的 APP 可以看到世界名画的高清图片。众多的国内外知名大学和教授都可以跨越时间和空间，为大众带来众多的信息。网络学习可以让学生通过网络搜索获取一些研究所需要的信息，并进行细节化的描绘与学习。

小组交流常态化。学生的互助学习和合作学习是技术和艺术学习的重要组成部分。小组合作学习可以更好地培养学生的学习习惯，更完善学生适应多种学习方式的能力。技术沟通和艺术绘画的合作学习，可以为学生提供一个良好的小组交流的氛围。同时，学生相互启发、相互合作也会得到更多创意效果，是教师辅助教学的一种手段。

交流方式多样化。技术教师在机房内创建了自己的校内电子邮件服务器、Ftp 服务器、BBS 论坛，供学生进行师生之间、生生之间的交流。美术教师运用电子设备，独立画片印刷稿以及自制学案等方式，与学生进行交流和讨论，在学案的使用中更多是学生进行完善，可以将一些讲授中的问题以及重点内容进行记录，以便以后的学习。

音乐学科在教学改革模式的探索上，也希望学生能够利用多样化的学习方式进行自我学习。其特点在于评价方式、方法多样化，形成性评价与终结性评价相结合。音乐教学的实践过程是形成性评价的主要依据，应给予充分关注并在教学过程中实施。对学生的形成性评价应结合教学内容，采用观察、谈话、提问、讨论、表演、习作展示等方式进行。终结性评价在某一模块的学习结束时进行。教师应将形成性评价和终结性评价相结合，对学生做出总体评价。

定性评价与定量评价相结合体现学生在教学过程中的各方面表现。例如，兴趣爱好、情感反应、参与态度、合作精神、探究性学习能力等，是定性评价的主要内容，用较为准确、形象的文字进行评价；对学生在演唱、演奏、创作、舞蹈和戏剧等方面的艺术表现力、知识与技能的掌握程度、曲目的难易程度和数量等进行定量评价。无论采用哪种方式，都以各模块的内容标准为依据，注意评价的客观性和可行性。

自评、互评及他评相结合。学生和教师的评价采用自评的方式。学生评价的重点放在自我发展的纵向比较上。教师可根据学生的形成性评价和终结性评价结果，对自己的教学态度、教学方法、教学成果等做出相应的评价。

同时，利用班级音乐会及师生音乐作品，音乐评论，或就某一专题展开的讨论，演出照片、录音、录像的展示等活动，是生动活泼、富于实效和具有音乐课程特点的评价方式。这类方式能充分体现评价的民主性，营造和谐、团结的气氛。此类师生共同参与的评价方式，能达到相互交流和激励的目的。

四、基于学科素养的"生态·智慧课堂"

"生态·智慧课堂"是北京一零一中学在教育制度改革、教育策略转变的大环境下，以突出面向全体、关注差异、因材施教、全面发展为指导思想的课堂形式。"生态·智慧课堂"秉承了原有教学中以能力立意为导向、学科本质为基础、学科价值为追求的核心，立意多元化（能力、素养、价值观），并调整了课堂内容，使其呈现方式更灵活，不仅保证了大局的稳定，为寻求优化教学设计与实施提供依据，同时及时把握课程改革的动向与趋势，寻求突破。将不变与变化相融合，深入开展教学研究，扎实推进"生态·智慧课堂"实践研究，努力提高教学水平，稳步提升学校教学质量，构建北京一零一中学"以学论教、以研领教、因材施教"的教学文化。

（一）"生态·智慧课堂"的内涵

"生态·智慧课堂"提倡修德、启智、养慧的核心目标，在自我教育理念的指导下，坚持三个观念，即生态观、生活观、生命观；体现三个特性，即实践性、伦理性、创造性；最终生成民主平等、自然和谐、自主合作、探究生成的"生态·智慧课堂"。为了促进学生全面而有个性的发展，课堂的模式至关重要。北京一零一中学也始终践行着立德树人、全面发展的育人观，坚持以人为本，质量优先的教学观，树立保底意识，全力杜绝劣质课；增强优化意识，稳步提升常态课；强化改革意识，积极探索优质课。

　　探索优质课程，要做到由"模式研究"走向"内涵探求"。"生态·智慧课堂"的开展，是北京一零一中学"重塑课堂·第二季"的延伸，课堂教学的实践研究已经到了优化改进阶段，因此由原有的经典模式向更高层面的模式发展是"生态·智慧课堂"的根本任务，也是最终目的。

　　在信息化飞速发展的今天，环境的变化也要求我们在课程模式改革上做出改变要做到由"普通课堂"走向"生态·智慧课堂"。因此，基于环境的改变，北京一零一中学紧随时代趋势，探索大数据背景下的课堂教学模式，以云端课堂平台为依托，尝试大数据背景下的微课、翻转课堂教学实践，打造贴合现实环境的"生态·智慧课堂"。开展信息化条件下的智能化作业研究。坚持实行学科作业的"会商制"与"公示制"，以智能组卷系统、智能阅卷系统和智能学情分析系统为依托，研究学科作业的科学性、有效性和针对性，实现学科作业的个性化、弹性化和作品化。

　　"生态·智慧课堂"是北京一零一中学结合课程改革的基本理念，即自我教育理念提出的创新性课程类型。通过"生态·智慧课堂"更好的实现"自我导学"模式，最终达到自我教育的目的。"生态·智慧课堂"要满足以下三个观点。

　　生态观。把"生态·智慧课堂"呈现为一个生态系统，使其具有生态理性教育的特性，以生态观为指导，真正落实学生与教师主题的完整统一性，使课堂教学存在和谐的生态平衡问题，培养学生生态地看待自己，生态地看待他人、社会、人类、自然和整个世界。在"生态·智慧课堂"中发挥教师、学生的作用，构建和谐的生态教学环境。

　　生活观。知识与生活融合才能产生智慧。倡导教育应回归生活本真，教育即生活、课堂即社会，在生活中发现学习，在学习中知道生活。学生学习的最终目的是能够融入社会，成为一个对社会有良好贡献的人，因此教学方式都不应该脱离生活环境而独立存在，课堂是师生的一种生活存在。

　　生命观。教育的本真是尊重生命、唤醒生命、激励生命。课堂是师生生命成长的地方，教师和学生都是生命的个体，课堂中蕴藏着丰富的生命客体和资源，每个人都有独立的思想和生命价值观。"生态·智慧课堂"中要使学生树立正确的生命价值观，促进学生科学、合理的生命价值观形成，实现学生生命价值观意识的觉醒、生命价值观理性的生成和生命价值观选择能力的提升等，从而能够更好地学习、更好地为人处世、更好地生活和工作。

"生态·智慧课堂"还具备以下三个特性。

实践性。知识只有运用于实践才有生命力。子曰：学而时"习"之。这都是在强调知识为实践做基础，用实践去检验真理。在自主课程实验阶段，注重培养学生的实践能力，使学生能够做到"学以致用，学有所用"。

伦理性。文化共享和育人成才是人类教育活动的两个道德基石，文化共享强调的是把文化精华传递和传播给学生，让每个学生共同享有文化进步的成果。在人类社会中，教育区别于其他事物的一个重要特性是：教育是一种建立在文化共享理念之上的社会活动，是促进人类文化共享的重要途径。

创造性。教育必须弘扬人的主体性、开发人的潜能、发展人的创造性、培养人的健全人格。

(二)"生态·智慧课堂"的实践探究

自我教育理念下的有效教学是"生态·智慧课堂"的有效价值追求，首先要明确自我教育的五个关键要素，即自我唤醒、自我认识、自我规划、自我发展、自我实现；其次要把握有效教学的五个关键行为，即清晰的授课、多样化教学、任务导向性、学生投入度、学生成功率；最后形成以自我教育为基础的有效教学，培养未来的担当人才。

在"生态·智慧课堂"中，北京一零一中学倡导教与学多样化导学模式。在自我教育理念的指导下，实行由教案导学发展为学案导学、问题导学以及自我导学的有针对性的导学模式，促进教师的专业发展与学生的自主发展。

1. 以导促学

"以导促学"教师与学生的身份不再是课堂中的讲授者与接收者，而是课堂中的组织者与学习者。这种新"身份"的赋予，更多的是强调增加课堂中互动性的过程，使教学模式不局限于知识的灌输，而是知识的传递与应用，把单一活动转化为双向互动，由教师组织学生掌握知识、运用知识，使学生更多地参与到教学活动中，引导学生学习(图5-1)。

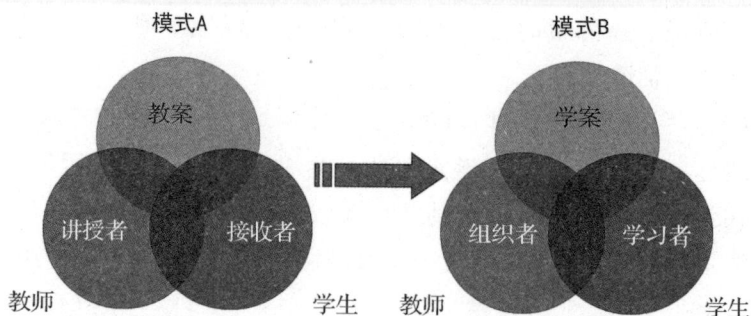

图 5-1 "以导促学"模型图

2. 问题引领

问题引领要求把知识转化为问题，由浅入深，由易到难，循序渐进，引导学生学习，使教师和学生转变为指导者和问题解决者。通过教师的专业指导，学生自主地去发现问题、提出假设并验证假设。在这个过程中，不仅可以提高教师的专业能力，而且也培养了学生自主学习的精神（图 5-2）。

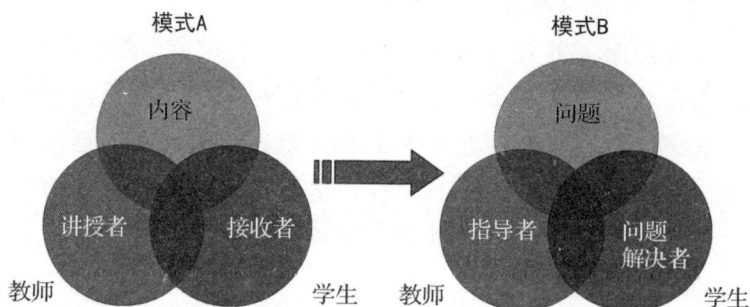

图 5-2 "问题引领"模型图

第六章

多元评价实现动态多维评价

一、坚持课程实验的过程性评价

自主课程的过程性评价需要注重实验过程资料的搜集及处理性评价，包括调查报告、调查数据等实践性资料，实施意见、可行性论证等计划性资料，专项总结、专题调查、专项检测等专题性资料，教案、课堂记录（包括相片资料和录像资料）、专家咨询意见等过程性资料，实验个体和群体考试成绩、作业、获奖资料等实效性资料等，并以此为主要项目试验效果的主要评价依据。

（一）坚持定性评价与定量评价相结合

学校既注重采用定量计算的方法，搜集数据资料，用一定的数学模型或数学方法，采取统计处理手段进行的评价，同时又采用定性描述、解释的方法做出价值判断。学校在对自主课程实验的评价过程中要考虑量的评价，也要考虑质的评价，因为量的评价可以反映事物的一个方面，而质的评价则可以反映事物的另一个方面。要想反映事物的全面情况，就应该把数量和质量结合起来评价。数量和质量是一个事物的两个方面，既没有离开数量的质量，也没有离开质量的数量。所以在自主课程的过程性评价中，定量分析与定性分析必须结合起来，互相补充，相辅相成。

（二）注重静态评价与动态评价相结合

学校注重对评价对象目标到达程度的静态评价，考虑评价对象在特定时空范围内的现实状况，同时又根据动态原理提出的进行教育评价活动的行为法则，对评价对象的历史情况、发展水平及发展趋势进行评价。评价要关注学校是"怎样做的"，而不是"做了什么"；要关注行为本身，而不是关注行为的结果。不同的方式可以获得同样的结果，以往的学校评价多重视结果性的东西，而忽略藏于结果之后的方法和观念。殊不知，方法和观念对于一个学校的长期发展是最核心的东西。方法和观念通过一定的行为得以表现和反映。静态评价正是通过对学校行为的评定来揭示学校发展的核心问题。动态性评价是操作化、行动化的。它不像静态评价只提供一个静态的事物，而能够将观念与行为、过程与结果、意志与选择很好地结合起来，从而能够动态地、系统地、真实地把握学校评价的实质内容，提出合理可行的指导意见。

（三）课程评价过程

1. 课程立项评价

此项评价主要用于课程的立项，只有通过该项评价的课程才能获得正式的立项，并列入校本课程计划（表 6-1）。

表 6-1 课程立项评价表

指标	评价标准及得分			
	4分	3分	2分	1分
课程设计的先进性，开设本课程的意义	课程目标明晰，对学生综合素质提高具有显著作用	课程目标清晰，对学生某一方面素质提高具有促进作用	课程目标基本清晰，对学生发展能有一定促进	课程目标不明确，或看不出对学生发展的意义
课程的拓展性，课程目标与学校培养目标的一致性	拓展深化国家和地方课程，体现了学校的培养目标	对国家和地方课程有一定拓展，基本体现了学校培养目标	某些方面体现了学校培养目标	不能体现学校培养目标
课程设计与课程改革要求的相容性	完全符合学校整体课程计划的要求	与学校整体课程计划基本符合，但还存在些微偏差	与学校课程总体安排有些冲突	与学校整体课程计划相矛盾
课程设计的完整性	有独立的知识体系和培养目标	知识体系的建构上还有所欠缺，或者有与其他课程协调的问题	内容结构不完整，与其他学校课程有明显交叉或冲突	可能会对其他学校课程目标达成有负面影响
课程计划的科学性、适用性	课程内容选择科学合理、结构清晰，呈现形式与学生发展水平相适应	课程内容选择基本科学合理、结构清晰，课程呈现性基本与学生发展水平和特点相适应	课程内容结构不尽合理，课程内容的呈现不太适合学生的发展水平与特点	课程内容结构缺乏逻辑性或完整性，与学生现阶段发展水平脱节

续表

指标	评价标准及得分			
	4分	3分	2分	1分
是否具有开设课程的条件和基础	教师的知识基础、学生知识准备、学校现有的条件均完全支持课程的开设	教师的知识基础、学生知识准备、学校现有的条件中尚有部分欠缺，但有可行的解决方案	课程开设基础与条件中有目前难以解决的问题，但可以预期经过努力能够解决	课程设计中存在近期无法克服的困难或无法解决的问题

评分注释：得分超过18分的通过立项(含18分)；得分高于15分、低于18分(含15分、不含18分)的可以继续修改；不够15分的直接否决。

2. 课程准备与实施评价

课程准备与课程实施评价是开课的必备条件，立项的课程只有通过此项评价才能被正式排入学生选课表中供学生选择(表6-2)。

表6-2 课程准备与实施评价表

指标	评价标准及得分			
	4分	3分	2分	1分
教师的知识基础与师资准备情况	教师能胜任本课程的教学，有开设本课程的经验，借助校外的专家已经落实，合作教师已有充分的知识准备	本校教师的知识基础基本可以胜任，但没有该课程的授课经验，主要依靠校外专家的课程专家基本落实，本校合作教师有了初步的准备	本校教师目前无法胜任该课程的教学，主要依靠校外专家的尚未落实，本校合作教师准备不充分	本校无法找到合适的教师担任该课程的教学，校外相应的专家也比较困难
教学材料准备的情况	教师系统全面掌握了本领域的知识，课程计划完整、成熟，教材或讲义已经可以使用	教师全面掌握了本领域的知识，课程计划基本完整成熟，教材或讲义等教学材料基本准备完毕	教师基本掌握了本领域知识，课程计划还在修改，教材或讲义上处于选编中	教师部分掌握本领域的知识，没有完整的课程计划，没有相应的教材或讲义

续表

指标	评价标准及得分			
	4分	3分	2分	1分
教学设计与教学组织准备情况	有完整的教学设计与教学安排，有成熟的学生学业成绩评价方案	教学计划与教学组织安排已经确定，尚需要继续完善，有学生评价办法	教学计划与教学组织只有初步考虑，学生学业成绩评价正在酝酿	没有明确的教学计划与教学组织安排，没有学生评价办法
教育教学设施的准备情况	教育教学设施使用已经落实（有参观要求的已经落实接待单位）	教育教学设施的使用基本落实（有参观的也基本落实），但需要进一步明确	教育教学设施有初步打算（参观的已经有意向），但没有具体落实	教育教学设施还没有安排（参观或社会实践正在选择中）

评分注释：得分达到14分（含14分）以上的可以列入学校目录；得分在12～14分（不含14分，含12分）的安排准备时间后可以列入学校目录；得分在10～12分（含10分，不含12分）经过修改可以申请重新评价；得分少于10分的原则上不能列入当年的校本课程开课目录。

3. 课程实施过程评价

课程实施过程评价主要是对教学的评价，评价集中在教师的"教"和学生的"学"两个方面。评价结果用于对教师校本课程教学工作的考核（表6-3）。

表6-3　课程实施过程评价表

指标	评价标准及得分			
	4分	3分	2分	1分
教师的教学态度	有很强的责任心，精心组织教学，能根据课堂情境和学生反映而不断改进教学计划	有较强的责任心，能够认真组织教学，注意听取学生意见，完成计划的教学内容	责任心一般，基本能够认真组织教学，基本能够完成教学任务	缺乏充分的课前准备，教学失误较多，无法保证计划得到全面执行
教师的教学方法	教师娴熟运用各种教学技巧，能借助各种教学手段提高教学效果，能充分调动学生	教学技巧运用不够娴熟，能有意识运用多种教学手段，学生有一定程度的参与	较少运用教学技巧，教学手段单一，学生较少参与，兴趣不高	教学手段单一，学生没有参与，学生明显不满

续表

指标	评价标准及得分			
	4分	3分	2分	1分
课堂教学状况观察	课堂气氛活跃、师生互动积极，学生有很高的学习兴趣，参与度高	课堂气氛比较活跃，师生有一定互动，基本没有学生做其他无关事情	课堂教学气氛有些沉闷，师生动少，部分学生做其他无关事情	课堂沉闷，没有师生互动，半数以上学生不能集中精力于教学中
学生对课程实施的评价	学生对课程评价很高，多数学生愿意向其他同学推荐该课程	学生对课程评价较高，部分学生愿意向同学推荐该课程	学生对该课程评价较低，极少由学生愿意推荐该课程	学生评价很差，没有学生愿意推荐该课程

评分注释：建议采用听课（教务部门、学科组）和学生问卷调查对课程实施进行评价，课程实施过程评价可以与课程实施效果结合在一起进行评价。

4. 课程实施效果评价

课程实施效果评价主要是了解课程目标的达成度，主要评价本门课程的目标达成度、学生的发展情况、学生的满意度、其他方面对课程实施效果的评价等（表6-4）。

表6-4　课程实施效果评价表

指标	评价标准及得分			
	4分	3分	2分	1分
本门课程目标的实现程度	完全达到了课程计划所设定的教学目标，部分方面甚至超过了预设目标	基本达到了课程设计的目标，部分目标根据实际有所调整	多数课程目标已经实现，部分目标未能达到，或者教学目标达成的质量不高	勉强完成计划的教学任务，实施效果与计划目标差异较大
后续探究性问题的形成与发展	大多数学生提出了探究性的问题，完成了探究性作业，一定数量的课题进入后续研究性学习	较多的学生提出了探究性问题，完成了探究性作业，但只有很少形成后续研究性学习的课题	部分学生提出探究性问题，完成了探究性作业，基本没有形成后续的研究性课题	个别学生提出了探究性的问题，完成了探究性作业，没有形成后续的研究性学习课题

续表

指标	评价标准及得分			
	4分	3分	2分	1分
学生的满意度	学生调查表明，85%以上的学生对本课程非常满意和比较满意	学生调查表明，70%以上的学生对本课程非常满意和比较满意，非常不满意的比例不高于5%	学生调查表明，50%以上学生对本课程非常满意和比较满意，非常不满意比例不超过10%	学生调查表明，学生对本课程非常满意和比较满意的比例低于50%，或非常不满意的高于10%
教务部门评价	对该课程的总体评价很高	对该课程的总体评价较好	对该课程的总体评价一般	对该课程的总体评价较差
同行看法	对该课程的总体评价很高	对该课程的总体评价较好	对该课程的总体评价一般	对该课程的总体评价较差

评分注释：得分达到18分及以上的为优秀(含18分)；得分高于14分、低于18分(不含14分、18分)为良好；得分低于14分(含14分)高于9分(不含9分)的为合格；得分低于9分(含9分)的为不合格。

二、创新教学评价提升课堂质量

模块教学模式是在吸取模块化思想方法的基础上，将各学科课程的知识分解成一个个知识点，再将知识点按其内在逻辑组合成相对独立的单元，然后根据不同职业岗位群或技术领域的职业能力需要，将相关的单元组合成教学模块，通过增删单元和调整组合方式，实现教学内容的更新和调整。模块化教学需要根据培养目标，先定内容，再定模块，教学目的性强。这种教学模式通过灵活的组合实现岗位群内岗位技能的融通，可以使得同一课程满足不同层次的生源和不同专业方向的要求。基于此，北京一零一中学针对相应的教学模式制定了评价模式，是模块教学从课程设计到课程评价阶段都有配套规则，满足模块教学的独特性，真正满足学生的个性化发展。

(一)评价指标中增加课程自主实验的相关内容

目前，学生的基础知识和基本技能都很扎实，但创新和动手能力相对缺乏。于是很多人就去否定现行的教育制度，对基础教育指手画脚，这种只看表面现象而不研究实质的做法是有一定片面性的。随着教育改革的呼声，教育界有志之士的不懈探讨，人们的教育理念也在慢慢地发生着改变，创新教育、研究性学习也被慢慢地提上了教育日程，对创新思维和创新能力人才的培养始终是我们探索的路径。基于此，我们在教学中加大了这两个方面的实验比重，在评价指标上将物理、化学、生物等学科的实验操作成绩计入会考总成绩。以往，在物理、化学、生物的学科中我们也有实验环节的考核，但是考核相对单一、死板，无法发挥学生的主观能动性。在自主课程实验中，我们提倡让学生自己发现问题、提出假设、验证假设，明显提升了学生的实验操作能力。

（二）部分学科尝试发展性综合评价

以往我们对于单独学科的评价集中在一张试卷上，应试教育产生的后果是学生在教学过程中积极性不高，集中精力攻克"试卷"内容，这种评价模式在部分学科中是弊大于利的，因此我们针对部分学科的评价模式进行调整，制定出发展性综合评价模式。在部分学科中，发展性综合评价模式有利于学生自始至终的全神贯注，提高学生的学习兴趣，进而自觉、主动地去完成课程评价作业。这种评价模式在很大程度上调动了学生在教学过程中的积极性，同时学生的积极性能够激发教师更多的授课激情，如马太效应所示的强强互补，将产生更好的效果。

例如，化学学科在《化学与生活》选修模块的评价中尝试了综合评价方式，即"口试 30 分＋笔试 50 分＋家庭探究作业 20 分"。这种尝试使得学生的最终成绩不单单取决于一张试卷，而是他的整体水平。教学过程中的评价与课堂结业评价相结合，更好地反映了学生的学习成果。没有了一张试卷的标准化评价，学生发展性综合评价就更多地依赖于教师的评价能力，因此教师在评价之初需要确定评价目标，收集有关学生学习状况的信息等。每一个学生的发展性综合评价，都是对学生一整个学期学习能力的评定，在中肯地给予评价后也要重视对学生提出期许与厚望。苏霍姆林斯基认为："如果一个人不相信孩子，认为孩子将一事无成，在学校不会有所作为，那么他不仅会使孩子们痛苦，而且自己也会终身都感到苦恼。"罗森塔尔效应非常典型地体现了教师对学生的积极期望经由激励性的教导和评价促进学生认知和学业提升的"魔力"。因此，部分学科尝试发展性综合评价有利于鼓励学生自始至终的保持优秀，使优秀成为一种习惯。

(三)尝试个性化的评价模式

部分学科由于学生的差异化过大，无法进行统一量化，因此我们根据学科的不同提出了个性化的评价模式，如艺术、体育等学科。在个性化评价模式中，我们注重学生群体的特点，为每个不同的群体设置评价标准，该评价模式并不是将学生划分成优、良、中、差的等级，而是让他们通过教学过程中不同目标的达成，完成高于自身原有水平的考核。

例如，体育模块在北京一零一中学就尝试了个性化的评价模式，对于肥胖学生，组建减肥班，将体重减少的量化指标计入学生的模块学分中，增强学生的锻炼意识和身体素质。减重量化指标的加入，不仅可以促进肥胖学生加强体育锻炼，也有助于他们增强自信心与减肥的动力，如果单一的将他们与其他学生共同评价，制定一致的标准化评价量表，肥胖学生的学分会始终处于班级末端，打击学生的自信心，使他们对待运动的态度更加消极。因此体育模块的个性化评价模式具有一定的实施可行性。对于田径模块的考核每学期都进行，其量化标准也根据学生的差异加入不同的指标，让学生看到自己的进步，逐渐达到合格水平，进而不断提高、突破。

三、利用技术完善综合素质评价

普通高中学生综合素质评价是贯彻国家的教育方针，全面实施素质教育的基本要求。对学生综合素质进行评价，是对学生发展过程的评价，其主要目的是希望能够全面、深入、真实地再现评价对象的特点和发展趋势，弥补将学业考试成绩作为唯一评价标准的终结性评价体系所存在的片面性，使评价能全面反映学生的学习过程和学习结果，促进学生全面和谐发展。

根据新课程的理念，我校确立了将学生综合素质评价体系的建立实施与传统的学生日常教育、教学、管理有机结合，并融为一体的总体指导思想，从而达到帮助学生积累成长历程，丰富学生对生活的感悟，体现自律与他律并行，激励与约束同在，把"无意识的成长"转变为"有意识的教育"。利用网络技术，搭建综合素质评价网络平台，实现在教育实践中的自动化管理，达到自动化管理中教育的目的。促进学生综合素质评价中的"评"与"育"的结合与统一。学校成立"学生综合素质评价指导委员会"，指导和实施学生综合素质评价，对评价结果进行公示。

(一)明确综合素质评价的目标与原则

1. 工作目标

北京一零一中学综合素质评价的工作目标在于以学生发展为核心，不断完善学生评价体系，发挥学生评价的引领作用，为选拔人才提供综合的评价方式。为实现这一工作目标，北京一零一中学首先构建了综合素质评价平台，利用网络技术，实现自动化、可视化、专业化的管理。

2. 实施原则与方式

北京一零一中学综合素质评价工作的实施原则是：求真、简便、多记、精评。求真是秉着实事求是的态度，落实学生综合素质评价工作；简便是将学生综合素质评价工作利用网络技术进行自动化管理；多记是为学生提供更多、更广的综合素质活动，并及时准确的进行记录；精评是对于学生的每一次综合素质评价都秉承严谨的态度，细致、专业地进行评价。

综合素质评价采取多元构建、灵活便捷、直观形象、突出个性、开放兼容的方式。综合素质评价量化是一件复杂的工作，为了充分体现学生的综合素质，其评价方式要达到科学、合理、严谨、专业的水平，同时也要满足实际操作的便捷性，综合考虑学生的个性化等方面，达到开放兼容。

(二)细化学分制管理规定

学分制管理的作用在于促进每个学生在达到同样基础的同时有个性的发展，规范学生学分认定和管理行为，保证课程选修制度的正常执行，北京一零一中学制定出切实可行的《北京一零一中学学分制管理办法》。学生学分由德育学分、学科学分、活动学分和奖励学分组成。本校学生在校学习期间须得到相应的学分后才能获得高中毕业文凭，学生所获学分的多少将作为评选三好学生、奖学金、外出考察活动、向高校推荐及保送等的重要依据。

学分制背景下允许学生有差异。在一定的条件下，结合学生的实际情况，因材施教，有利于开发学生的智力和个性。学分制管理模式更大程度上保证了学校在中学教育阶段的全面发展，不再是以往只注重课本知识的课堂模式，而是融合课堂教学、研究实验、社会实践等多方面的考核，对培养全面发展的人才起到了良好的作用。课程标准规定了每个学生在每个科目所必修的模块内容，而又弹性地留下一定的空间由学生选择，提高了学生自学能力和研究能力，同时也是学生根据自己的优势、兴趣选择知识，丰富自身，达到知识的多样化、层次化和综合化。

(三)充分利用多媒体技术

北京一零一中学信息中心利用动态网络技术，设计成长记录和综合评价系统，准确地反映出学生的个性特点、个人发展的优势和不足，直观地反映学生的学习、生活状况和成长变化历程，为学生向家长展示学习成果、教师与家长沟通以及家长了解子女搭建有效的平台。

综合素质评价平台通过利用网络信息技术，减少了文本工作的冗余，减少了纸质评价的失误，趋于自动化的管理使综合素质评价更加科学、专业，可信度高，内容翔实，具有更强的参考性。

(四)自主会考提升学生学科能力

作为北京市首批获准进行自主排课与自主会考的示范高中之一，北京一零一中学在新课改中率先推出"德育学分管理"，其开发的"课程超市"为学生科学配餐，实行"菜单式"个别化课程管理等均取得良好的效果。新课改推行以来，北京一零一中学充分利用课程改革赋予学校"合理而充分"的课程自主权，创造性地实验与验证国家普通高中课程方案，并逐渐在模块教学、校本课程、研究性学习等方面创出了学校特色，积累了校本经验。

作为课程改革一项重要的内容——自主会考，始终是学校开展工作的重点。学校高中会考内容以教育部《普通高中课程方案（实验）》和各学科课程标准为依据，考查学生学习的过程和质量，重点考查学生的基础知识与基本技能，并注重考查学生分析问题、解决问题的能力和学习能力。据此，会考范围主要限于必修模块。

1. 时间安排

作为自主会考学校，我们在会考时间安排上有一定的自主性。基于考查学生学习能力，我们将各科目的会考测试具体时间初步安排如下：

①地理、历史、化学、信息技术：高一第四学段结束安排（高一暑假前）；

②物理：高二第二学段结束安排（高二寒假前）；

③数学、英语、政治、生物、艺术、通用技术：高二第四学段结束安排（高二暑假前）；

④语文、体育与健康：高三第二学段结束安排（高三寒假前）。

2. 命题原则

北京一零一中学对于自主会考的命题原则是以普通高中课程改革方案和课程标准的基本要求为依据，适合模块教学特点，难易适度，有层次要求，以促进学生全面、主动、健康发展为目标，强调对学生所学知识的考查和运用所学知识分析、解决实际问题能力的考查。

3. 组织管理

为了保证测试的效度和信度，学校将切实加强测试工作的质量管理、过程管理和目标管理。

学校教学处负责向学生和家长说明会考测试要求、试卷构成、试题形式、计分体制等，编制会考说明。

加强对会考测试计划、命题、测试项目、审题、统计分析、试卷评价等环节的管理，保证各科试卷都能满足预定的质量要求。

评卷按学科成立评卷组，负责本学科评卷的组织、管理工作，统一实行网上阅卷，加强质量控制，保证评分具有较好的一致性。

考试成绩分原始成绩及等级两部分，公布会考等级，原始分供高校录取时参考。

学校严格按照市区统考的标准和要求设置考场。测试考场的条件、测试指令、考场管理等每一环节均实行统一规范的管理。

第七章

学校课程建设的运行机制

一、适应自主课程实验的课程管理制度设计

(一)完善课程实验的制度建设

第一,学校要以这次课程改革为契机,加强学校制度建设,适应以学生发展为本的理念,适应时代发展的要求。

第二,制定《北京一零一中学高中新课程排课选课方案》,为学生提供符合课改要求,又具有学校特色,易于每一个学生选课,便于形成学生个性化课表,适合全体学生个性发展的学校课程计划。

第三,制定《北京一零一中学高中新课程学生选课指导手册》,形成有学校特点的"学生选课制度""选课指导教师制度""选课指导教师任课资源条例"。在各教研组提出的学科"课程开课方案""选课指导方案"的基础上,成立选课咨询机构,引导家长、学生正确对待课程的选择,学会选择。

第四,制定《北京一零一中学高中新课程学分制管理方案》。该方案既要充分体现对教学过程、学习过程的评价,充分体现"情感、态度、价值观"的内容,有力地推动课改的深入,同时又具有较强的可操作性,充分利用信息技术手段,简化操作程序,不至于教学管理工作被一些烦琐的、枝节的具体统计工作所束缚,变原来单一的"终端评价"为"过程评价与终端评价"相结合,充分体现课改精神,推动课改工作。

第五,创新管理模式。建立行政班管理与教学班管理相结合,以行政班为主;班主任管理与任课教师管理相结合,以班主任管理为主的新型管理模式,发挥行政班的教育、管理职能,加强学科组的教学与研究职能,加强学校各部门的协调与配合。

第六,制定《北京一零一中学高中新课程社会实践与社区服务实施方案》。对综合实践活动的设置、实施、考核、评价和学生校外活动的管理措施、安全保障等做出规定和要求,以确保课程的正常开设。

(二)提高课程实施水平

严格按照《普通高中课程方案(实验)》中规定的学习领域、科目和模块要求安排课程。学校按规定开设好必修课,积极创造条件,开设丰富

多彩、高质量的选修课，形成优质的学校课程和研究性学习项目，开设的选修模块数量不少于各学科课程标准所要求的80％。

　　高度重视新设的通用技术课程和综合实践活动课程，并努力提高开设质量，努力培养学生的"技术素养"和"创造力"，加强技术与社会、技术与科学的联系，认真开展研究性学习活动，倡导学生积极投入、主动探究、亲身实践的学习方法。

　　以课堂教学改革为重点，按照新课程的理念和各学科课程标准的要求，规范高效、创造性地实施高中新课程，努力提高教学质量与效益。积极转变教学方式和教学行为，倡导自主、探究、合作的学习方式，引导学生在发现问题和解决问题的过程中探究知识的意义，促进信息技术与学科课程的整合，逐步实现教学的组织管理方式、教学内容的呈现方式、学生的学习方式、教师的教学方式和师生的互动方式的变革。

　　实行学分管理。学校根据课程方案的学分要求形成学年学分分配表，遵循客观、公正、透明的原则，严格学分认定的标准和程序，按程序规范操作。将德育融入课程，构建以"德育学分""学科学分""活动学分""绩点学分"四部分组成的学分制管理系统。

　　建立选课指导制度。根据新课程方案的要求和学校实际，逐步建立有效的选课指导制度，鼓励学生选修更多的模块，形成有利于学生个性发展的个人学习计划，并学会随着自身的发展和外部环境的变化，不断调整学习计划，以适合自身发展的需要。

二、试行"年级＋书院"的经纬式教学管理

　　以自我教育为核心的人才培养模式，要求学校必须构建适应学生自我发展需求的制度文化，需要实施开放、自主、多元的个性化教学管理模式。北京一零一中学在自主课程实验的第二阶段创新教学管理模式：实行体现自我教育理念的"年级＋书院"的经纬式管理模式，实行分层、分类的选课走班的学分制教学管理。

(一)"年级＋书院"的经纬式管理模式的形成

1. 古代书院的教学特点对现代教育的借鉴意义

书院是中国历史上的一种特殊教育组织形式。其别具一格的教学与组织管理等制度，有长达千年以上的发展史。"以人为本"是书院重要的教学理念。教学上强调自由讲学、合作研讨、讲演辩论与自修问难，主要体现在以下几个方面。

第一，自修为主，讲授为辅。书院教学以学生个人读书钻研为主，注重培养学生的自学能力、独立研究能力，把指导学生如何读书、怎样做学问作为教学的重要任务。这种以学生自己学习、自己钻研、自己深造体会为主，教师讲授为辅的教学方法，特别符合自我教育的思想精髓。

第二，博约结合，精思善疑。注重学生的博学与专精，提倡精思与善疑，培养学生的独立思考能力和批判、创新精神。

第三，注重交流，提倡论辩。书院的学术交流也就是讲会。讲会是院际或不同学派之间的学术讨论会、论辩会，具有开放性、探究性、规范性、互动性的特点。

2."年级＋书院"的经纬式教学管理模式具体内涵

我们借鉴古代书院的形式，纳入现代教育的内容，试行"年级＋书院"的经纬式教学管理模式，实行横向行政班的年级管理和纵向教学班的书院管理相结合的经纬式管理模式。年级负责基础学习和主题教育，书院负责学业指引和个性发展。

（1）管理模式

书院实行院长负责制，每个书院都聘一名德高学深的名师为院长，设教师助理和学生助理各一人，实行自主管理与导师引领相结合的管理模式，以自主学习、合作研讨为主，提倡自主管理，注重个性发展。项目教学实行双导师制，每个书院项目都是按学科领域聘请大学教授和本校名师各一人为首席导师，另聘一至两名教师、学生助教组成导师团队。

（2）课程设置

教师指导课程分为群体性课程与个性化指导两类。例如，每周特色群体性课程开设了经济学基础、中国文化地理概况、中国古代思想史专题、中国古典文论、危机中国、史料的甄别与利用等多门课程，涵盖了政治、军事、文学、哲学、艺术等人文社科领域。"学森书院"开设了学科拓展与科学探究实践等系列课程，除学校提供的项目，学生可以自行开发、设计和申报项目。

（3）项目申报

教师或学生填好项目规划书（含项目的名称、内容、目标以及条件），经书院学术专业委员会批准，成为书院项目。申请条件有以下四种情况。一是特色课程研修申请：书院设置系列特色课程，学生可以自愿申请。二是模块课程免修申请：学生若认为本学段课程已经达到结业水平，可以向学科项目组提出免修申请，经该项目组笔试和"学业报告"答辩合格后可以免修该模块内容，该时段学生进入书院自主选择研修项目或模块，在项目组指导下自主研修。三是书院项目研修申请：书院项目打通年级界限，进行纵向自主式学业管理，高一年级根据研修兴趣，确定研修方向，在书院中确定自己的研究领域和自主选择导师、自主申请项目研修。四是学生实行四自主：自主选课（选项目）、自主合作（选伙伴）、自主择师（选导师）、自主管理（选领导）。

（4）研修形式

书院采取导师指导、学生自学和共同讲习相结合的形式进行。教师指导课程分为群体性课程与个性化指导两类。课程具体安排有以下四种情况。一是书院特色课程统一排课：形式为"教师指导＋自主研修"，全日制。二是免修学生自主研修：要求每个学生在项目导师的指导下，制订研修计划，经导师批准后在书院自主研修，所在项目导师组每周指导一次，每月在书院小会讲一次。三是会讲制度。大会讲：每个书院每月一次。小会讲：每周两次。由学生进行自主研修和自由讲学及演讲辩论，形式和内容由学生自主决定，学校提供场地支持。四是学科教师与"社团成员"共同研究上课方案。基本呈现方式：自主学习与小组学习相结合。学习内容与进度不变。改变课堂教师以讲为主的授课方式，变为学生自学、讨论、教师点拨、师生讨论、生生讨论。

（二）经纬式管理模式下的学分制

为适应社会发展对人才培养的需求，优化学生的知识结构，促进每位学生在达到同样基础的同时有个性的发展，规范学生学分认定和管理行为，保证我校课程选修制度的正常执行。根据教育部《普通高中课程方案(实验)》《北京市实施教育部〈普通高中课程方案(实验)〉的课程安排指导意见(试行)》的精神，结合我校实际，制定《北京一零一中学高中新课程学分认定方案》。

1. 课程组成

我校高中课程由学科课程和德育课程组成，分为学习领域、科目、模块三个层次，有必修课程和选修课程。必修课程包括国家规定每个学生必须修习的课程，其目的是保证全体学生达到共同的基本要求。选修课程是根据我校实际、学生实际选择修习的课程，由选修Ⅰ和选修Ⅱ构成。选修Ⅰ是国家课程，目的是满足学生在共同基础上的发展差异；选修Ⅱ是校本课程，其目的是满足不同学生个性发展。

高中三年的学习内容要统筹安排，不宜过分集中在某一学年，尤其要防止盲目加快进度，提早结束课程，拉长高考复习时间的倾向。这种倾向不仅不符合课程改革的初衷，不符合新课标的精神，不利于学生的健康发展，同样也不利于提高教学质量，适应高考改革的要求。

根据学校的多数高中毕业生参加高考的实际情况，语文、数学、英语三个学科除了必修课外，高一、高二和高三的数学以及高二和高三的语文、英语的选修课也应作为指定选修，学生除完成必修的学分外，还必须选修其中部分模块。

为便于编排课程，必修课程建议实行40分钟教学课时。

根据学生的差异和高考的要求，对选修科目进行指导，每周五下午实施"走班教学"，学生根据自己的学习兴趣、学习能力和发展方向选课学习。

2. 学分认定

(1)学分认定内容

学校对学生的每门学科每个模块的学习都必须经过认真的考核后，方可认定学分。考核不仅要关注学习的结果，也要关注学习的过程，一般宜从三个维度予以考核：学习课时数(占5%)、学习过程中的表现性评价(10%)、学业水平测试(85%)。

(2)学分认定程序

模块开设前教研组组长负责组织备课组提出一个细致的学分认定方

案。方案中要着重解决成绩评定的组成部分及其权重、学分的分布与具体评定程序等问题。

学分认定既注重学生的学业成就，又要关注学生多方面素质和潜能的发展，最终的认定要涵盖终结性评价和形成性评价两方面的结果。

重视对学分认定实践工作的不断反思，不断改进和完善学分认定方案，以保证学分认定的科学性和有效性。

学生在按规定完成课程（模块）修习并经考试（考查）后，方可填写学分认定申请表提出学分认定申请。

教学班任课教师要综合学生出勤、过程表现、考试（考查）等情况进行审核，并提出书面的是否予以认定的初步意见，同时提交给学科学分认定小组审核。

学科学分认定小组对任课教师提出的初步意见和学生相关的资料进行复审，向校学分认定委员会提交书面认定意见。

校学分认定委员会是学生学分认定的最终机构。校学分认定委员会在对学分确认后，由负责人签署学分认定的意见。

公示获得学分的学生名单。对不能获得学分的学生以书面形式通告本人，并告知其原因。

学分认定中可能产生的情况及处理办法：未获得学分认定的学生对学校认定结果如有异议，可在接到通知之日起7日内向学校课程指导委员会提出复议申请。学校校学分认定委员会自接到复议申请7日内召集教学班任课教师、学科学分认定小组有关人员复议，做出书面决议并通知申请人。学生若对其他学生的学分认定有异议，可以书面形式向校学分认定委员会反映，阐明提出异议的理由并有权得到答复。

德育课程学分认定程序：所有德育学分都于每学期第18周统计，教育处制定统计表，班主任负责登记，交德育学分认定小组审核，由教务处存档（每学期期初、期中、期末学生在班主任老师指导下填写学生手册，由教育处统一安排在班会课上填写）。

（3）学分和学籍管理

学生因考试成绩不合格而不能获得学分的可以申请补考，补考时间由学校学分认定委员会统一安排，补考合格后方可获得学分。所获学分仍可记录在学籍管理卡的相应栏目内。补考仍不合格者，允许重修或另选修其他模块(必修课程和有必修学分要求的选修课程不能放弃)。重修要在接到学分不被认定通知后 1 年内完成(高三年级要在本学年第一学期内完成)。

教师不得以学分奖励学生。学生学习成绩特别优秀或在某一方面表现特别突出,可在普通高中学生成长记录手册和学籍管理卡的相应栏目内予以真实记录。

认定的学分分别记入学校学籍管理档案(包括纸质档案和电子档案)和普通高中学生成长记录手册。

借助现代化管理手段建立学分管理的平台,利用信息系统进行学分管理。

三、自我教育理念下的课程资源开发

课程资源开发不仅有利于课程建设的改革,还将为课程建设提供源源不断的资源。课程资源是新课程改革提出来的一个核心概念,在国家颁布的各学科课程标准中都有"课程资源的开发与利用"这一组成部分。无论是国家课程的开发,还是地方课程的建设,尤其是综合实践活动和校本课程的多样化呈现与实施方式,都离不开大量课程资源的支撑。合理开发和利用课程资源是课程改革顺利达到预期目标,促进学生全面发展,有效提高教育教学质量的重要保障,并为教师教学方式和学生学习方式的转变提供了广阔的空间。

(一)制定规章制度,保障新课程改革资源建设

制定《北京一零一中学高中新课程校本课程开发与管理方案》,根据学校文化建设和学生多元化发展的要求,有计划、有步骤地开发和实施校本课程,不断丰富和完善校本教育资源的内容和方法。利用各种社区资源,使各类专家报告成为系列;将学生社团、学生活动与综合社会实践活动进行有机整合,统筹规划。校本课程体系的形成也是对北京一零一中学的发展进行了阶段性总结,在教委政策导向下,根据自身的优势、特点进行校本课程开发并制定管理方案,努力使教师发挥最大优势来为学生开展针对性强、互动性强的课程。学生在学习的过程中不仅能

满足自身对知识的渴求同时也能开发更多的好奇心去探求新知识。学校努力为学生的个性发展提供新的平台，努力为教师的专业成长提供新的载体，努力在三年内初步形成具有北京一零一中学特色的校本课程体系，为北京市的高中新课程实施做出示范。

(二)开发信息资源中心，整合汇总学校资源

学校使图书馆、电教中心成为课程建设、教师专业发展、学生自主发展的资源和信息中心，成为学科发展的基地。图书馆的作用在中学资源构建中愈来愈突出。列宁曾说过，值得图书馆骄傲和引以为荣的并不在于拥有多少珍本，而在于图书在人民中间流传，吸引了多少读者，如何迅速满足读者。印度著名图书馆学家阮冈纳赞的"图书馆学五定律"中也提到"书是为了用"。正是因为如此，图书馆成了为学生、教师提供资源的信息中心。尽管现在搜索引擎对图书馆带来了巨大冲击，但是北京一零一中学并没有因此而忽视图书馆的作用，也清楚地意识到图书馆必须突破传统发展，立足本职工作，服务全校师生，转变角色，充当校本课程的研究者，挖掘、整合信息资源，开发好相关校本课程，使图书馆成为校本课程的参与者。校本课程的理念深入到图书馆馆员工作的每个环节。科研常规化、常规工作科研化已经在图书馆日常工作中得到很好的体现。在为读者提供基础的借还书服务的同时，也开始开展灵活多样的服务方式，提升对读者的吸引力。例如，每个月开展的读书日活动、图书馆服务一天活动，等等，让读者走进图书馆、了解图书馆，进而爱上图书馆。

电教中心也是课程建设的重要枢纽，完善各个班级电教设备、多媒体教室使用的管理制度，健全各项电教记录，如教师使用多媒体记录等，提高电教设备的利用率，优化课堂教学等都有利于各种教学方式的顺利运行。积极推动信息技术与学科教学的整合，公开课要尽量上多媒体课，提高全体教师信息技术与学科整合的能力，促使大部分教师都能将信息技术应用到教学改革中去，推动新课程改革的进程。

(三)加强校园网络化建设，丰富学校课程资源

进一步加强校园网络建设，建立教师专业发展成果专栏，开设学术沙龙，构建北京一零一中学校园网教师 BBS 论坛、教师专业成长博客。利用网络开展多层次、经常化、实时化的校本研训，同时为学生开展研究性学习和综合实践活动提供丰富的素材。建设校园网数字资源库，建设 VOD 网上点播系统，开发适应高中新课程要求的网络管理平台。实现最优化的教育效果，能通过网络与学生家长或监护人交流，在教学中营造浓郁的现代信息技术运用的氛围，在潜移默化的教育环境中培养学生的信息意识。同时提高教师电教运用水平，使网络真正成为学校教育教学的助手，充分发挥现有网络随时、随地的优势作用，努力建设现代化的师资队伍，切实提高我校应用现代信息技术教育教学，实现新的跨越。校园网络的建设调动了教师学习的积极性，开阔了教师的视野，提高了教师的素质，更新了教育观念，增加了教育教学效率。

（四）搭建网络平台，完善课程资源建设

利用网络构建学生成长记录平台和研究性学习平台，展示学生个性化发展和研究性学习的成果，建成学生综合素质评价的平台。

学生成长记录平台的构建，使学生成长轨迹更好地得以体现，使学校、家长双方更加清晰地了解学生的进步与成长，帮助学生更好地发现自身亟待改善的问题。学生成长记录平台在课程评价改革中，发挥了重要的作用。学校在评价标准、评价内容、评价方法、评价工具和评价反馈等方面都做出了有益的尝试。作为教学手段，它是学生快速参考和阶段性复习关键知识的个人课本，而非评价手段。作为支持职业探索（即特长的发挥），并分析这种职业所需要的知识、技能，学生成长记录平台用来评价学生对于特定领域（学科、技能）的学习，在各项活动和领域中的学习，在一段时间内的学习。

研究性学习平台的构建是对学生研究课题能力的逐步引导，在研究性学习平台中不仅可以规范学生的研究步骤，同时为学生提供研究向导，让学生形成科学、严谨的研究态度，树立科研意识。从学生的兴趣与生活经验出发，从学科出发，采用主题探究活动、课题研究、项目设计等方式，引导学生发现和提出问题，培养学生的自主创新精神和研究实践能力。

第八章

适应自主课程实验的教师队伍建设

个人的生命有限，但学校的生命却是无限的。想要保持学校的青春活力，需要教师继承学校的传统、传承老同志的经验，更要配以个人的智慧与拼劲，从而提升教师的核心能力，在教育领域创出一片新天地，这是学校保持常胜不败的动力源泉。

　　随着《国家中长期教育改革和发展规划纲要（2010—2020年）》的颁布实施，国家基础教育改革与发展步伐日益加快，办学模式日趋多元。为更好地落实国家和北京市中长期教育改革和发展规划纲要，北京一零一中学清晰把握学校五年的基本发展方向，科学确立学校的发展目标，并制定了《北京一零一中学"十二五"发展规划》（以下简称《规划》）。《规划》对学校师资队伍建设和校本研修工作做了分析与安排。"十二五"期间，学校教育部门根据《规划》开展教师校本研修，促进教师专业化发展，进而更好更快地促进学校全面优质发展。

一、教师专业发展总体规划

（一）教师队伍建设面临的挑战

目前，我校共有教职工 360 人，专任教师 270 人。其中，特级教师 12 人，市级骨干 10 人，市级学科带头人 1 人，海淀区骨干 30 人，海淀区学科带头人 31 人，海淀区班主任带头人 5 人。特级教师相比"十一五"期间增加了 7 名。教师队伍建设工作在取得了较好的成绩的同时，也面临着严峻的挑战：随着国家基础教育发展与改革的持续深入，中学课程改革进入了密集期，教师队伍建设产生了持续不断的原动力；全社会持续增长的教育高期望值使得学校教师队伍建设外在的压力常在；教师队伍常态教学背景下所总结的教学经验造成的墨守成规型"倦怠症"时有发生；名师的高端发展需求与发展模式瓶颈式困境之间的矛盾日渐显现；青年骨干教师的成长需要快速高质量的引领；一批具有高学历背景的优秀职初教师的教育潜能亟待开发。上述需求集中起来反映在以下三个方面的挑战。

1. 不断突破自我的挑战

北京一零一中学是一个具有优良传统的学校，也是一个具有较高社会地位的学校，这样的大环境导致一些教师缺乏更进一步的动力，容易小富即安，自我陶醉。过往的经验不只是经验，更是应对形势时我们需要保持的态度和应对的方法。我们不能墨守成规，甚至抱残守缺，我们需要的是不断突破自己的舒适圈，对时势保持一种好奇的态度，对改革怀抱一种期待，愿意去面对自己学科领域的不确定性，及时转变自己的思维方式，随时准备重构自己的知识结构。如果教师对改革的认识不到位，投入的精力不足，教案、课堂就容易流为大众水平，更不可能走在教育的前端。为此，教师不能用老眼光看待新事物，拿不合时宜的条条框框剪裁丰富多彩的现实。改革的实质就是"改人"，是要求教师有新的基本功。

2. 教育改革形势快速发展的挑战

经过多年的改变，特别是近年来教育领域加快深化改革的形势，各种办学要素的改变已经在轮番轮替，面前已非来时路。当前应当重点关注两大变化：一是生源结构的变化。随着招生制度的改革，北京市已经明确了坚持初中免试就近入学的制度；高中名额试行分配，今年的比例提高到 40%，另有 25 个指标由市级统筹。二是推行义务教育阶段课程设置实验方案。其具体内容是，扩大学校课程建设自主权；建设三级课程一体化课程方案；规范课程内容的深度、广度、进度，不赶进度，不增难度，不过度。在这样的要求下，各学科拿出 10% 的时间开展学科实践　　研究真实问题的实践性和探索性。七年级、八年级实施开放性科学实践活动。物理、化学、生物、地理学科共计 20 个课程实验，培养学生的科学探究能力。对于教育改革快速发展的形势，等不得的是时间，推却不得的是担当。改革的深化发展，需要教师攻坚克难，需要教师有危机意识、问题意识，需要教师视野开阔。

3. 教师素质提高途径转变的挑战

经过多年的教育实践，我们深刻地认识到，顺应时代发展的潮流，探索教师素质提高的新途径，关系到教师队伍建设的方向性问题。解决这个问题需要对改变的内在需求有一个清醒的认识。我们认为，要想抓住改革的机会，实现不一样的增长，催生新的育人模式，最终需要落实到学校的课程建设上。如果说以往是知识决定学校，那么当前就是课程改变学校。用辩证思维、系统思维、底线思维建设学校的课程。应该说，教师队伍建设的传统做法是组织各种形式的教师研修，但是教师队伍建设的实践却表明，知识不会自动转换为能力，中学教师队伍建设最有效的办法是大家更多的进行研修——研究事实，研究问题，聚焦学科课程的实施，提升学科课程的实施技能，实现自身的专业发展。围绕课程建设，职能上，教师有双岗双责的要求；知识结构上，教师必须以知识为主轴，对学科知识的掌握要通透，教师不仅要能唱折子戏，更要能够唱全本；教学能力上，教师还要有研究的能力，要努力成为教授型教师。

（二）教师发展目标

北京一零一中学的教师发展目标是：明确一切为学生发展服务的育人意识；形成较强的课程理解、课程开发和课程实施能力；培养教学效果显著、学生认可度高、个人风格突出、社会影响较大的学科专家；促使教师更新教学观念，不断提升业务能力；促进教师积极开展课堂教学研究，实现从知识的传声筒向课堂教学研究者的转变；促使教师教学与研究实现"共生互补"，确保教师专业的可持续发展，寻求教师专业发展的增长点，将教师带向职业幸福的最高处。

（三）教师培养思路

北京一零一中学是北京市高中示范校，具有光荣的革命传统，独特深厚的人文底蕴，"百尺竿头，更进一步"是学校多年来一贯秉持的办学精神。面对全球性的挑战以及社会、家长和学生日益增多的教育需求和期望，学校始终坚持育人为本，以实现全面实施素质教育、促进教育的优质均衡发展为牵引；坚持立足现实，着眼未来，制定学校中长期教师队伍建设规划；树立"不进则退，小进也退"的意识和"一零一品牌"意识，认清师资队伍建设，尤其是领军人物的培养必须适应学校高位发展的需求，努力为教师创设自主发展机会，打造教师个体教育特色，进而形成合力，建设一支德才兼备、国内领先的教师队伍。

为了落实这一指导思想，学校教师研修工作以《国家中长期教育改革和发展规划纲要（2010—2020年）》基本精神为指导，不断创新工作思路，落实新想法，发挥校本研修工作对促进教师专业发展和提升教学质量两个方面的重要作用；坚持发展和完善相关教师研修活动和制度，使校本研修工作具有可操作性、发展性、整体性，体现学校的特色与品位。

二、校本研修的制度与管理

（一）校本研修的制度保障

1. 机构与组织保障

2006年10月，为了加强学校教师研修工作的组织领导，北京一零一中学成立了教师发展学校。该校作为北京一零一中学教师研修专门机构，旨在强化教师分类研修，结合学校实际情况、办学特色、教师专业发展规律和教师的需要，设计和实施各类校本研修课程和活动，促进教师专业化发展，至今已经办了九期。

教师发展学校由郭涵校长领导、严寅贤副校长/程翔副校长主管、教科研室负责组织落实。学校教育教学、各部门干部及各学科教研组长组成工作机构，参与具体的研修、指导和评比活动。

组织结构：

组长：郭涵校长。

副组长：王涛书记、高红艳副书记、严寅贤副校长、程翔副校长、熊永昌副校长、刘子森副校长。

成员：平亚茹、曾丽军、程丽、万锡茂、李铁军、于晓冰、关凤杰、高建民、谢卫、王力鹏、郭院丽、夏焕春、毛筠。

学科组长：

文科：张新村、石宇、张燕、刘云松、张健、何群、苗红梅。

理科：张燕菱、李爱民、安军、张俊华、代桂华、丁玉山、王亚林、马丽娟、赵海峰、魏立柱、阎磊、付娟。

专家团队：北京师范大学、首都师范大学、国防大学、中国社科院、北京教育学院、海淀区教师进修学校、海淀区教科所等高校，科研院所的教授和专家。

教师发展学校日常工作纳入到学校教科研室当中，因此每学期都会有详细的校本研修工作计划和总结，并且提交学校和海淀区教师进修学校，接受监督。

2. 制度保障

学校校本研修的实施、考核、奖惩与管理制度健全：有教师参与校本研修计划制定的规章制度；有学年、学期校本研修计划和总结；有专题研修具有针对性、实效性的方案与总结。例如，"班主任'师带徒'管理规定""优秀班主任评选条件及办法""集体备课制度""青年教师培养'导师制'工作章程""校本教研活动管理条例""教育科研工作条例""教职工考勤管理办法"等。

除《北京一零一中学规章制度汇编》中对学校教科研及教师研修工作做了概要规定外，《北京一零一中学"十二五"发展规划》也对教师研修的目标、存在的问题、重点工作和主要工作做了阐释和安排，为校本研修工作提供指导。

例如，针对具体的校本研修课程和项目，学期会形成各项活动方案，如"职初教师演讲比赛方案""职初教师板书评比方案""职初教师常态课展示与点评方案""常态课特色评比活动方案""骨干教师研究课方案""特级教师思想论坛活动方案""教师发展学校'教师专业发展链式引领'研修项目策划方案"等，根据参与教师的情况及时调整方案。此外，还制定了"骨干教师研究课专家点评和经费方案"来规范外请专家。

(二)校本研修的模式

北京一零一中学教师研修主要采取了"教师专业发展链式引领"的方法。该方法是北京一零一中学依托教师发展学校，采取专家、名师引领，全体教师共同参与的教师研修方法，即专家参与，以各学科项目组组内的一零一名师为领军人物，二者与其他教师一起，建立组成链式项目组与学科项目组，开展常态的、内涵丰富的课堂教学与研究活动，同时开展与之相关的其他学术性研究活动，以谋求不同层次教师的共同发展和个性化发展。

链式引领研修依托教师发展学校，形成了专门的机构、人员和制度，保证校本研修工作的规范和有序进行，同时也体现出学校对校本研修工作的重视。

这种研修注重分层分类研修。实践证明，针对特定教师群体开展的研修更具实效。例如，区级骨干教师和学科带头人需要课堂教学方面的进一步提升和职称的评定，教师发展学校就开展利于教师技能提升和职称评定的校本研修活动，引进校外专家为这些教师做专门指导，利于教师个人课堂教学的精益求精。

对于与链式引领方法相配套的研修课程的设计，学校特别关注教师的需要和反馈，根据教师职业发展和反馈对研修进行调整和改进。

1. 概况

(1) 层级

一零一名师：一零一中学在职特级教师、市级学科带头人和骨干教师、教研组长。

一零一骨干教师：区级学科带头人、骨干教师。

一零一青年骨干教师：教龄 10±5 年。

一零一职初教师：教龄 5 年(含 5 年)以内。

（2）学科项目组分类及组长职责

学校按照各学科，分为语文、数学、英语、物理、化学、生物、政治、历史、地理、体育、艺术和通用技术共 12 个项目组。学科项目组组长由各相关教研组长担任，组长自行确定本学科项目组秘书 1～2 名。

学科项目组组长的职责是认真组建学科项目组，有效组织学科项目组各项研究活动。每学期开学初，链式项目组将汇总公布前一学期各学科项目组的研究活动，学校将对优秀学科项目组予以表彰奖励。

（3）学科项目组运行目标与运行模式

在课堂教学展示与研究中促进教师专业发展，在教育智慧的展示与输出中促进教师专业发展，在与北京一零一中学国际部外籍教师的交流中促进教师专业发展。运行模式有青年教师常态课展示与研究、骨干教师研究课教学展示与研究等。

2. 教师发展学校"教师专业发展链式引领项目"

自开展链式引领（图 8-1）组织教师研修以来，从课程设计来看，研修充分体现了以校为本的特点，充分整合学校优质的师资团队直接参与职初教师研修，以讲座、观摩课、读书笔记等形式展示、分享自己的教学经验和思考。内容涉及学校历史、教师理想、学生管理、教学能力、职业发展等教育工作的各个方面，为不同层次的教师提供借鉴，引发共鸣和思考。从研修时间来看，教师的培养不是一个短期的集训，学校也非常注重研修的实际效果和长远作用。研修活动贯穿职初教师工作的始终，循序渐进，与新教师适应工作的速度接近，教师可以有足够的时间消化和实践研修的内容，出现问题也能及时获得解决。同样，其他类型的教师研修也是一个长期的过程。我们认为，教师研修注重的是对教师潜移默化的熏陶和影响，教师研修也是对人的培养，也要遵循教育规律。从研修资源辐射力度来看，学校善于开发自己的校本研修课程，形成了规范化、体系化的研修方式，而且注重对校内外资源的整合，将校内外研修整合，合二为一或者是深化拓展，减轻教师研修负担，形成精品研修。积极发挥作为优质学校的社会服务作用，通过校本研修协作体和农村教师研修站等形式辐射优质研修资源，实现共赢。

此外，学校开展校本研修的运作还重视教师的需求和反馈。例如，针对职初教师的研修，教科研室每年会向新入职教师发放问卷，了解教

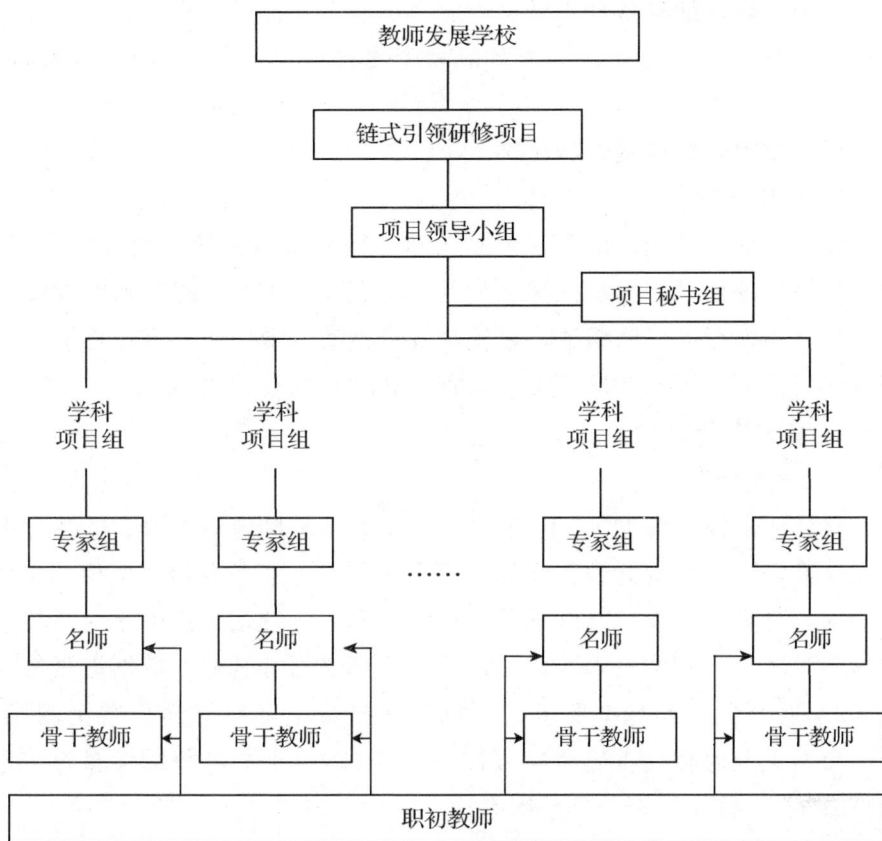

图 8-1 "教师专业发展链式引领项目"运作图

师需求。对于职初教师而言，如何顺利地完成教学任务是职初教师们的首要问题，如何组织教学、维持课堂秩序、更好地与学生交流也是他们急需学习的。因此，学校在设计职初教师研修时会关注教师的现实诉求，帮助职初教师解决当前教育教学问题。与此同时，学校注重研修效果的评估，一方面，可以达到巩固研修效果的目的，促进教师专业能力的提升；另一方面，教师的反馈是对研修的"诊断性评价"，是不断完善职初教师研修制度的重要途径。每个研修项目的活动结束后，负责职初教师研修的毛筠主任都会对活动做总结和点评，教师专家团也会通过与职初教师们的交流，了解新教师们当前所关注、思考的问题和困惑，以便在下一次的研修中调整或增加内容。职初教师们一般都会就讲座和听评课活动反馈自己的学习收获，同时也提出自己的学习需要和建议。我们相信每位教师都具备自我反思的能力以及自我提升的愿望。学校对于研修效果的评估和再设计也主要依赖于参加研修的职初教师所给出的反馈。

（三）校本研修的管理与评价

1. 研修档案

校本研修活动记录清楚，考勤严格，研修资料齐全，内容规范（计划、研修过程记录、考核结果、研修总结等），分类装订存档，查阅方便。建立教师个人研修档案，如教师发展档案、课题研究登记档案、教师评课反馈表、班主任培训需求调查、教师培训反馈表等。

2. 研修评价

（1）学分登记

我校认真执行海淀区"十二五"时期中小学教师继续教育学分达标的认定标准，专门负责此项工作的苑亚平老师、王芬芬老师根据相关文件的要求，对教师校本研修的学分进行赋分和系统登记。实际上，学校开展的各类各层丰富的校本研修活动可供教师必修和选修，能够满足每学年40学时2学分的基本要求。学校严格执行教师研修学分登记制度，专门负责人及时将校本研修学分计入"北京市中小学教师继续教育信息管理系统"，教师研修学分登记率达100％。

对于学分不足的教师，我们也会及时督促，提供帮助和指导。

（2）坚持多元综合评价

评价模式多样化：正式评价与非正式评价相结合。学校还定期召开学生座谈会，了解学生对教师和对学校的期望。这些评价都是我校今后教师研修的方向。

评价主体多元化：自评与互评相结合，家长、学生评价与学校评价相结合。评教评学：学校定期开展由学生、家长对教师的评教评学活动，表彰鼓励评价高的教师，对于评价低的教师，有针对性地为这些教师提供帮助。满意度调查的结果也对校本研修工作提供指导。

评价标准科学化：以研究引领评价，坚持评价的个性化与发展性。

评价指标体系化：研制教师评价量表，建立完整的评价指标体系。

（3）规范评比表彰

学校每年通过各类奖项的设立和评比，制定评选条例，对教师一年来的成果进行评选和表彰。例如，"党员先锋杯"是对优秀共产党员的表彰；"百望杯"是针对备课组团队的表彰；"红星杯"是对那些在教学一线默默奉献的教师的表彰；"园艺杯"和"建设杯"是对在学生发展中提供辅导并取得成绩的教师的表彰；"国联杯"是对在课题研究和校本教材开发方面做出突出成绩的教师的表彰；"将星杯""前哨杯"是对在班主任、年级组长工作上取得突出贡献的教师的表彰。此外，还有获奖面更大的"金邦奖"等奖项，教师们总结自己当年的教育教学成绩和事迹进行申报，学校根据各个奖项的评选条例召开行政会，秉持"公平、公正、公开"的原则进行讨论和评选，并在教师节大会上进行表彰。

3. 研修经费

学校校本研修经费落实到位，从 2011 年至 2015 年上半年，用于教师研修的经费稳定且有增长，从经费上说明学校校本研修能正常进行，并且对校本研修的需求每年都有增长。

学校每年会通过各部门提交的经费预算了解当年教师研修的计划，这能帮助规范教师研修工作有目的、有计划地开展。学校也十分支持各项校本教师研修工作，保证学校各个发展层次教师的研修需求。例如，各教研组开展各类教研活动，邀请专家来校指导，学校邀请高校教授来校为教师们进行课题指导和通识研修，还有教师个人参加市区级研修，外出参加各类教育教学研修及会议，学校都会给予经费支持，保证教师们能够获得自己发展所需要的研修资源。学校每年也会对教育研修优秀成果进行奖励，以鼓励教师积极参与研修，提高研究和探究教学实践的兴趣，如在每年开展的教育教学优秀论文和读后感评选活动中，都会对优秀文章进行表彰奖励。对于优秀的教育教学成果，学校也会对其固化提供经费支持，印刷成册，供教师们交流，这一方面是对成果经验的总结和积累，另一方面也是对以后教师研修资源的物质支持和开发。

三、校本研修的资源建设

校本研修课程全面关注学校不同层次教师的发展需求，为保证研修课程的实施和效果，除了不断丰富已有课程的内容、形成内涵式发展外，还进一步开发和建设研修课程教师资源，并将研修资源的开发分为校内和校外两块。

(一)资源整合

1. 学校外请专家、学者的引领作用

校外专家、学者的高位引领，能够帮助从事一线教学工作的教师学会理性地反思自己的教育教学工作，关注并尝试解决当前教育改革中的前沿问题，将先进的教育教学理念运用到教学实践中，改进课堂教学。校外专家资源的开发主要分为三类：研究教育理论和学科教学的高校、科研院所教授专家，主要来自北京师范大学、人民教育出版社等；从事中小学教科研的市区级教育科学研究院所的研究管理人员，主要来自北京市教科院、海淀区教科所；从事一线教学研究工作的教研员，主要来自海淀区教师进修学校。

除此之外，学校本身处于高校聚集的海淀区，周围高校、科研院所群立。我校作为革命老校，利用地理优势，学校经常邀请国防大学、中国社会科学研究院等的专家和教授来校进行有关国内外局势、经济发展等社会热点问题讲座，自 2011 年年初至今，已举办至少 6 场国防类讲座。同时，学校还关注高端文化对师生的熏陶，诺贝尔奖获得者、国家部委领导、著名作家等都曾到校与师生开展交流活动，提升了教师个人素养与品位。部分专家及课程如表 8-1 所示。

表 8-1　校外专家交流活动列表

姓名	课程名称
史根东(可持续教育全国委员会执行主任)	精品课堂探索之道
梁育民(教育部考试中心主任)	"教育评价"学术讲座
裴娣娜(北京师范大学教授)	学生学习力与学科建设研究
周国平(著名作家)	阅读与青少年精神成长
金一南(国防大学教授)	苦难辉煌——对国家和民族命运的思索
邱　勇(清华大学校长)	秉承科技精神　创造实际辉煌
王小谟(国家最高科技奖获得者)	科学与艺术的对话
罗　滨(海淀区进修学校校长)	课改深入推进与学校准备

2. 学校内部名师和骨干教师的带头作用

校本研修中，教师不仅是被研修者，而且是研修者。北京一零一中学聚集了一批特级教师、市级骨干教师、学科带头人和一大批热爱教学、研究教学的骨干教师。我们认为每位教师都有所长，而且作为同事和前辈，在研修中具有一定的"地理优势"，更容易发挥榜样作用，能有力带动教研组甚至是年轻教师的发展，是校本研修课程资源中非常宝贵的财富。因此，将学校骨干教师、教研组长作为课程开发的主体，尤其是在职初教师的研修中，发挥其指导和亲身示范作用，有利于青年教师的快速成长。

3. 支持和组织教师外出研修学习

虽然北京市是全国的教育中心，海淀区又是北京市的教育中心，我校具有优质的校本研修资源，一直走在教育发展与改革的前列，但让教师走出去，参与学术交流活动，与全国各地的教育者们进行交流，能开拓教师的教育视野，为学校教育教学的发展提供新的角度。因此，借助课题、科研会议，组织教师，尤其是教学骨干和青年教师外出学习，是校本课程资源的重要组成部分。例如，2011年学校组织年级组长赴上海参加"第二届班主任名家论坛"；2011年组织7位青年教师赴上海参加第一届全国中小学"课堂改进"大会；2014年派"学习力"课题组骨干教师赴河南开封参加"我国基础教育未来发展新特征研究"第六届校长论坛等。此外，学校还选派于元、李岩、霍艺红、张景徽等英语组教师赴英国孔子学院任教；毛筠、孔繁华、陈争、安军、李爱民、于元等教师参加市区级项目到国外学习交流；国际部金梓桥、何琪等教师到国外学习交流以及依托国际部的培训与交流。

4. 学校自主研发的校本研修资源

我校注重对自身研修师资的挖掘，结合教师发展的一般需要和我校特色开发了一批教师校本研修课程，如职初教师通识研修讲座、职初教师常态课展示与点评、特级教师思想论坛等。同时，也十分注重对学科教学、学校管理和德育方面研修案例资源的积累，形成了一批教师校本研修课程和教材，如《北京一零一中学初（高）三教学工作总结》《高中新课程改革总结暨新老初（高）三交接会教学工作会议材料》《北京一零一中学高考工作方案》《北京一零一中学初中教师基本功研修指南》《北京一零

一中学教坛新秀 教学能手 校学科带头人教学案例集》等。这些校本教材是学校教师们智慧资源的积累，其成果得以在全校教师范围内学习和交流。例如，《北京一零一中学初（高）三教学工作总结》就是上一届毕业年级各学科备课组的工作总结以及教师总结出的毕业年级各学科复习策略。这本总结会在学校每年的新老初（高）三交接会上发放给下一届毕业年级的教师们，为新毕业班的任课教师们提供经验借鉴和指导。

（二）校本研修课程建设

北京一零一中学教师发展结合学校实际情况、办学特色，教师专业发展的教育教学规律和现实需要，并根据对不同层次教师的需求分析，有选择地开展具有针对性的纵横网络式的研修课程。学校设计并落实本校研修方案和相关课程，课程设计主要包括以下三个层次五大领域。

1. 研修课程体系：三个层次五大领域

三个层次：从宏观层面出发，教师研修主要关注高端研修，如国家大政方针、社会经济发展趋势等；从中观层面出发，教师研修关注新的考试招生制度改革背景下的学校实施策略研修，如管理创新、课程建构等，关注新信息技术对教育的推动作用，如云端课堂、翻转课堂、微课等；从微观层面出发，教师研修主要关注课堂教学的策略选择与模式创新，如课例研究、教学模式等方面。

五大领域如表 8-2 所示。

表 8-2　教师培训体系表

北京一零一中学教师培训课程体系															
教师基本功				教育教学理论				教育教学实践				情怀与视野		身心健康	
学校历史与文化	专业理念与师德	学科资源整合	职业素养与底蕴	教育学与心理学	课程标准解读	学科有效教学	领会教改思想	课堂教学实践研究	教育教学评价研究	学法指导实践研究	学科课程建设	提升个人修养	了解政经现状	学习国家政策	解读国际形势	心理健康调试	职业幸福认知	健康生活培养	人际交往能力

2. 研修课程内容

以教师基本功为主的课程系列。课程内容主要关注学校历史与文化、专业理念与师德、学科资源整合、职业素养与底蕴等方面。开展形式主要为讲座和评比活动。

以教师教育教学理论为主的课程系列。课程内容主要有教育学与心理学、学科课程标准解读、学科有效教学、领会教改思想等。教师的教学需要有理论的指导才能有方向，进而才能走在改革前面。除各教研组开展的学科研究活动外，学校开展全校性质的教育理论讲座、研讨会和围绕课题研究开展的交流活动，也会发放相关教育书籍供教师们自我学习。

例如，每年2月底，学校召开教育教学年会，邀请校外专家介绍先进教学理论和教育改革热点问题，并设置文科、理科、德育和行政四个分论坛，教师们围绕年会主题开展与自身学科相关的汇报、研讨活动。引导全校教师关注科研、重视科研、参与科研。

此外，围绕学校开展的课题研究，定期邀请北京师范大学、北京教育学院、人民教育出版社、海淀区教科所等高校、研究院所的教授和专家开展具有针对性的课题工作会专题讲座，为具有科研意识、科研能力和科研愿望的教师提供交流、学习的平台。表8-3为2012—2015年教育教学年会信息。

表8-3 2012—2015年教育教学年会信息表

时间	年会主题	主论坛发言
2012年2月	为了学生的自主发展（关于学生的道德自律性与学习自主性）	程方平：学校文化建设与特色发展
2013年2月	为了学生的自主发展与成长（学科教学及学生德育）	李晓风：学问和素质 张鹤：让教学富有意义 王春易：从学科教学走向学科教育
2014年2月	为了学生的自主发展	裴娣娜：学生学习力与学科建设研究
2015年2月	学生自我发展与学科学习力提升	罗滨：课改深入推进与学校准备

以教育教学实践课程为主的课程系列。课程内容主要有课堂教学实践研究、教育教学评价研究、学法指导实践研究、学科课程建设等。教师是提高学校教学质量的关键，而教学是教师的主要工作，也是教师能力得以体现的机会。设计针对不同层次教师的课堂教学设计活动和课程，促进教师专业基本功和教学智慧的进阶式发展。

具体如下：针对刚入职教师的跟踪性诊断听课活动、针对入职一年教师的常态课展示与点评活动、针对入职两年教师的常态课特色评比活动、针对区级骨干教师、学科带头人的骨干教师研究课、针对特级教师的名师思想论坛活动。同时，学校也会组织"课例研究"征文活动，鼓励教师对自己的研究课中的教学问题进行聚焦和研究，对教学经验进行总结和提升，进而达到改善教学、提高教学能力、积累智慧成果、分享有效经验的目的。

以开拓战略视野与家国情怀为主的高端讲座系列。课程内容主要有提升个人修养、了解政经现状、学习国家政策、解读国际形势等。

作为一所具有深厚文化底蕴和历史的老校，北京一零一中学不仅关注教师的专业发展，而且关注教师作为一个社会人的责任意识。开展全校范围的讲座引导教师关注国际局势、关注国家大事、也关注个人身心健康，与"建设一支德才兼备、国内领先的教师团队"的目标相契合。

以关注教师身心健康为主的课程系列。课程内容主要有心理健康调试、职业幸福认知、健康生活培养、人际交往能力等。特别是教育管理为主的班主任队伍的身心健康。学校不仅关注班主任的教育、班级管理理论和能力水平的提升，还关注班主任个人的身心健康，通过组织各类教育类讲座、班主任工作交流会和研讨会，班主任积极心理学研修活动等，为班主任和其他任课教师提供专业支持和服务，也是为学校德育工作提供支持。

此外，还有其他非一线教师的业务能力建设系列。学校的安全保卫、宿舍管理、图书馆、食堂、教育处、教学处等教师每学期都会进行有主题、有目的、有指向实操的研修。学校也会对这些教师外出参加业务提升的研修提供支持。

四、校本研修的具体实施

北京一零一中学根据不同发展阶段教师开展了不同范围、不同形式、不同内容的教师校本研修，分为基于能力的理论学习、基于创新的教学变革实践、基于个性化发展的自主学习、合作研修。

（一）拓宽研修渠道，创新研修方式

分类推进，让校本研修满足不同类型干部、教师的发展需求。教师研修主要分为管理干部研修，如教学干部、德育干部、教务干部等；一线教师研修，如名师（特级教师、市级学科带头人和骨干教师）研修，骨干教师（区级学科带头人和骨干教师）研修，青年骨干教师研修和职初教师研修等；职员研修，如针对教育处教师、教学处教师、教务处教师、总务处教师等的研修，每项研修的目的、内容、形式、预期成果等各有侧重。

1. 全校教师的通识研修

学校通过组织集体学习来引导、推动教师更好地发展与生活。主要包括：全校讲座（每学期 6 学时），关注教师职业道德、社会热点、教育教学改革前沿、生活与健康、高端文化等问题，保证教师与时俱进。表8-4 是学校"十二五"期间开展的部分讲座列表。

表 8-4 "十二五"期间部分讲座列表

学年	课程名称	研修教师
2010	丰富多彩的生物多样性	全体教职工
2010	中科院院士曹春晓先生报告会	全体教职工
2010	当代著名作家、学者周国平讲座	全体教职工
2011	辛勤耕耘结硕果　开拓进取谱新篇	全体教职工
2011	百年苦难，延续辉煌	全体教职工
2011	科学引领社会思潮——增强社会主义意识形态主导力	全体教职工
2012	秉承科技精神　创造世纪辉煌	全体教职工
2012	周边国际形势报告	全体教职工
2012	我的长征路——少年时代的回忆	全体教职工
2012	创新与企业家精神	全体教职工
2012	世界航母百年与中国航母元年	全体教职工
2013	科学与艺术的对话	全体教职工
2013	中日钓鱼岛之争与中美博弈	全体教职工
2013	银河系教育的探讨及其重要性	全体教职工
2013	中国古代诗歌与人文素养的培养	全体教职工
2013	让朗读丰富我们的人生	全体教职工

续表

学年	课程名称	研修教师
2014	学生学习力与课程建设	全体教职工
2014	世界局势	全体教职工
2014	运动与健康	全体教职工
	……	

2. 以教研组为单位开展的教学研修

针对特定教师群体的发展需要，教研组及学校教育、教学、教科研部门也会组织专题讲座，对教师进行业务研修和教育。表 8-5 是学校"十二五"期间各教研组开展的部分讲座列表。

表 8-5 "十二五"期间教研组开展的部分讲座

学年	课程名称	研修教师
2010	感受英语，应用英语，享受英语	全体英语教师
2011	政治教学与人生规划	全体政治教师
2011	研究性学习研修	研究性学习中心组教师
2011	希腊人的求真精神	部分教师
2011	校本课程开发研修"课程建设与成果评选辅导"	部分教师
2012	可持续教学模式专题讲座	课题研究组教师
2012	认识数学 感悟数学	全体数学教师
2013	"初中语文作文教学"讲座	初中语文教师
2013	"文化生活"模块专题讲座	全体政治教师
2013	如何做好结题阶段的研究	"十二五"课题负责人和研究参与者
	……	

此外，我校中层以上干部都有各自联系的教研组，定期参加组内的活动，如期中总结、学科教师或学生活动等。各个备课组每周活动一次并做好备课组记录，许多大型的学科活动都是以备课组为单位开展的，如七年级语文备课组的赛诗会、八年级物理组的"智慧加速度"、七年级和八年级英语组的书法比赛以及高二英语组的"英语节"以及高二语文组的"古韵今声"等。

我校以各级研究课、交流展示课和组内相互听评课的形式加强学习，提升专业素养。每个学期期中期末都会对学科公开课、相互交流听评课数据进行统计并总结。

3. 毕业年级教师研修

学校也注重对初、高三年级毕业班教师的提升引领作用，开展各类初、高三考试分析、研讨活动。各学科根据需求提出申请，学校邀请专家做有针对性的讲座或课堂实践活动的指导，尤其在初、高三年级学期末，开展"新老交接会"，并印制《北京一零一中学初（高）三教学工作总结》，对毕业年级各学科教学工作、班主任工作、年级组长工作进行总结，将有效经验传递给下一届毕业年级的教师们，充分实现"传帮带"，加强年级间的交流，以及初高中学段间的交流，也能增强集体荣誉感。

4. "名师"论坛引领教师自我发展

为了整合"本土化"与"输入型"教育思想，为北京一零一中学教师团队专业发展提供文化供给，2014 年，教师发展学校开设了"北京一零一中学特级教师系列论坛"，旨在为学校特级教师、市级学科带头人和骨干教师等名师交流、分享自己的教育思想提供平台，为全校教师的专业发展提供文化支持，同时丰富学校的办学文化。我校体育特级教师、体育教研组长丁玉山老师担任论坛首位主讲人，以"走探索、创新之路，做博雅型体育教师"为主题分享了自己的教育思想和教育成果。严寅贤副校长主持论坛，学校领导干部与全体教师聆听了报告。2015 年 5 月，我校语文特级教师、教学副校长程翔召开了"程翔语文教育教学实践研讨会"，大会主题是"做有灵魂的教育，教有学理的语文"与会者现场观摩了程翔老师的语文课"锦瑟"，亲身感受程翔老师的教学魅力。课后，程翔老师做了题为"探索学理观照下的语文教学之路"的报告，回顾了自己在语文教学中探索学理的思考、研究与实践。

5. 班主任研修

班主任的研修和交流是提高班主任工作水平的重要途径，学校教育处专门负责开展班主任研修工作。

全体班主任集体研修。每月进行一次班主任例会，以会代培，进行管理和相关工作方法的研修。每年 11 月 3 日、4 日外出一次进行集中的专题研修，请相关专家讲班主任管理方法和理论以及积极心理学的相关研修。

此外，还开展了具有文化意义的班主任系列活动，如邀请曹氏风筝工作坊的教师教班主任及家属做风筝，邀请学校厨师教授如何制作面点，增加教师对传统文化的了解。

新班主任研修。一般利用中午时间，就基本的日常管理和学校常规要求，以及班级文化建设等进行研修，参加人员为当年新调入、新入职的大学生班主任，或前几年调入而初次当班主任的老师。

例如，新的学年，学校德育处会组织新高一、七年级班主任进行心理团体辅导，旨在促进班主任队伍凝聚力建设，同时也帮助班主任将活动中的体验和经验带到自己的班集体建设中。

自主学习。要求班主任完成工作随笔、专题讨论心得、班级活动方案设计、教育个案研究、班主任论文等作业。学校每年也会向班主任征集教育论文，进行评比并集结优秀论文成册。

班主任工作主要以讲座、交流和实践的形式，通过新老班主任师徒结对、优秀班主任专题讲座、年级组长会等活动开展诸如班集体建设、班级教育活动、班主任工作艺术等专题研究和探讨，促进班主任明确新时期班主任工作的新特点、新要求，建立先进的教育理念，掌握当代青少年思想政治工作和思想道德教育的基本方法，提高班主任工作艺术水平，促进我校青少年健康成长。

（二）研培结合，让校本研修找到前进的航标

多层次、多形式的课题研究能够更新教师教育观念，提高教师教学水平、科研水平及知识能力结构，推动教师的专业发展。学校教科研室关注不同教师的能力、特长及发展需求，在广泛宣传科研工作的同时，又重点关注具有潜力的科研型教师，通过课题研究帮助教师获得专业提升。学校设立"国联杯"，以表彰每年在课题研究和课程建设方面有突出表现的教师。

1. 学习力课题研究

北京一零一中学自 2014 年 3 月正式加入"学生学习力与学科建设研究"课题，该课题是"我国基础教育未来发展新特征研究"的子课题"学生学习力与课程建设研究"，是国家级重点课题。教科研室具体推进、管理，采用专家引领下的分学科、分阶段、螺旋式推进模式，采取分学科研讨→跨学科交流研讨→全校交流研讨等形式。截至 2015 年 4 月，语文、数学、外语等 13 个学科全部参加到研究当中，形成并不断完善各学科《学生学习力与课程建设纲要》的文本。

各学科组在研究中加深了对学科本质以及课程建设的理解，挖掘出北京一零一中学学科发展的特色，梳理和总结了学科课程体系，也对以后学科课程建设需要改进和完善的地方有了较为系统的思考。

在整个研究过程中，每一位参与的教师都付出了巨大智慧和努力。教师们从最初对"学习力"概念的陌生，到慢慢地理解，最后形成了自己对"学习力"的理解和具有北京一零一中学学科特色的解读。在教学间隙，各教研组积极组织组内讨论，通过不断的分享、提问和质疑，形成了现在的 13 个学科的《学生学习力与课程建设纲要》文本。有的学科在这一年内，多次参与校级研讨会，从不同学科的讨论中获得启发，不断修改、丰富自己的文本，经过至少 5 次的打磨才形成目前相对成熟的《学生学习力与课程建设纲要》。同时，令人感到欣喜的是，参与学习力研究的教师们，尤其是《学生学习力与课程建设纲要》的执笔人中，很多是学校的青年教师，体现了自身的科研优势和创新精神。对于学校而言，我们收获的不只是这些文本，不只是各学科对于自身学科发展的认识和规划，还有青年教师们的成长，以及研究过程中对学科教师队伍的建设成果。

2. 可持续发展课堂教学模式探究

"十二五"期间，我校参加了"可持续发展课堂教学模式探究"的课题研究。教师通过专家引领，教研组、备课组的具体研究，经过课堂教学实践和反思，形成新的见解。例如，在 2013 年由中国可持续发展教育（ESD）组织的第二届"教育促进可持续发展"评选中，职初教师贾婧婧、李佳、闫霞、马小娟提交的案例和论文获得"2013 年中国可持续发展教育优秀案例/论文"一、二等奖。

3. 学科能力"高端备课"项目

学科能力项目是指通过课堂教学培养以及探查学生在解决核心问题时所用到的"学习理解""应用实践"以及"迁移创新"等能力。

"高端备课"项目是北京师范大学化学教育研究所于 2008 年创建并实践的一种基于专家支持与同伴合作的校本和区域教研模式。该项目基于培养学生学科能力，开展促进学生认识发展为本的教学设计与实践为核心理念；以学科核心内容的教学问题诊断及有效教学策略为研究单位；以专家支持的研究性集体备课为方法手段；以学生的认识发展效果为证据；以多元化的教学设计研究和教师专业发展共同体为平台；基于专家支持和现代科学教育理论和方法指导；基于对核心问题的研究进行教学设计和改进，将理念与教学行为的转化由备课（教学设计）这个桥梁来达成。以开放性和实效性兼顾的课堂教学促进学生相关科学素养的发展。

4. 其他课题研究

"十二五"期间，我校还参与了"核心价值观视阈下世界遗产教育实施策略研究（子课题：通过世界遗产教育培养学生尊重文化多样性核心价值观的实践研究）""非物质文化遗产校园传承研究（子课题：通过三级课程整合开展京剧教育的研究）""基于新课程理念下学案导学教学模式研究"市级课题，以及海淀区"十二五"规划课题等课题。

课题研究既有教研骨干教师带领下的教研组团队合作，还有 13 个学科教研组参与的全员研究。一批青年教师成为课题研究的骨干力量，并迅速成长起来。

在"世遗课题"优秀成果评选中，职初教师历史组李凯提交的论文和课例获得一、二等奖。

职初教师语文组杨海威老师设计并执教的教学课例"沙之书"获得了国家社科基金"十一五"教育部重点课题"我国基础教育未来发展新特征研究"第六届校长论坛教学课例评选一等奖。

教师通过这些课题的研究，充实了个人，丰富了研究履历，获得科研、论文等奖项，加深了学科认识，提升了专业能力。对于学校而言，促使教师对学科教学、课程有了深入的反思，促进了学校学科的发展和教师队伍的建设，形成了一批校本教材和有关学校学科课程建设的研究成果，成为学校办学成果的一部分。

此外，2011 年 9 月至 2014 年 9 月，我校教师还有自己申请的中国教育学会、全国教育科学"十二五"规划教育部重点课题等课题共 66 项。

5. 学校特色发展课题

除了专门以提升教师教育教学能力、科研能力的课题研究外，学校还参与或开展的其他特色项目课题，使教师们在研究和实践课程改革和人才培养问题上，更新了理念。更重要的是，紧跟教育改革的步伐，促使教师积极的认识改革、深入地思考人才培养问题，这对于未来教师的发展而言无疑是十分重要且必要的。

（1）实施自主课程实验项目

北京市自 2007 年决定在部分普通高中学校进行自主课程（排课）实验。在综合研究办学条件、师资力量、管理水平等多方面因素的基础上，北京一零一中学申请成为该实验项目的实验校并获得市教委的批准。

自主课程实验的整体思路：守正出新，稳步推进，促进发展，彰显特色。

自主课程实验基于学校特色发展的目标定位，基于学校人才培养的目标定位和校本目标发展和特色创新，积极探索和解决实际工作中的各种问题，提出具体可行的实施办法，建立以校为本的教研制度和在学校层面发现问题、研究问题、解决问题的工作机制，从而创造性地实施普通高中新课程方案，达到实验与验证、研究与探索、启示与服务的目标。

北京一零一中学在市区教委的领导下，明确目标，精心准备，科学规范地实施此次课程改革，制定了《北京一零一中学自主课程（排课）实验方案》，以优化学校课程体系与结构，深化课程教学改革为目标，不断提高课程建设水平和课堂教学质量。

在自主课程实验的深入开展阶段，北京一零一中学的自主课程实验结合国家级教育体制改革项目：高中特色发展项目的推进，在建构校本化的自我教育课程特色，国家课程校本化的有效实施及校本课程的开发、管理、实施上都做了大量的工作，促进了学生的自主、多元、个性发展和学校特色发展。

（2）以"自我教育"理念为核心的人才培养模式实践研究

学校制定了"以'自我教育'理念为核心的人才培养模式实践研究"为主题的项目实验方案，打造学校的特色发展。明确了自我教育的目标：一是追求个体的自我实现；二是超越小我，实现大我。

学生发展目标日趋多元，人才培养模式需要创新，只有实施开放、自主、多元的个性化培养，才能满足学生多样化的发展需求。

项目试验总目标：学校以自我教育理念为指导思想，逐步建设起可支撑的课程体系和行之有效的管理模式，在"以自我教育理念为核心的人才培养模式"方面取得可供推广的经验。教育教学课题研究取得研究成果在全校逐步试点，最终在各年级、各学科全面推广自我教育理念下的教学模式；探索出针对学生个体实施自我教育的有效德育模式，形成特色鲜明的自我教育理念下的人才培养模式。

（三）项目引领，建构多元的研修平台

"教师专业发展链式引领项目"（以下简称链式项目）是由我校教师发展学校设计，通过将不同发展阶段教师结成一条"链锁"，相互引领，开展常态的、内涵丰富的课堂教学与研究活动，同时开展与之相关的其他学术性研究活动，以求不同层次教师的共同发展和个性化发展。

1. 链式项目案例一：职初教师研修

对我校职初教师而言，已有了一定的理论知识，其发展的关键在于怎样尽快实现理论知识与教学实践的衔接。我们对职初教师研修的基本思路是充分利用校内资源，使新任教师尽快成长起来。新任教师研修主要依托学校展开，在两年内完成，主要包括通识研修讲座、基本功评比、新任教师诊断性听课、常态课展示和教学特色评比等。

（1）通识研修讲座

教师发展学校设立在职特级教师、市级学科带头人、市骨干和部分离退休教师讲师团，开展有指导价值的系列主题讲座，包括对学校基本情况的介绍、教师职业道德、教育管理、教学常规和教学基本功等方面。讲座利用教师下班后的时间，讲座时长控制在一个小时以内，平均每个学期开展近 10 次讲座。参与人员为入职 1～2 年的全体职初教师们。

通识研修讲座力求在不影响教师正常教学秩序、不增加教师工作负担的前提下，尽可能地将最精华的内容与职初教师们分享，帮助职初教师顺利走好教育教学的起步阶段。表 8-6 为部分讲座列表。

表 8-6　职初教师研修部分讲座列表

专题	专家
北京一零一中学历史	潘明娟
教之有道效前贤，师者无私启后昆——教师职业道德	汪瑞华
用生命拥抱教育	严寅贤
惩戒是一门育人的艺术	严寅贤
教师职业认识与规划	王燕英
教师专业发展（教学设计、板书、演讲等）	程　翔
一辈子当老师，一辈子学当老师	程　翔
学校课程建设与教学常规	熊永昌
班主任素养	刘子森
如何开好家长会	毛　筠
班主任工作	霍艺红
教师演讲研修	杨海威
教学设计	陈　争
青年教师成长经历——成长、责任	于　元
青年教师成长经历	方　明
……	……

（2）常态课展示与点评

为提高青年教师的教学基本功，探索课堂教学特色，使青年教师经历"公开课"的初步锻炼，借此促进青年教师对常态性优质课的感知与认识，学校在每学年第一个学期针对已入职一年的职初教师开展常态课的展示和点评活动。职初教师上课时，要求其所在教研组教师和教师发展学校的职初教师们听课，并填写听课反馈表，与上课教师交流自己的观点。

学校会提前一周通知主讲教师，要求职初教师课前提供教案，课堂上必须有必要的板书。若有课文诵读等，需由主讲教师自己诵读，不得播放录音等。在点评前，要向评价小组"说课"。设立展示课听课与评价小组，教研组长和教研组教师根据课堂实录进行点评。教师发展学校也会组织职初教师们一同听取教研组的评课。

（3）常态课特色评比

本项活动设立"青年教师常态课教学特色奖"，目的在于让主讲教师扬长补短，让其他教师博采众长。奖项包括：优秀课堂教学设计奖、优秀课堂教学导入奖、优秀课堂教学板书奖、优秀课堂教学课件奖、优秀课堂教学提问奖、优秀课堂教学调控奖、优秀课堂教学语言奖、优秀课堂观察奖、优秀课堂教学师生互动奖共9项。

在此项评比中，职初教师都非常重视，积极与师傅交流、打磨教学设计。通过常态课展示和点评工作，职初教师能够更深刻、直观地感受和认识自己的教学长处和不足，评审团的评委老师会就课堂上出现的问题给予改进建议。而且，不同于一般的"师徒"听课，这种评比能对职初教师起到更大的激励作用。

（4）板书与演讲比赛

这是我校职初教师研修的一项特色活动，旨在通过评比活动帮助职初教师夯实教师基本技能。本评比活动安排在每学年度的第二学期，活动对象为当年入职的新教师。此时，职初教师们经过一个学期的教学工作，初步积累了教育教学经验，开展评比活动一方面是对过去工作的总结和反思，另一方面也能发现自己的优势和不足，从而为下一阶段的发展方向提供指导。虽然评比并不是为了竞争评奖，但是学校制定了较为严格的评比办法，由学校成立评选小组，聘请学科专家及教研组长担任指导教师和评委。具体评比说明如下。

板书评比：板书是教师粉笔字的展示，更是教师对教材文本的理解和分析、对学生学习认知规律的把握以及教学设计能力的重要体现。即使信息技术使得课堂更加现代化，板书仍是一项非常重要的教学能力。每位参评教师在指定时间内（15分钟），完成自己设计的一节课的板书。学校以电子图片形式留档并放在校园网上，请评委会成员和学校其他教师参与评分。

即兴演讲：为了锻炼职初教师的逻辑思维、语言积累、表达能力和临场应变能力，研修设计了即兴演讲比赛。学员演讲的主题和出场顺序当场抽签决定，准备时间5分钟，演讲时长5分钟。设置的演讲题目关注教育改革、师德、教师发展等问题，如与时代同行、读书铸就备课灵魂、育人——人生路上的风向标、我的教师梦、感谢你们成就我的人生、热情＋坚持＝可能、鼓舞和唤醒——教育的艺术等。

职初教师演讲比赛评分表（百分制）如表 8-7 所示。

表 8-7 演讲比赛评分表

评分项目	评分标准	分值
演讲内容	内容充实、新颖，事例动人，贴近生活，富有鲜明时代感 主题鲜明、深刻，观点正确，见解独到，符合主题内容 逻辑严谨，结构完整合理，层次分明，用词精练	40 分
语言表达	发音标准，声音洪亮，口齿清晰，语速适当，表达流畅 节奏把握得当，演讲技巧运用自如	30 分
仪表形象	精神面貌好 仪态端庄大方，举止自然，动作适度 着装整洁，大方得体	10 分
综合效果	思想性与艺术性、内容与表达和谐统一 具有较强的吸引力、感染力和号召力，鼓舞性强，能较好地 与听众感情融合在一起，营造良好的演讲效果	15 分
演讲时间	演讲时间为 5 分钟 计时从"我演讲的题目是"开始	5 分
总分		
评委签字		

职初教师板书比赛评分表（百分制）如表 8-8 所示。

表 8-8 板书比赛评分表

评分项目	评分标准	分值
结构	布局合理、美观大方，主副板书位置恰当 条理清楚，逻辑严密，大小适宜，前后照应，体现全部教学 过程 板书设计符合学生的认识规律	30 分
内容	教学内容整体表现好，把抽象的知识具体化、形象化，具有传 播示范作用 内容全面连贯，完整地呈现了主要知识内容，体现了教学流程 重难点突出，利于学生理解和掌握知识，利于激发学生学习 兴趣	30 分

评分项目	评分标准	分值
效　果	书写规范、工整美观、用词恰当，字迹大小适宜，疏密得当，标点正确无误 设计独特，巧妙新颖，图文相符，绘图规范，布局合理，线索清晰，令人赏心悦目 繁简得当，流畅、匀称、美观，视觉冲击力好，能使人看上去一目了然，留下深刻印象 没有错别字，标点正确，间距适中，层次性强，连贯性好	30分
时　间	按时完成	10分
总　分		
评委签字		

（5）"青蓝工程"——师徒结对

除了教师发展学校设计并实施的一系列职初教师研修活动外，学校教学处还通过师徒结对的方式，为职初教师配备一名教学师傅和一名班主任师傅，对职初教师进行一对一的教学、教育能力的培养。每学年度举办师徒结对启动仪式及上一学年优秀师徒表彰会，颁发"青蓝工程"优秀青年教师和指导教师证书，总结和鼓励职初教师的工作与发展。

（6）新任教师诊断性听课、评课工作

职初教师入职的第一个学期，教科室领导、教师与教研组长、备课组长、教学师傅一起组成听课小组一起听课，并做深入细致的分析研究，使新任教师迅速发现自己教学中存在的问题，找到改进方向，尽快适应教学工作。

（7）研修效果

到目前为止，我校针对职初教师研修到教师发展学校已有九期学员，在每一年的研修过程中，我们结合学校"自我教育"的理念，不断调整、总结、反思研修的过程和成效。

近年来，方明、杨海威、郝迪等老师分别获海淀区班主任基本功大赛一、二、三等奖；花蕾、贾婧婧、许伟杰、王昱甥、孙淑松等老师获海淀区中学教师基本功比赛一等奖；贾思雨老师还获得 2014—2015 北京市基础教育科学研究优秀论文奖一等奖；有的教师也在国家级期刊上发表教学论文。2015 年 5 月，在我校召开的"全国初中质量建设大会"

中，我校 2012 年、2013 年入职的四位职初教师积极承担了公开课任务，获得与会领导教师们的肯定。

从职初教师们 2～3 年研修的反馈和实际工作成绩来看，这些教师成长迅速，实现了研修初期的目标，提高专业水平，推进自我发展，为以后的发展奠定了坚实的基础，很多教师已成长为学校的青年骨干。

例如，教学副校长、语文特级教师程翔为职初教师做了关于教师专业发展的第一堂讲座。程校长主要从教学专业技能角度对职初教师提出了殷切期望。首先是板书设计，许多年轻教师对板书在教学中的地位认识不足，事实上，它的生成性是现代技术（如 PPT）所不能比的；其次是教学语言艺术（或者我们可以称之为演讲式的语言），在教学过程中，这种演讲式的语言往往具有极强的感染力，如能与教学内容有效结合，无疑会取得良好的教学效果；最后是教学设计，它包含两方面的内容，即"教什么"和"怎么教"。教师要从学生的角度出发来设计教学内容和教学步骤，激发学生的学习兴趣。程校长还为大家准备了一段演讲，声情并茂，深入浅出，深深吸引了每一位教师。讲座结束瞬间，大家情不自禁地鼓掌致敬。

在职初教师培训反馈表中，教师们都不约而同地提到了程校长的这句话："教育教学是有灵魂的。"教师们从不同的侧面表达了对程校长精彩讲座的喜爱以及对系列培训讲座的期盼，纷纷表示，要以前辈为榜样，在教育教学上更上一层楼！

此外，熊永昌副校长主要从学校教学管理和个人专业发展两个角度对职初教师提出了殷切期望。学校教学管理方面，熊永昌校长指出，职初教师的发展应该遵循教学规律，与国内教育形势、学校发展方向相结合。我校在北京市率先推出了"有效教学控制标准"，教师们要熟悉这个标准，并把它运用到教学实践中去。个人专业发展方面，熊永昌校长提出衡量好教师的三个"一"标准，即"一堂好课，聚焦课堂；一篇美文，以研领教；一群高足，以学定教。"要做一个专业出色的老师，就要围绕"课堂"做文章。熊永昌校长的讲座既有理论高度，又有案例支撑，教师们听得津津有味。讲座结束，教师们不由得鼓掌致敬。

德育副校长刘子森为职初教师做了关于教师专业发展的第三堂讲座。刘子森副校长主要以案例的形式讲述了班级管理策略，特别是对班级管理中的难点（如个别生教育）提出了建设性的建议；同时，也对职初教师提出了工作要求和期望。

在职初教师的培训反馈中，教师们都不约而同地提到了刘校长的这句话，"班主任工作是心灵与心灵的真诚交流"，表达了对班主任工作在教育教学中重要地位的高度赞同。此外，教师们还从各自的工作经历及感悟出发，表达了对系列培训讲座的期盼。更有教师提出，希望在讲座中增加互动环节，让职初教师得到优秀教师一对一、面对面的指点。

2. 链式项目案例二：骨干教师研修

链式项目骨干教师研究课活动旨在展示我校的海淀区学科带头人、骨干教师的教学艺术、教学思想和教育智慧，帮助骨干教师进行分析、总结，进一步提升骨干教师的专业水平，促进其课堂教学能力的高端发展。探索高质量、轻负担的教学特色，促进我校青年教师对常态性优质课的感知与认识，推进不同层次教师的专业发展。

这项活动主要针对我校海淀区学科带头人和骨干教师。秉承教师自愿原则，每学期开展。上课教师所在教研组、职初教师及教学干部都要参与活动，填写听课反馈表。邀请海淀区教研员、特级教师等进行点评，帮助上课教师磨课，完善教案，改进课堂教学策略，提升课堂教学效果。表 8-9 为已开展的骨干教师研究课列表。

表 8-9　已开展的骨干教师研究课列表

上课内容	研究主题	教师
让幸福来敲门——政府的职能	翻转课堂	郭院丽
弱电解质的电离	促进学生学科能力发展的教学改进	罗克梅
水的电离和溶液的酸碱性	促进学生学科能力发展的教学改进	杨晶晶
三角形中角的问题探究	利用技术进行数学探究教学	张迎春
$y=x+1/x$ 的图像和性质	利用技术进行数学探究教学	卞　震
探究一道习题的其他结论	在探究发现中提升学生的能力	尚晓嫚
压轴题复习——几何最值总结	在探究发现中提升学生的能力	贺丽珍
打点计时器的工作原理	物理学科学习力与课程建设研究	史　艺
不同形状的物体从斜面滚落快慢	物理学科学习力与课程建设研究	方　羽

上课内容	研究主题	教师
功能关系——系统机械能变化的量度问题	物理建模教学模式	周革润
新目标英语 Unit 5 What were you doing when the rainstorm came?	翻转课堂与学生自主学习能力培养	李　岩
牛津英语 8B Unit 5 Blind man and eyes in fire drama（Reading）	有效阅读活动的设计	霍艺红

（四）自主多元，基于个性化发展与教育微创新的研修

北京一零一中学在职专任教师 300 多人，对于这样一个庞大的教师队伍，学校通过"自我教育"的课题向全校教师宣传"自主发展"的理念，帮助教师树立自我发展的职业发展途径。

1. 阅读工程

自我教育方面，学校通过各种形式鼓励教师进行自我学习。例如，学校每年初向全体教师发放图书，教师自主阅读学习，并撰写读后感或学习心得，学校于当年年底评比出优秀的读后感，并集结成册——《绿色教研之窗》。2010—2015 年阅读书目如表 8-10 所示。

表 8-10　阅读书目列表

年度	书目名称	优秀读后感集
2010	《智力的重构》	《绿色教研之窗》第七期
2011	《我的教学勇气》	《绿色教研之窗》第八期
2012	《为什么学生不喜欢上学》	《绿色教研之窗》第九期
2013	《韩立福：有效教学法》	《绿色教研之窗》第十期
2014	《专念学习力》	《绿色教研之窗》第十一期
2015	《学会提问》	

此外，学校通过对教师教育教学成果的固化工作来促进教师反思、总结和研究自己的教育教学工作，学校教科研室每年都会向全体教师征集教育教学论文，经由学校和海淀区教科所进行评审，将一等奖的优秀论文集结成册。在每年召开的教育教学年会上，也会对优秀论文、优秀读后感的获奖教师进行表彰。

2. 课例研究

为促使教师们对自己研究课中的教学问题进行聚焦和研究，对教学经验进行总结和提升，进而达到改善教学、提高教学能力、积累智慧成果、分享有效经验的目的，学校要求教师在进行完研究课的展示和点评后，针对所授课程（及教师认为与研究主题相关的其他授课）撰写一篇课例研究的文章。

课例研究可以从不同的角度进行，可以是问题呈现型、经验分享型，也可以是理论验证型、知识产生型。但需包括以下内容：

主题与背景：能聚焦到研究课中存在的一个研究问题，即文章主题明确；课例研究主题的背景交代清晰，如主题从哪里来，为何选择这个主题进行研究等。

情境与描述：能围绕主题对课堂教学情境进行描述，准确精简，引人入胜。

问题与讨论：能梳理出研究课的问题及其讨论过程，展现出研究的来龙去脉。

诠释和研究：能对问题的研究和解决有概括和提炼，有理性的认识或初步结论，有研究意味。

以下是两篇研究课活动成果展示。

基于读写联动的初中英语——综合技能培养案例分析

毛　筠

【摘要】根据新课标初中英语教学的要求和现状，笔者提出了围绕初中生英语技能的综合训练，我主要采取以听说为基础，以阅读材料为指导，并将它们作为写作的基础，促进学生英语综合能力提高的读写联动教学法，并撰写了相应的教学案例。该教学案例的核心是：先对学生进行课内外阅读理解的教学，并将其作为写作的基础，在阅读理解的基础上，马上进行同步的写作教学。同时，以写作教学的结果（学生写作的文章），作为阅读理解教学效果的检验，从而达到阅读教学与写作教学的联动，促进学生英语综合能力的提高。其优点主要表现在：一是阅读与写作互相促进，同步发展。二是学习效率大大提高。三是极大地提高了学生英语学习的兴趣。四是教学内容与进度易于控制，大小班均可实施。2011年我有机会在英国贝尔语言学校培训，Allan教授对我以读写联动教学法为核心设计的初中生英语技能的综合训练案例进行了深入的分析，本报告就是这次分析的实录与我的思考。

【关键词】英国专家；初中英语；阅读与写作联动；

人教版新目标教材九年级第一单元

How do you study for a test？（Section B）

古希腊生物学家、散文家普罗塔戈说过："头脑不是一个要被填满的容器，而是一个需要被点燃的火把。"怎样才能点燃自身的火把，为学生创设一个良好的、真实的表达的桥梁呢？2011年赴英国贝尔语言学校的学习使我收获颇多，感触颇多，反思颇多！

在培训期间，我们听了英国教授对英国教育体制的介绍，我们走进了课堂与英国的老师、学生零距离交流；我们认真学习了 Allan 老师所教的许多生动活泼的英语教学方法。《新概念英语》的作者认为："Nothing should be spoken before it has been heard. Nothing should be read before it had been spoken. Nothing should be written before it has been read.（不写没有读过的语言，不读没有说过的语言，不说没有听过的话。）"[①]围绕初中生英语技能的综合训练，我主要采取以听说为基础，以阅读材料为指导，并将它们作为写作的基础，促进学生英语综合能力的提高。此次英语培训令我最有感触的是 Allan 教授对我以读写联动教学法为核心设计的初中生英语技能的综合训练案例分析，使我采用读写联动教学法对学生进行技能综合训练有了进一步的认识，为进一步改进和完善方法明确了方向。

一、文献综述

从检索和查阅的资料看，以阅读、写作、口语和听力为基础的各种技能训练的理论文章和专著较多，但根据中国初中生特点的技能综合训练的研究极少。在百度上用"初中英语技能综合训练"做关键词进行查寻，没有相匹配的结果，用"英语技能综合训练"查寻，只有大学以上的英语教学中有匹配结果。按照作者设计的基于读写联动的初中生英语技能综合训练方法，在谷歌和百度上用"初中英语阅读与写作联动教学"做

---

① 亚历山大（L. G. ALEXANDER），何其莘，著 . 朗文外研社新概念英语（新版）(1)[M]. 北京：外语教学与研究出版社，1997：ii.

关键词进行精确检索，除作者的相关文章外，没有相匹配的结果。在中国知网（www.cnki.net）中国知识资源总库中进行检索，作者共选择了7个数据库进行相关检索，包括：中国期刊全文数据库、中国博士学位论文全文数据库、中国优秀硕士学位论文全文数据库、中国基础教育重要报纸全文数据库、中国基础教育重要会议论文全文数据库、中国基础教育期刊全文数据库、中国基础教育优秀博硕士学位论文全文数据库。用"阅读与写作教学联动"为检索词进行模糊查询，结果没有一个检索记录。再用"英语阅读与写作教学"进行模糊检索，共出现35条查询结果，其中去除重复与无关的文章，检索结果共19篇，包括硕士研究生论文2篇，教学案例一个。分析上述文章与网上相近的论文，可以分为两个大类：一是以论述英语阅读与写作教学的关系为主，二是以大学英语阅读与写作联动教学的组织与实施研究为主。另外，在网上检索到北京大学出版社出版的《美国移民——国家地理英语阅读与写作训练丛书（中文版）》，在介绍丛书时，编者特别提到了该丛书采用了"关键概念＋递进阅读＋任务型写作"的编排体例，并且认为这种编排体例能够帮助学生从培养语感和思维方式开始，在阅读过程中自然习得英语写作的规律和特点，从根本上提高学生的综合语言应用能力。

二、基于读写联动的初中生英语技能综合训练方法构想

传统的英语阅读课通常把重点单纯地放在单词、句型结构和语法等基本知识目标上，认为学生们有了基本的语法和词汇就可以形成阅读能力。但在使用人教版"*Go for it*"教材后，面对新教材中的阅读材料，许多老师们突然发现原有的教学方法和经验不起作用了；而学生们更是被动应付，课堂上无声无息，毫无语言教学的激情与互动。而在平时的练习中，学生面对阅读理解题也都以押宝为主，阅读理解的得分率相当低。写作一直是我国英语教学中最薄弱的环节，写作教学在外语整体教学中严重滞后，以致形成了"听到写作学生心烦，见到习作教师头痛"的现象。

笔者自2003年9月以来，根据新课标初中英语教学的要求和现状，一直在探索与总结一种将阅读与写作有机结合起来的读写联动英语技能综合训练方法。这种教学方法的核心是：先对学生进行阅读理解的教学，并将其作为写作的基础，在阅读理解的基础上，马上进行同步的写作教学。同时，以写作教学的结果（学生写作的文章），作为阅读理解教

学效果的检验，从而达到阅读教学与写作教学的联动，促进学生英语综合能力的提高。

基于读写联动的技能综合训练方法，主要依据多元智能理论、建构主义、过程写作和人本主义等理论。其中人本主义是强调发挥学生主观能动性的快乐学习；建构主义强调学生在学习中的主体地位；多元智能强调尊重学习者的个体差异和充分利用优势智能的迁移，特别是将阅读理解中的成果直接迁移到写作教学中，作为写作的基础，从而大大地提高了写作教学的起点水平；过程写作强调写作学习应当成为一种有意图、有意义的学习活动，强调写作学习是一个渐进的过程，侧重点应在注重篇章结构、语法、词汇的同时，加强对写作内容及写作过程的关注。相对于大学的阅读与写作联动教学而言，初中阶段必须考虑学生智能的发展特征，因此尊重学生学习的主体地位，诱导学生多项智能的发展，引导学生优势智能的迁移是高效完成阅读与写作联动技能综合训练方法的前提和根本目的。

（教授分析：教授肯定了我所实践的读写联动技能综合训练方法，该模式符合初中学生学习语言的规律，即语言的输出要依赖于一定的语言输入。阅读的输入，为学生写作的输出提供了思路和样例，使学生的写作有章可依。）

根据上述构想，按照课堂教学学生能力生成过程中信息传递的特点，技能综合训练方法的课堂教学框架示意图如下。

说明：输入与输出一、二为传统教学过程；输入与输出三、四为读写联动后增加的教学过程，从学习信息过程分析，增加了 2 个，同时信息输入与输出的强度大大增强。

（教授分析：本节课流程图的设计在一定程度上体现了以学生为主体的设计思路。教师关注学生的情感需求，认知需求以及社会文化发展需求；教师具有良好课堂管理能力和资源利用能力。但是教师在采用多种教学策略、启发、激励方面还略有不足；教师关注学生个体差异不够。

教授认为以学生为主体的英语课堂教学特点：①学生成为积极主动的学习者；②学生发展学习动机和积极情感；③学生在体验、感知、参与、实践中，发展语言意识及语言运用能力，学生发展想象、思维与创

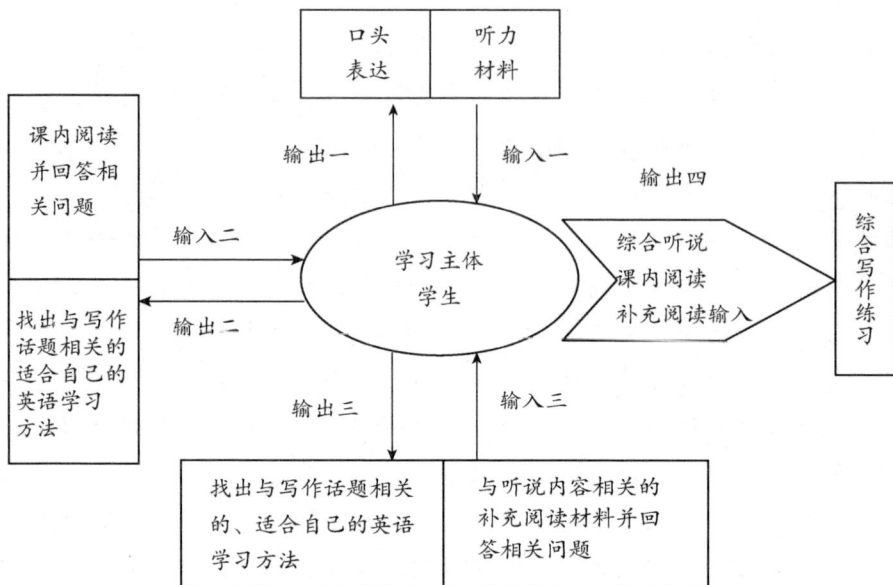

新能力；④学生逐步发展元认知能力；⑤学生发展社会及人际交往能力；⑥学生综合语言运用能力得到发展。

我的反思：以学生为主体的课堂中教师的作用：①教师是积极的倾听者；②教师与学生交流学习的目标和达标的要求；③教师提供学生用英语做事情的机会；④教师允许学生出错，适时帮助修正；⑤教师与学生交流情感；⑥教师给学生提供真实的交流机会；⑦教师创造机会让学生反思和评价自己的学习；⑧教师给予学生选择的机会；⑨教师提供师生、生生互动的机会；⑩教学渗透与其他学科知识的联系。）

三、"How do you study for a test？—Section B"案例分析实录

本节课的学习内容是人教版的新目标九年级第一单元"How do you study for a test？—Section B"。本单元分为 Section A 和 Section B 两部分。Section A 部分是基本的语言内容，Section B 部分是知识的扩展和综合的语言运用。每个单元还附有学生用来自我检测本单元所学的语言知识的 Self Check 部分。

本单元的主要内容是谈论英语学习方法，涉及了学生较为熟悉的自己学习英语的经历。例如，学生在七年级上（Unit12 Which subject do you like best？）喜欢哪个科目及理由。而本课时 Section B 2a，2b，3a 主要谈论学生学习英语的困难和为他人提出学习英语的建议。有关谈论困

难和问题、提建议方面的句型在八年级上（Unit 2 What's the matter?）和八年级下（Unit 2 What should I do?）中学过一部分。

本课时学生学习和掌握的重点：学生能够用所学目标语言谈论学习英语的困难和为他人提出学好英语的建议。

教学难点主要体现为：学生运用所学目标语言，以口头和笔头的形式，针对实际情况，表达学习英语的困难并为他人提供学好英语的建议。

（我的认识：英语新课程标准在教材使用建议的第 1 条建议中指出，教师可以根据需要对教材进行适当补充，以使教材的内容更加符合学生的需要和贴近学生的实际生活。在对教材进行补充的同时，教师可以根据实际情况对教材进行取舍。在进行补充和取舍时，不应该影响教材的完整和系统性。从本节课的教材分析中可以看到我对教材的分析没有停留在本单元、本节课的分析上，而是对教材进行了横向和纵向的分析。例如，在本单元学习之前，七年级和八年级学生都已经学习了那些与本单元话题相关的知识。基于这一点的分析，确定本单元、本节课的教学内容，再根据学生情况对教材资源进行一定的调整和补充，达到了学习内容的有效滚动和衔接。教材内容的取舍、补充是基于学生实际的，因此，很大程度上加强了课堂教学的针对性。）

（一）教学目标分析

1. 语言知识

学习表达谈论自己在学习英语上的问题以及提供建议的句型。

Showing Problems：

I have trouble learning English.

I forget a lot of new words.

I don't understand what people are saying.

I can't get the pronunciation right.

I don't get much writing practice.

Giving Advice：

Listening can help.

Why don't you borrow the tapes?

You can listen to them and repeat …

Why don't you join an English club?

Maybe you should find a pen pal.

2. 能力目标

学生能够运用本单元学习的目标语听懂、读懂有关他人在学习英语上的问题以及解决办法的。

在小组活动中，学生能够运用所学功能句口头、笔头表达自己在英语学习上的困难，以及为他人提供解决问题的建议。

为了达到在本节课学生能够准确地用所学的语言知识，口头、笔头谈论他们英语学习中的问题，并能给予他人一些学习方法，建议这一教学终极目标，本节课采用听和读（语言输入）的方式巩固目标语，同时为学生谈论学习困难和提供建议以及给他人回信提建议的语言输出进行了铺垫。

（教授分析：语言学习内容具体明确，亮点之处是语言学习与能力目标的有机结合，语言知识学习的目标是在听、说、读、写运用中达成的。

我的反思：语言学习过程不是机械学习和记忆语法与词汇知识的过程，而是学生体验、感悟、参与、实践和运用语言进行交流的过程；在原有知识和经验的基础上，通过师生及生生互动建构新的意义的过程；对信息进行提取、加工和整理的过程，是分析问题、解决问题的过程，同时也是认知与思维发展的过程。逐步发展自主学习能力的过程，通过观察、体验、尝试、评价和反思，认识学习过程，学会学习的过程。本节课所设定的教学目标不仅有具体的知识目标，还有很具体的语言能力目标，有操作性。）

（二）学习准备分析

1. 学生准备

本单元是谈论英语学习方法，学生通过 Section A 的学习，已经了解了如何表达自己学习英语的方法。

2. 教师准备

在学习了八年级下（Unit 2 What should I do?）后，我就将九年级上的本课内容调整到八年级下学期来学。本单元正是把以上学过的句型融入新的话题中，并补充新的有关提建议的句型和表示学习方法的词汇、短语。从而进一步达到将所学英语运用到实际生活之中，探讨学习英语过程中的困难和改进措施。

本节课我将阅读文章 3a 的结尾去掉，让学生通过阅读，根据作者的实际，把握作者的态度，写一个结尾，这样既能训练阅读技能，又能为写作做准备，使学生能写出篇章结构清晰、结尾好、主题突出的文章。

（教授分析：本节课教材的使用能够根据学生实际进行适当的整合，加强了课堂教学的针对性。）

（三）教学过程与研究

1. Lead in

（1）Flash 导入：本课前 2 分钟，我为学生准备了一首和英语学习方法相关的歌曲"You and me"，这首歌简单易学，既能引起学生极大的兴趣，又便于学生迅速地进入英语学习的氛围；既活跃了气氛，也为整个课堂教学的师生互动奠定了基础。

（教授分析：教授认为本环节应该取消以便于节约时间。

我的理解：就这一点而言，我当时在英国不同意教授的意见，我认为好的课堂开篇短小精悍，既能达到吸引学生的注意力，引发学生兴趣的目的，也能巧妙的引出本节课的主题。也许母语国家的学生不需要这样的引入。

我的反思：回国后写这篇文章时我又有了新的认识。这首歌放在本节课的开始不是娱乐活动，而是一个类似于"任务型听力"的必要环节。如果本环节以此为目标，那么我应该可以把歌曲引入这个环节做得更好。我可以让学生带着问题来听这首歌，为进一步学习做好准备。例如，What will you learn in You and Me show?）

（2）Brainstorming 提出英语学习上的困难，引入新知识。

课堂实录节选：

T：From the flash we can see that learning English can be fun. However it also can be difficult. What things are difficult for you?

S(together)：Words, sentences, grammar, spelling, pronunciation, listening, writing, reading.

此活动达到了预期的目标。学生谈到的英语学习上的困难为本节课的深入学习做好了铺垫。同时，此步骤也起到了引出新知识的作用。

（教授分析：教授认为这一环节可以改为让每一个学生写出他们各自的英语学习方面的困难，以便使每一个学生都能投入到学习的过程之中。

我的反思：我认为教授提的建议非常好！以前，我总是把写的任务放到每节课的最后一刻，从未想过放在第一个环节；此外，这样设计可以最大化的让每一个学生都能参与到教学活动之中。）

2. Listening 2a，2b

（1）预听：先看题后听音，引导学生在做听力题目前，先描述听力练习中的插图和题干，以便大概掌握题目内容，缩小听力范围，为听做准备。这是听力学习中的预听技巧。

（2）听中活动：引导学生边听边记，既关注细节，又要把握文章的大意，练习运用抓关键词找主旨大意的方法。采用两人一组的形式对答案，既知道了正确答案，又进行了目标语言的机械训练。

（3）听后提高：让学生听后跟读课本录音带，模仿语音语调，这样就可以充分利用听力资源，而且还为下一步的口语交流做准备。听后让学生找出并谈论在学习英语上的困难以及提建议的句型。这一过程是为了让学生体验如何找出关键句型。

（教授分析：听力活动的设计渗透了听力技巧的训练，如听前的预测、边听边记的技能。听后让学生提炼出功能句，及时引出了本节课的重点内容。精彩之处是让学生通过听的感悟，去归纳、发现功能句，不是教师直接呈现。）

3. Oral Practice

（1）让一名学生根据目标语言谈论自己在学习英语上的困难，其他同学为他提一些建设性的建议。这既是一个范例，也是为下一步 Pair-work 做准备。

（2）学生两人一组操练所学句型。

（3）让学生表演对话，其他同学边听边学习。

课堂实录节选：学生对话展示。

T：Now you are asked to do it with your partner. One student shows the problems in learning English and the other gives advice. OK?

Here is an example, try to use some sentence structures we learned in this class：

" I can't /find it hard to … Have you considered doing … ?"

Now do it with your partner.

OK. Now stop here. Zhang Lingyu, please do it.

（第一组）

S1：I heard that you had some problems in English learning these days.

S2：To be honest, I find it hard to make my writing passages well organized. What can I do?

S1：I think you should ask the teacher for help and also buy a composition book. It may be helpful to you.

S2：I hope it will help me much. And what about you?

S1：My problem is that I'm weak in listening. What can I do?

S2：Well, I think you'd better buy the teacher's tapes and listening to English songs also helps you well.

T：OK, thank you. She said："I'm weak in … "It is a very good phrase to show our problems in learning English. Now, Wang Hao, please.

（第二组）

S3：I don't understand what people are saying.

S4：I suggest you buy some English language tapes and some of them are about some famous stories. And you can listen to them at home.

S3：I think it is really helpful to me. What about you?

S4：I find it hard to speak fluently.

S3：You know we have a foreign teacher. So you can make conversations with him.

S4：Well, that sounds like a good idea.

我的实录分析：教师在此活动中共请六组学生展示。其中三组学生能够自如地运用所学的目标语言表达学习英语的困难并提出有针对性的建议，在小组对话中，这三组同学还能够运用一些学过的拓展知识。两组学生能够运用目标语言完成任务，但建议的有效性略显不足，仍需继续学习相关的英语学习方法和如何提高等内容。因此，我下一步为学生设计了一些课内阅读和拓展阅读。

（教授分析：听后及时安排口头表达的练习，有利于功能句的巩固，并且学生有前面听的输入和跟读的操练，减轻了说的困难。此处的听说环节衔接自然、有效。

　　我的认识：我觉得英国教授讲评得很好。同时，他让我把在英国学到的操练口语的方法归纳如下，并建议我可以善加运用于自己的教学实践中。）

The ways of practicing speaking：

Answer the questions before reading－warming.

Summarize the reading materials.

Telling stories.

Voice the opinions

Running dictation

Repeat after the teacher. (drilling)

PMI(Plus，Minus，Interesting)

Mirror game(class observation)

Think and talk about you can steal from －

Think what you learned yesterday(feedback)

Back to the board game

Run to the board and then point to the words.)

4. Reading 3a

　　在阅读与写作联动教学模式中，我采用"先见森林后见木"的方法，从语言、内容、材料的整体着手，逐层展开，加强语篇水平上的阅读教学，读的目的是为写做准备。

　　阅读活动1：让学生快速阅读找出本文的主旨大意。学生可以根据标题找出主旨。学生也可以通过文章主题句把握文章的主旨大意。

　　在此活动中，大部分学生能够充分利用标题和主题句总结出本文的主旨大意，但一些学生在表达上还有些语法错误。在读写联动意义上，此活动可以帮助学生对自己即将写的提建议作文中的主题句有所感悟。

　　阅读活动2：让学生边读边找出本文的细节——作者谈论去年在学习英语上的困难以及逐步改进的措施，并将这些细节归类。

　　该环节的阅读处理为学生在已有的听力输入基础上，进行了更丰富的语言素材的输入。例如，在听后的单句表达学习困难的基础上，扩展为段落的连贯表达（first…，also…），同时还学习了如何解决问题的表达，使教学环节递进、连贯和紧凑，并且增加了课堂密度。

　　阅读活动3：①本节课我将阅读文章3a的结尾去掉，让学生通过阅读，根据作者的实际，把握作者的态度，写一个结尾；②让学生谈谈应该向作者学习哪些方面，旨在培养学生的归纳和推断能力。

　　（教授分析：从文章主旨的设问到文章中间具体细节的讨论及文章结尾的推断，教师不拘泥于书中阅读题的设置，而是对阅读整体理解和把握，为下一步的写作奠定基础。该环节设计的可贵之处是教师对教材提供的阅读材料进行了重新的处理，将结尾去掉，让学生续写，加大难度的处理符合班级程度比较好的学生特点。）

　　教师共请七名学生展示了续写的结尾，学生基本上能够把握作者的态度并依据作者的写作目的来续写结尾。学生叙写的结尾分为两类，一类比较平铺直叙；另一类比较喜欢带有格言、谚语的结尾，这使文章的结尾更有力度、更令人震撼、并激励读者奋进。同时，此活动也帮助学生思考自己的习作应该运用怎样的结尾以表达自己的不断奋发向上的情怀！

　　（我的认识：续写文章结尾的活动具有一定的挑战性和开放性，为学生发挥提供了机会。该环节的设计有助于学生发散思维的训练和大胆创新精神的培养。但是，该环节的设计对教师提出了比较大的挑战。因为学生开放性的答案，教师要能够进行即兴驾驭，即兴引导。）

　　在此活动中，教师共请四名学生谈谈从本文作者的学习经历中获得哪些体会，只有第二位学生的感受较深刻，其他几名学生的回答比较单一，与叙写结尾有些重复。但我认为这是让学生体会评读的好机会，可是至今也没想好应该怎样引导学生做出更深层次的感悟。

　　5. Additional Reading

　　这篇补充阅读摘自《空中英语教室》。我为学生设计了一些任务型的题目。

　　(1)让学生通过阅读找出文章作者的写作目的。

　　(2)让学生通过阅读找出文章中具体的学习英语的方法，并让学生谈谈他们对哪条建议最感兴趣。

　　(3)让学生划出他们喜欢的能用于自己作文中的好句子。

　　这个环节旨在扩大学生的视野，同时要求学生能根据自己学习英语的情况来谈谈自己对文中所涉及的学习方法的感受。提高运用语言解决实际问题的能力，并进一步地提高写作水平，为书写绚丽的人生奠定坚实的基础。

但是此活动在操作过程中，由于时间关系没有让学生充分的表达自己的看法。现在想来，我应该在设问上有所取舍。根据学情，前两个问题可以舍弃，这样就会有更多的时间来探讨如何学以致用，将课堂所学阅读文章中的观点与自己学习英语的现状联系起来，更好地达到本节课的目标。

6. Writing Task

让学生给校报上的一封关于学习困惑的学生的来信写一篇回复。旨在为学生创设真实的语境，让学生运用所学目标语言解决实际问题。

（教授分析：本环节可以改为让学生互相交换一开始写的英语学习方面的困难，用英语给予他人如何提高的建议。本环节可以让学生交换多次，让不同的学生提建议。这样的写作任务源于生活，用于生活！

我的认识：我认为教授的想法很好！）

7. Homework

课堂学习是远远不够的，我的目标是让学生在学完本课后，心潮澎湃，充满学习的动力和信心，继续学习英语，探究英语学习方法，共享英语学习方法，那么如何才能实现这一目标呢？我让学生编一份英语学习小报，贴在校园里，让其他同学看了他们的小报之后，加入到运用适合自己的学习方法学习英语的行列中，最终实现本课的目标。

四、英国教授案例分析对我的几点启示

（一）树立以能力为中心的教学理念

初中生英语教学的最终目的是能够运用英语进行思维与交流，因此所有的教学理念都应当突出这一目的。培训时，英国专家强调最多的也是这一点。同时，语言学习是一个从易到难，循序渐进的过程，在这一过程中，任何语言学习方法都可以提高学生的听说读写能力，这些也是读写联动技能综合训练方法所体现的教学理念。

（二）倡导以学生为中心的自主学习

语言学习是通过各种活动达成的，不是教会的，用英语专家的话说就是："Tell me, I forget. Show me, I remember. Involve me, I understand."为此，一是教学活动的目标要明确，即在设计活动教学时，目标必须以提高学生的技能为目标，而不能为活动而活动。二是教学中注重挖掘学生的潜能，引导学生走上自主学习之路。三是教师的自身发展也相当重要。教师不仅要有知识，还要有教知识的知识；不仅要会教，还要讲究教的艺术性。专业化发展学习不是暂时的，而是终身的学习。

（三）建立以效果为核心的评价方法

英国专家对案例进行点评后，专门建议增加教学效果的评价这一环节。对此我根据读写联动技能综合训练方法的需要，准备采取以下几种方式进行评价。

1. 学生互评

学生相互批改，或以小组的形式分组讨论、批改，当堂选出各小组的典型样例，进行分析讲评，好，好在哪儿？不足，应如何加以改进？这种反馈方式是：①由于这种反馈是面对面的，学生能及时表达出自己在文章中所需要表达的意义，而且教师可以当面向学生指出文章中的问题；②这种反馈清晰明了，使学生在收到反馈信息后有充分的余地对作文进行修改和充实；③学生在这一过程中得到的一条更重要的反馈是，他们现存的问题在于意义的表达，而并非表达意义本身（我们以往的做法与此恰恰相反）。

2. 批改学生作文

我认为每篇作文都要进行批改，由此教师可以及时得到有关读写训练效果的反馈信息，了解学生对阅读材料中各个方面的消化、吸收程度。同时，教师可以根据学生作业中暴露出的问题，如错误的单词、语法现象等，及时调整教学方法，制定出进一步教学的工作重点。在批改过程中，教师还必须在每篇文章中，找出精彩之处，使学生每天都能够受到表扬。对于程度较差的学生，更是要认真批改。教师还要注意收集、整理学生作文中的经典语句和学生范文，为课堂讲评准备材料。这样的作业评价活动能不断向学生提供反馈，让学生在进一步的学习中更具针对性，有的放矢，从而使读写同步训练的教学方式发挥出更大效应。

3. 课堂讲评

课堂讲评是以表扬激励为主的、同学之间互相学习、共同进步的过程。在课堂写作教学中，我及时收集、掌握学生的作文情况，并对学生的作文做出及时的评价，从而使教、学双方得到阅读与写作联动教学中的第一手反馈信息。

学生作文评价量表如下表所示：

学生姓名：　　　　　　　　　　　　　　　总分：

评价内容	分值（5分制）
文章思路清晰、内容完整、结构清晰	
目标语言使用正确、句式丰富、用词恰当	
语法正确、语言拓展	

（我的认识：本次英国学习后，我感到上面的评价量表对本节课没有很强的针对性，是个比较宽泛的量表，因此又重新做了一个新的评价量表。新的评价量表与本节课所学的知识联系紧密，评价的几个方面也是本节课所学的重点与难点。若能在本节课的结尾时用上这个量表，我想能起到一定的帮助学生领会本节课教学目标的作用。）

修改后本课的作文评价量表如下所示：

学生姓名：　　　　　　　　　　　　　　　总分：

	评价内容	分值	评价（得分）
结构	Topic sentence		
	简练、达意、具有信件的交流性	1分	
	Body：suggestions/advice		
	所提建议针对性强、文章句式丰富	1分	
	目标语言使用正确、用词恰当	1分	
	文章思路清晰、结构严谨	1分	
	Ending		
	结尾有力、对主题有所烘托	2分	
语法	提建议句型丰富	1分	
	语法正确	1分	
学以致用	好词、好句及拓展知识	2分	

五、结束语

我最喜欢教授经常提到的 PMI—Plus，Minus，Interesting，即在

教学设计前要充分考虑到该设计有何长处，有何不足，有没有有意思并能吸引学生之处。

本次英国教授对我的案例分析不仅敦促了我的个性成长、更新了我的教学理念、激活了我原有的教学思想，使我在获取了教育科研的丰硕成果等方面都具有重要的意义和价值，而且还使我在今后的工作中勤于思考、勇于实践（如选用适合学情的教学方法——个性化教学、课堂观察、本土化教学、课例和资源整合等），在学习中成长、在实践中成长、在研究中成长、在反思中成长，加快自身的专业化成长，走稳教师专业化发展道路的每一步，为我国的教育教学事业贡献出我的力量！我会重新审视自己的课堂，学习并改变；我会在这里起步，去创造一个属于学生们的充满生机、充满兴趣、充满智慧的课堂。点燃我自己、我的同事，以及那一颗颗幼小心灵的智慧人生！

PMI—Plus，Minus，Interesting，教学如此，人生亦然！

六、参考书目

[1]James McKernan，著．朱细文，等，译．课程行动研究[M]．北京：北京师范大学出版社，2004．

[2]蔡明德．论英语阅读教学对写作的影响及教学启示[D]．上海：华中师范大学，2003．

[3]曹曲玲．大学英语写作教学再思考[J]．中山大学学报论丛，2001(2)．

[4]陈立平．从阅读与写作的关系看写作教学中的范文教学[J]．外语与外语教学，2001(4)．

[5]管琳．谈"读写交融法"与英语写作技能训练[J]．教育与现代化，1999(1)．

[6]谢薇娜．谈阅读与写作的交融性[J]．外语教学，1994(4)．

[7]鲁子问．学习方案教学理论与实践[M]．北京：现代教育出版社，2010．

促进心理健康课的体验性教学——以"适应中学生活"为例

闫　阅

【摘要】本文以一节主题为"适应中学生活"的研磨过程为例，对同一课时教学内容进行三次教学实践并反思和改进，探讨和分析了在心理健康课中体验性教学的重要性和实施中的注意事项，指出了心理健康课体验性教学遵循的原则、实施的程序以及教师应掌握的相应技巧。

【关键词】体验性；心理健康；适应性；中学

中小学心理健康教育是根据中小学生生理、心理发展特点，运用有关心理教育方法和手段，培养学生良好的心理素质，促进学生身心全面和谐发展和素质全面提高的教育活动。其总目标包括了提高全体学生的心理素质，充分开发他们的潜能，培养学生乐观向上的心理品质，促进学生人格的健全发展。根据中学心理健康课程标准对心理健康课的定义和总目标描述，心理健康课的课程安排和评价标准不同于其他学科课程，不作为主要以知识传授为主体的课程。心理健康课应以活动体验为主，使学生在活动过程中产生深刻的体验，再从切身的体验中领悟，并练习在某些特殊情境下的反应范式，以作为实际生活中类似情境的参照，并迁移到不同的生活情境中。因此学生自主的体验和探究就在心理健康课中显得尤为重要。如何能在潜移默化中给学生以启示，能让学生有切实的情感体验，并由此能够改变原有观点或改进原有社交技巧等是心理健康课的设计难点和授课重点。在这个过程中，以往教学模式，如讲座、知识疏导、道理灌输等方式的教学效果尚待提高。学生往往听多了这些大道理，对此有本能的排斥感和不屑感，因此要能够在活动中触动学生的心灵，引发学生的思考至关重要。

1. 研究目标

根据国家教育部的规定，心理健康教育的具体目标中就包括适应环境的能力。而在实际中，环境适应无论对于中学生来讲还是成人来讲都尤为重要，是我们进入新环境和新阶段中是否能快速融入并顺利发展的重中之重。尤其对于刚刚进入中学的七年级学生来说，无论在课程内容设置及授课方式上，还是在教师对学生的教育模式上，以及周围的环境和朋友圈方面都有很大的变化，能否快速融入新的群体，找到适当的位置，调整好心态，以适合自己的有效方式开展中学生活是七年级学生建立归属感的主要任务，也是为其他学科知识学习建立良好基础的过程。在实际教学中，要达到让学生快速适应中学生活，接受和理解生活变化，快速融入新的生活学习节奏，并掌握有效技巧是比较困难的。在以往的教学方式中，教师会采用讲座的形式，告诉学生中学的生活是什么样的，有哪些注意的地方或者需要怎样调整学习技巧等，这样的教学模式难免有灌输之嫌，较难了解到学生的体验情况和接受程度。而也有教师采用班级团体活动的方式，如班会等集体活动，以期增加学生之间的熟悉感，这种方式对于建立人与人之间的熟悉度很重要，但是否能让学生保持理智的心态和做好应对可能出现的麻烦的心理准备不得而知。因此，本研究以"适应中学生活"的教学为例，呈现每次试课的关键环节，客观分析教学设计中存在的问题，展示后续的课堂实践改进，来探讨心理健康课在结合探究体验教学和内容传授教学模式上的尝试，以期为教学提供借鉴。

2. 研究准备

教学对象为北京一零一中学七年级的学生，学生整体的成绩水平较高，在小学期间都是学习积极性较高的学生，这样的学生通常对适应生活的技巧有一定的了解，知识面较广，对道理的了解程度也较高，接受力也比较强，但另一方面可能比较关注自己的生活和学习，容易担心在新的集体中显露不足，对群英荟萃的新环境的警惕性较高，难以形成归属感，因此需要教师的关注。在第一节课中，学生了解了心理健康的重要性，知道在面对可能出现的心理不适感时应采取怎样的态度，这些为他们适应新环境提供了心理基础。

教学目标主要通过活动和讲解，让学生了解中学环境、学习和管理方面的特点，尽快融入新生活中，并使学生能够有勇气、有耐心主动适应中学生活，并对可能遇到的问题有心理准备。

3. 研究过程

3.1 第一次试课过程描述及讨论结果

3.1.1 课程流程描述

(1)环节1：介绍你了解的某个同学。

以提问的方式让学生站起来对班级里他所熟悉的某个同学进行介绍，如姓名、性格、爱好、小学在哪里上的等。

（2）环节2：说说对校园的了解。

以提问的方式让学生站起来对学校和校园里他所了解的内容进行介绍，如办公楼位置、老师姓名、校规校纪等。

（3）环节3：对比中小学生活有哪些不同之处。

以提问的方式让学生讲讲他所感受到的中小学生活有哪些方面的不同。教师在黑板上分类写出学生提出的不同方面，主要分为学习、人际关系和自我认识三个方面。

（4）环节4：思考如何适应这些不同。

首先以提问的方式让学生给出如何面对中小学生活的不同，有哪些建议和方法，然后教师从学习、人际关系和自我认识几个方面进行方法总结。

（5）作业：帮忙想办法。

给学生一个案例："小明来信讲，他转学到外地，那里讲话口音不同，老师讲课方法不同，又没有好朋友等。请你为他参谋一下，他应该怎样做呢？"让学生给案例中的小明一些适应的建议。为促进学生的思考，教师给出学生一些回答方向提示："讲话口音不一样时，可以主动和他人交流，学会新口音，还可以……老师讲课方法不一样时，可以比较一下两个老师有哪些不同，积极找到和新老师交流的方法，还可以……身边没有朋友，可以和新同学多交流，让大家知道自己很友好，还可以……"

3.1.2 课程可取之处

本次教学设计在内容安排上教师从认识周围的人、熟悉周围的环境、了解中小学生活的不同三个方面让学生对现在的学习生活进行了解，由简入难，由浅入深，层层递进。在活动设计上，主要以提问回答的方式为主，促进学生的思考，并提高学生的主动性。在教学过程中，教师的语言也较为轻松，避免过于严肃的课堂气氛，符合心理健康课以活动课为主的理念。例如，在环节2中，教师让学生提出你对校园有哪些方面的了解，有学生指出"我认识心理老师，姓……"教师回答"哇，我感到非常荣幸，你们一下子就记住了我"用类似轻松的语言拉近和学生的距离，减少学生的拘束感。

3.1.3 课程问题发现

在整个课程中，学生的积极性和思维的开拓性并没有被充分地调动出来，出现了提问后空场或者答非所问的情况，课程进程安排得不够紧密，出现了"前松后紧"的情况，学生对最后安排的作业反馈效果不好，多数学生只是按照教师给出的提示进行回答，没有新思路，表明学生在课后并没有对这个问题进行思考。整个课堂安排缺少学生必要的体验性和探究性，无法让学生与课堂内容产生共鸣，也很难将课堂内容延伸到实际生活中。

3.1.4 问题原因诊断

（1）首先，教师缺乏必要的课程导入阶段。上课时，教师直接提出"这节课我们来讲讲适应中学生活的问题……"缺少上下课程的衔接和铺垫，没有提出这节课的意义所在，没有让学生形成对本节课必要的重视。

（2）其次，教学模式单一，互动方面较少。在这次授课中，教师虽然没有采取讲授法进行"满堂灌"的教学方式，但几乎以"老师问，学生答"的方式贯穿全场，而对于七年级的学生来讲，他们尚且缺乏单以问题引导就能够进行反思和执行的能力。另外，七年级的学生尚且没有对周围的同学和环境很熟悉，可能还不适应在不熟悉的学生面前进行表现。而且教师多采用单独提问的方式，回答问题的学生数量有限，不能保证所有学生的参与度。

（3）教师的提问缺少递进性和引导性，没有做到由浅入深的层次性提问，很多问题问出后没有给学生足够的思考和讨论时间，使得学生回答起来很困难。例如，在上课开始时，教师提出"这节课我们来讲讲适应中学生活的问题，现在你来思考一下在你们现在的生活中出现了什么适应不良的情况吗？"问题提出后，给学生留出 1 分钟左右的思考时间便提问。第一，这个问题比较大，站的视角也比较高，七年级的学生很难理解和回答，他们对"我现在是什么感受和体验""什么是适应好，什么是适应不好"以及"我哪些情况属于适应好，哪些属于适应问题"还尚且不清楚，就直接回答"存在哪些适应问题"是具有很大困难的，因此多数学生也不知所措。再如，"你对现在的校园环境有哪些了解，具体指出三点，包括对校规、老师、教学楼位置的了解"，教师并没有给学生相应的例子，学生不知道自己要说的"了解"是否符合教师的预期，因此表现得有些谨慎。而当学生出现回答空场的情况时，教师便选择随机点名的方式促进学生的回答，这种方式会提高学生的注意力，但同时也会给学生带来不必要的心理压力和负担，反而会降低学生的积极性，使得课堂气氛受到影响。

(4)教师在每个活动环节后，缺少必要的总结，使得学生并不知道这一活动环节或者问题和适应有什么关系。例如，教师在环节 1 中介绍你所了解的某个同学之后，直接进入环节 2，"那么现在来介绍一下你对校园环境的了解"，学生的思维还停留在环节 1 中，直接被拉入环节2 中显得有些为难，环节 2 结束后又直接进入环节 3，"请你对比一下小学生活和中学生活有哪些方面的不同"，看似环节之间脱节。这样也会降低学生的听课集中性和积极性。

(5)学生在环节 1 中表现得比较热情，渐入佳境后，学生就开始对熟悉的小伙伴进行介绍，使得该环节占用较多时间，大概 15 分钟，使得后面的环节都显得很紧张，匆匆带过，而学生也不知道在环节 1 中究竟能够获得什么。整个课程显得有些拖沓，而教师在这一环节中的衔接语也显得烦琐，大大降低了课堂的节奏性和实效性。例如，某一学生介绍另一学生会很多乐器的时候，教师表现得很惊讶和羡慕，"会这么多乐器真不错，是从什么时候开始学习的？这些乐器你最喜欢哪一个？我很遗憾我小的时候没有学过这些乐器，不然就可以在联欢会上表演一下了，所以你可以在你们班的班会或者联欢会上表演啊，这是你的优势……"这些话看似是对学生的鼓励，但同时也将课程显得极为拖沓，缺少重点。

(6)学生对最后的作业积极性并不高，只是将其视为教师的一个任务，只是按照教师的提示进行敷衍了事，说明学生对本次课的主要意义还没有了解和体会。

3.1.5 课程改进建议

(1)课程导入要简明有效，让学生知道本节课的目的是什么，有什么样的价值，引发对该节课必要的重视。

(2)要增加教学模式，而不是以单一的提问作为主线。让学生在必要的活动中体会适应的意义，也让学生在活动中提高对课程的兴趣和参与度。

(3)提问要更具体，具有引导性，避免学生不知所措，教师自问自答的尴尬局面出现。

(4)指导语要简洁明了，要便于学生理解。

(5)整个过程中教师要重视情绪渲染和情感交流，激发学生的共鸣。

3.2 第二次试课过程描述及讨论结果

3.2.1 课程流程描述

(1)环节 1：接力棒游戏，考察对同学的认识。

规则：首先，拿到接力棒的同学听老师点到的同学名字。在 10 秒内，来到你所听到名字的同学边，并将接力棒传递到他的手中。不得扔抢，不得提示或暗示，否则扣除一次平时分。若 10 秒内没有送到，持棒者被棒击一次。

(2)环节 2：了解校园设施和规则竞赛。

规则：拿出两张纸，在第一张纸上写出三条你对校园了解的内容(可以是学校规章、班级位置、上下课时间安排、各办公室职责和位置，如年级组长是某某老师，学校食堂在某某位置，学校要求每天几点到校)。在第二张纸上写出三条你对校园不了解并且想知道的内容(例如，晚上最晚可以在学校待到几点，可不可以不穿校服，每年有几次运动会等)。写好后交给老师，老师随机抽选问题提问，同学进行抢答，答对获得小红花奖励。

(3)环节 3 和环节 4 同第一次试课。

(4)作业：教师将学生交上来的纸条进行整理，把"知道的内容"和"不知道的内容"分别列好打印出来，贴在墙上，限时两周的时间，让学生检查"知道的内容"中是否有错误的地方，如果有，请更正。同时根据自己的探索回答"不知道的内容"中的问题，将探索到的答案写在表格中，两周时间后，检查班级整体的完成情况。

3.2.2 课程可取之处

第二次试课，首先教师增加了开篇的课堂导入环节，对提高学生的课堂注意力非常重要。教师将第一次中以提问回答为主的教学模式进行拓展，增加了学生的集体活动，有效地提高了学生的课堂积极性和参与性，并且使得课堂气氛较为活跃，活动的过程中会促进学生的思考，可能他们不会说出来，但会让学生体验到自己对周围的人和环境有哪些熟悉和不熟悉。而且在问题提出方面，也更从学生的角度出发，符合学生目前的心理状态，层层深入。在每个活动之后都有一定的小结，将整个课堂的活动进行贯穿，如环节1之后，教师告诉学生，"认识周围的人是你融入这个环境的第一步，你最常频繁接触的就是周围的同学，可能你现在还无法深入了解每个同学，但至少要努力认识每个同学，努力和周围的人融为一体，增加同伴之间的感情，这对于提高对这个新环境的归属感是非常重要的。熟悉了周围的人之后我们就来熟悉一下你现在学习的环境……"进入环节2。这样的小结让学生对活动的目的明了很多，很好地提高了对活动的体验性，明白了活动背后的意义，必要的总结也是对学生的有效引导。整个课堂时间分配把控得与第一次试课相比合理很多，教师也去掉了不必要的烦琐语言，课程显得紧凑。最后的作业安排很能引发学生的兴趣，适应性这个话题本就很难在一节课中让学生明白，因此为期两周的时间让学生去探索校园对于增加学生在实际生活学习中对校园的归属感非常重要，也是潜移默化将课堂内容引申到实际中的一种表现。

3.2.3 课程问题发现

在本次试课中，教师还是难免希望能够传授技巧，在重要的生活适应方面以讲述和传授为主，与实际实施起来的难度之间存在脱节，导致学生对此并不感兴趣，没有和教师产生应有的共鸣，在心理情感上依然缺乏依托感，认为适应还是一个"过来人"在宣传大道理，导致学生在如何应对遇到的问题，具体应怎么做，应保持什么样的心态还是处于混沌状态。

3.2.4 问题原因诊断

(1)教师的站位还是比较高，希望能够一次性教会学生一些适应的技巧。但是心理健康课不同于政治课，也不是一朝一夕就能马上显现成效的。对于适应这样大的话题更不是能够单凭介绍一次课就能让学生做好的。因此过多向学生传授以往的一些经验对于学生来讲可能并不适用，他们知道的经验可能并不比教师少，但是缺少的就是在什么时候如何用这些技巧，或者在真正面对问题的时候是否能理智地使用这些技巧。

(2)教师缺乏对应对问题时采用的态度的必要讲解。心理健康课的体验并不局限于活动体验，也要让学生有必要的情感体验，保持理性的情感。有些问题确实不是一时就可以解决的，此时急需的不是过多的技巧，或者说过多的技巧可能也起不到作用，需要的首先是保持理性的情感和积极处理问题的心态，这样的体验也非常重要。

3.2.5 课程改进建议

(1)教师的导入语不要过多强调对适应技巧的掌握，而是加入对适应问题的看待方式、态度和遇到问题应如何寻求帮助的方法。

(2)教师的语言使用应更贴近学生的实际生活和理解程度，避免过多的说教。

(3)教师需要增加情感态度方面的介绍，让学生知道遇到问题时应如何面对。

(4)适应生活的方式可以尝试由学生介绍，学生的方法可能更符合他们的生活。

3.3 第三次试课过程描述及讨论结果

3.3.1 课程流程描述

(1)环节 1 和环节 2 同第二次试课。

(2)环节 3：对比中小学生活有哪些不同之处。

以提问的方式让学生讲讲他所感受到的中小学生活有哪些方面的不同。引申：这些不同或多或少会给你的生活带来一些麻烦和困扰，现在调动自己大脑中的信息和感受想一下，开学到现在你遇到了哪些困难？在纸上具体写出最重要一条来。

(3)问题帮帮忙。

教师将学生写的问题纸条收集上来，随机给每一个小组进行分发，让学生讨论，并对这个问题给出具体的三条建议。教师在黑板上简单记下每小组拿到的题目内容(例如，小组 1，问题：作业太多写不完)。强调建议需要具体，最好根据你以往的经验。之后让每个小组找个代表回答。回答的时候教师也在每小组问题后面简单记下相应的建议(例如，小组 1 解决建议，①下课时间写；②合理安排放学时间；③写作业时减少干扰)。其他组同学认真听，记下你认为合理可行的建议编号(如小组 1，①建议，小组 2，③建议……)。之后教师统计每小组给出的建议被其他小组采纳的概率有多大，最大的小组获得奖励。教师对建议的合理性进行总结，主要从：①我们都会遇到这样的问题，这是正常的现象，不必为此过多焦虑和担忧；②如果你解决不了，可以求助他人，学会寻求帮助和建议很重要，不是什么事情都需要自己解决；③还是暂时解决不了也不要害怕，每个人都可能遇到瓶颈期和习得性无助，应以正确理性的态度面对这样的情况。

（4）作业内容同第二次试课，只是需要找到答案的同学在填写答案的同时，也写上自己的名字。

3.3.2 课程可取之处

第三次试课增加了必要的情感态度引导。在让学生回想自己遇到的困难的时候充分调动学生回忆和整理最近的生活状态，潜移默化中让学生对自己的生活有所反思和了解。以小组竞赛的形式对他人遇到的问题给出解决方案，一方面促进小组内部成员的讨论，另一方面也促进小组间的积极竞争性，增加学生的参与度和认真度。这个过程也让学生了解到自己遇到的困难可能别人会有一些解决方式，在活动中体验到寻求帮助的重要性。增加对遇到问题看待态度的介绍，包括对习得性无助这种现象的介绍，一方面增加了课堂的知识性，让学生有获得知识的快乐，另一方面这也是在学生中很常见的一种现象，提前从科学的角度让学生了解这种现象出现的情况和应对方式，相当于给学生打了一剂"预防针"，让他们在遇到问题的时候不必紧张和害怕。作业增加了签名项目，虽然改动很小，但是却有效地促进了学生对完成作业的积极性。调动学生的内驱力完成作业很重要，但增加必要的评价措施也非常重要。

3.3.3 课程尚存在的一些问题

本次试课依然存在一些问题，如问题纸条随机分发就会出现有些学生在这个问题上没有想法，但他可能对其他问题很有见解的情况，难以做到每个学生都能充分发挥自己的能量。而且活动较多，显得时间有些紧张，每个活动进行的节奏有些快。教师可以考虑将问题回答这部分内容放到下节课充分进行，在下课后将学生交上来的问题进行整理，将重要突出的几个问题打印，下节课发给学生，让学生对感兴趣的问题进行自行选择和分组讨论，这样给出的建议会更充分，质量也更高，在让学生感受到别人的力量的同时，也确实能帮助某些同学解决一些实际问题。

4. 研究形成的结论和观点

基于研究专题"促进心理健康课的体验性"的目标定位，以"适应中学生活"为例，进行三次试课，在每次试课后针对教学实践进行研讨，研究小组得到以下方面的结论和观点。

4.1 体验性教学遵循的原则

4.1.1 有意识与无意识统一体验性原则

心理健康课的内容和形式应重视学生的体验性，同时辅以相应的知识传递。一方面体验性要体现在教师精心设计的课堂活动中，另一方面也要体现在非有目的的课堂环节中，因此要同时在课堂设计和非课堂设计中对学生进行积极性引导，让学生在教师安排的活动中有意识地去体验情感和技能效果，也要在一些生活情境中无意识地去体验情感和态度。例如，在讲解沟通技巧的时候，不仅在角色扮演、课堂演练、案例分析这样的活动中让学生体会哪种沟通方式更好，在日常的表达看法，迟到说明，或者教师布置作业等方面也要有意识地让学生体会到哪种沟通方式更有效，更让人喜欢，怎么表达更清楚。在讲解信任的时候，不仅要告诉学生怎样信任他人，体验"盲行""背摔"等活动中他人和自己相互之间的信任，也要在日常的生活中，如学生作业有编造之嫌时给学生鼓励和信任，让他体会到别人对自己的信任有多重要。前者是为学生安排好的一种有意识体验，而后者则是让学生在无意识中进行潜移默化式的体验。当然这在无形中也增加了心理健康教师的授课难度，无论在课上还是课下都要时刻做好让学生有体会、有感悟的准备。

4.1.2 愉悦轻松体验性原则

教师在轻松愉快的情境或氛围中引导学生产生各种问题意识，展开自己的思维和想象，寻求答案，分辨正误。这一原则指导下的教学，思维的"过程"同"结果"一样重要，目的在于使学生把思考和发现体验为一种快乐，而不是一种强迫或负担。

心理健康课的体验不仅仅在于针对某些事情要掌握的技巧和认知上，也要体现在情感上，而情感上的体验通常不易表达出来，学生可能有想法、有感受但不一定会说出来，此时教师需要给学生一定的空间和时间，让其慢慢将体验到的感受和情感进行消化。活动后让学生分享感受时，也要避免立刻需要学生体会到明确的情感。这种情感体验每个人可能不同，教师也尽量避免给出过多的限制和方向导向，要能够充分理解学生出现的各类情感，避免将在课堂中出现过多的"应该""必须"等带有明确方向导向的词语，避免将心理课定义为说教类的课程。

4.1.3 建立在师生积极关系上的体验性原则

无论是在何种学科上，何种教学模式下，良好的师生关系都非常有必要。尤其是在心理健康课上，教师的情感指导更为重要，需要学生积极配合，不仅在理智层面需要学生掌握知识，而且在情感层面需要学生体会心理感受，师生的良好关系更是完成课程的必要前提。教学本是一种特定情境中的人际交往，体验式教学更强调这一点。只有师生间相互信任和相互尊重，教师对学生真正做到"晓之以理，动之以情"，两条信息回路才有畅通的可能。这意味着教师必须充分了解学生，学生也要了解教师，彼此形成一种默契。另外，体验性教学强调的是学生的体验，而非教师灌输给学生的体验，那么就需要教师从学生的实际情况出发，站在学生的视角看问题，也适当体验学生的情感和感受。

4.2 体验性教学的程序及注意事项

心理健康课的体验性教学主要遵循"三环六步"的策略，主要为：探究合作环节（主要是由学生通过自学独立完成预学案的问题设计和师生共同探究完成研学案中的问题和学生中生成的问题两步构成）、归纳总结环节（主要是由教师对体系的归纳和对易出现的问题以及常用的技巧方法提炼两步构成）、巩固反思环节（主要是由学生独立完成学案的联系记忆师生的点评和课后反思、学后反思两步构成）。

在探究合作环节，教师在设计课程时要有必要的课程导入，心理健康课不像知识性为主的学科课程，有明确的任务体系和要求，心理健康课更多的应该是立足于学生的需要，因此就需要让学生首先明白每节课之间的关系和作用，以及对他们来讲的必要性。在设计任务时要避免形式过于单一或者过于繁杂，单一的教学模式缺乏趣味性，但过于繁杂的形式往往让教师和学生都陷于单纯的活动环节，而容易忽略重要的反思环节。教师在设计体验性教学活动时，应考虑到学生的实际情况，过高的教学视角会让学生有种无助感，能力达不到时也容易让学生产生失落感和不自信，过低的教学视角会导致学生对课程的不屑，而不能达到体验情感的效果。

在归纳总结环节，心理健康课相比其他学科课程结论更为开放，不同学生给出的结论可能都不相同，这就需要教师在适当理解学生感受的基础上给出相对具有指导性的总结，总结的视角可以不同，方式可以相异，但还是需要有明确贯穿起整个课堂以及前后课程的主线。

在巩固反思环节，教师要注意设计能够引发学生思考和体验的作业，既要引发学生完成的兴趣，又要尽量能够在学生完成的过程中对他们有所激发，并且作业的反馈也能给学生不同的体验感受。

4.3 引发学生进行体验性学习的三个重要技术

4.3.1 注意语言语调

教师用语言引导学生的时候，语言必须简洁明了，语速要引人入胜、语言要有情有味。要能引发学生的探究欲望和兴趣，让学生主动向着安排的方向去体验。

4.3.2 注意非语言手段

教师除了用语言进行引导学生外，要学会使用眼神、手势、姿态等非语言手段辅助，增强引导学生进入体验活动的感染力，在体验过程中要注意激发学生的共鸣，包括学生之间的共鸣和老师之间的共鸣，有力的共鸣能够进一步促进学生对体验活动的思考。

4.3.3 注意每个细节

教师要千方百计引导学生去品味各个细节，因此活动设计让每个细节都要深入人心，并且都有可总结和引申之处，要有可多向总结的余地，针对不同学生的不同体验要做好不同的准备。

5. 参考文献

《中小学心理健康教育指导纲要(2012 年修订)》，国家教育部基础教育司.

3. 教育智慧与微创新

为了充分体现北京一零一中学的办学特色，展示近年来我校教师在教育理念、教学方法和教育思路方面的创新实验与创新成果，促进学校的可持续发展，也为了使广大教师分享教育智慧，品味教育幸福，撰写内容包括学校文化建设、教育、教学、教科研中最有心得的体验、方法、感悟和建议。

（1）学校文化专题

教研组、年级组、备课组、教师团队合作、课程文化建设、校园物质文化建设、精神文化建设、学校活动文化建设等。

（2）课程建设专题

学校整体课程建构、书院课程建设、国家课程校本化等。

（3）教学管理专题

教学管理策略、现代教育管理理论实践研究、班级管理策略、校本培训机制等。

（4）课堂教学专题

有效教学策略、教学模式实践研究、互动课堂实践研究、多媒体辅助教学实践研究、高效作业研究、课堂评价的实践研究等。

（5）学习策略专题

学法选择策略、对学生有效学习习惯的指导策略、学生在教师引领下有效自我教育的个案等。

（6）评价策略专题

对学生课内外有效作业内容与形式以及数量及质量的见解、新课程背景下课堂教学有效评价的方法等。

（7）激励策略专题

如教师有效激励学生的做法、学困生转化、学生有效自我教育的个案、促进学生发展的评价标准、评价工具和评价方法等。

（8）德育创新专题

班主任班级管理、班干部的选拔、提高班级凝聚力的做法、任课教师班级课堂管理等。

（9）家校互动专题

"家校共育"的个案，学校、家庭和社区合作如研究性学习社区服务，社会教育资源的有效开发与利用等。

（10）智慧校园专题

数字化校园、网络建设等。

（11）服务保障专题

学校各部门的工作创新等。

（12）其他创新专题

学校也关注校外各项征文评比活动，如《中国教育报》2013年举办首届全国教育微创新案例征集活动，鼓励教师广泛开展微创新，解决教育教学中的实际问题，提高教育教学质量，学校共征得微创新案例120篇提交给中国教育报社参加评比。

4. 教师素养订单式研修

依据把教师研修的基点放在"唤醒"教师自觉，提倡教师根据自己的教学业务和发展要求选择最需要学习的内容，以提高教师研修学习针对性的意识，我校组织开展教师素养订单式研修的试验。

订单式研修课程将指向围绕专业理念与师德、专业知识、专业能力等方面的具有一零一特质的教师素养。基本分为教学基本功、教学实施、科研能力、班级管理与教育活动、身心健康等方面，发动在某一方面有所特长的教师作为研修者，鼓励教师们向学生一样选课学习，自我提升。

订单式研修课程是每个教师可以自主选择学习项目的继续教育选修课研修。需要学习的教师，进入校园网，加入学习订单中的某个课程，登记确认后就可以进入学习。教师按照学习要求，通过学习后，教学处将记录学习成绩并形成规定的校本研修学分。

5. "互联网＋"的课程开发

"互联网＋"时代对教师研修提出了新要求——校本研修应聚焦前沿理念，从世界教育发展的格局理解中学的教育价值。网络环境和开放资源的个性化使学习模式发生改变，突破时空限制，教与学的双重革命、海量知识资源的产生、智慧校园的建设、交互式电子白板和平板电脑进入课堂，使得智慧互联成为可能。教师们已在课堂教学实践中尝试翻转课堂、微视频制作、图形计算器的应用等技术手段。

学校关注网络资源对教师研修中所发挥的传播便捷、范围广的优点，将"精品课程""骨干研究课""慕课""翻转课堂"和"大师课程"的视频上传到网络平台，供全校教师学习。同时也开发了"协同备课"平台，各校区各学科组将自己的备课成果共享出来，与分校教师共同学习进步，也是对本校优秀师资智慧的分享。此外，学校还开发了"教师空间"，帮助教师更方便地管理自己的教学和学生研学；通过"学科建设"来展示各教研组教师的风采。

五、校本研修的成效与反思

（一）校本研修的成效

1. 学校发展

校本研修推动教研组建设和教师自身教育教学水平的提升，带来的直接效果就是学校教育教学质量的明显提高。我校近几年来高考成绩连续保持辉煌，文理总平均分继续位居北京市前列，文理重点率继续保持100％，一些单科都曾名列海淀区第一，语文、数学都有数名同学获单科状元。2015年更有150多名学生获得北京大学、清华大学、香港大学等国内一流大学自主选拔加分，另有50多名学生被杜克大学、圣路易斯华盛顿大学等名校录取。

学校在科技、艺术、体育竞赛方面近些年也都有十分亮眼的成绩，如日内瓦国际发明展金奖、中小学生艺术展演一等奖、世界啦啦操亚太地区公开赛冠军等，更为国家女子排球队输送人才。

学校教师通过社团、选修课、综合实践活动等为学生提供发展平台、拓展视野，指导学生赴美国联合国总部承办首届中美高中生模联大会、参观外交部、在圆明园开展成人仪式和志愿者服务等活动，为将学生培养成未来担当人才而不懈努力。

学校办学品质不断提升，这些成绩和成果获得了来自社会和学生家长的认可。在2014年海淀区办学满意度调查中，学生、家长和教师的满意度评分都名列全区前列，这是对学校坚持"办人民满意学校"的肯定和激励。

以2014年为例，北京一零一中学学校优秀办学成果如下。

荣获"北京市金鹏科技奖（市教委）""高中人生规划课程实践研究先进实验学校""全国信息学奥林匹克特色学校""全国高中化学新课程实施优秀教学团队""全国地理教学先进集体""北京市中小学科技教育示范校""海淀区心理健康教育示范校"等54项荣誉。

2. 教师发展

教师校本研修对于教师自身而言不仅是提升教育教学能力，而且是及时更新教师教育教学理念、防止教师职业倦怠、延长教学生命力,更是教师整个职业生涯发展的助力。师德方面,学校每年都有教师被评为海淀区"师德之星"和"师德标兵",2015 年共有 20 位教师获得海淀区优秀"四有教师"称号。科研课题方面,学校教师们都承担了国家级、北京市级和海淀区级的各项课题,其中优秀科研成果也曾在市区级科研成果交流会上展示。一批青年教师都曾在市区级教师基本功大赛上获得教学能手和班主任基本功大赛一等奖。学校每年都会出版一本《北京一零一中学优秀办学成果光荣册》对教师们当年内获得的奖项、发表文章、获奖课题和出版书籍整理成册,帮助教师们积累自己的各项成果。

以 2014 年为例,北京一零一中学教师优秀办学成果如下。

个人奖项:郭涵获"全国三八红旗手"、程翔获"语文学届学术领军人物"、毛筠获"北京市农村中小学教师研修工作站优秀指导老师"、邢秀清获"北京市中小学学生喜爱的班主任称号",以及其他教师共获得奖项 86 项。

科研成果:夏焕春等教师的课题获"北京市基础教育课程建设优秀成果一等奖"等共 13 个奖项;另有由郭涵、王涛负责的"中小学创新人才培养的平台建设研究"等共 10 项课题已结题。

发表的期刊论文:2014 年期间共有《翻转的是课堂 更新的是观念》等 47 篇论文(作品)在期刊上公开发表。

论文成果获奖:有 47 位教师共计 85 篇论文及成果在北京市教育学会等单位组织的评选中获奖。

出版物:共有《初中高中衔接教材》等 33 本出版物由人民教育出版社、教育科学出版社等出版。

截至 2015 年,我校共有特级教师 12 人,市级骨干和学科带头人 11 人,海淀区骨干和学科带头人、班主任带头人共 66 人。其中 2015 年新评选出的特级教师三人,这三位新增特级教师都是我校自己培养的特级教师,她们的成绩也是对学校校本研修成果的极佳证明。此外,"十二五"期间,我校三位教师被评为北京市"紫禁杯"优秀班主任。

3. 成果固化

学校重视教师校本研修工作的过程带给教师在教育教学理论和实践工作中的变化与提升,同时也注重研修成果的积累和固化。"十二五"期间，教师发展学校开展的讲座研修、常态课和公开课、研讨会议都进行了录像，并将这些影像资料刻盘保存。

学校对教师们的优秀论文也进行了认真编辑后成册发放，包括《2011—2015年北京一零一中学教科研年会论文集》、《绿色教研之窗》（第七至第十一期）、《北京一零一中学办学成果光荣册（2010—2014年）》，此外还有"北京一零一中学课例研究论文""北京一零一中学教育智慧""北京一零一中学校本研修故事""北京一零一中学微创新"等活动成果。

在平时的教师研修活动中，学校也关注教师对研修及研修内容的反思和反馈，向教师发放"常态课点评表""职初教师反馈表"，鼓励教师对研修进行及时反思，并且提供反馈，我们会将这些反馈表收集整理，也会返给研修或者上课教师，让他们从不同的角度认识自己的"成果"。此外，我校校本研修还有以下成果。

第一，编写、出版教师校本研修教材。

"十二五"期间，教师通过参加各类研修生成了自己的教育教学研究成果，学校也重视对这部分成果的固化，形成了一大批校本教材，如《京韵瑜伽》《源头活水》《半亩方塘》《榜上有名》等。

第二，有区级及以上教师研修科研课题，并有课题结题。

学校在各个方面贯彻自我教育理念，并通过自我教育理念下的教学、德育模式的研究，促进教师的自主学习和研究，将自我教育理念作为学校的工作理念之一，营造了良好的学习氛围，帮助教师在教育教学工作中践行自我教育的理念和实践方法。目前，市区课题共有11个立项课题已经结题，其中海淀区2015年度教育科学规划课题立项8个课题。

第三，在国家正式出版物上发表过与校本研修有关的文章。

程翔副校长的论文《积极探索国家课程校本化的有效途径》发表在《课程·教材·教法》（2013年第12期）上。此外，郭涵校长、严寅贤副校长、熊永昌副校长等有多篇文章在《中国教育报》、《现代教育报》、网络等媒体发表。

第四，读后感、论文、微创新、教育智慧、课例研究报告等的评比、表彰等。

学校每年也会向教师们征集教育教学论文和年度图书读后感，经过层层评选，评出一、二等奖，在每年年初的教育教学年会上对获奖教师进行表彰和奖励，并将一等奖文章编辑成册发放给全体教师，供全体教师学习、交流。

4. 研修资源辐射情况

（1）参与校本培训协作体情况

第一，协作体基本情况。

北京一零一中学作为海淀区校本研修协作体基地校，在海淀区进修学校师训部的业务指导和监督下，协同成员校共同研讨和实施协作体的协作方案，共享成员间的研修资源，提升协作体成员校研修效果，实现协作体成员校教育教学水平的进一步提高。

"十二五"规划初期，北京一零一中学校本研修协作体由北京一零一中学、清华附中、上地实验中学、上地中学、温泉二中、上庄二中、六十七中、育新学校、一佳中学、第三聋人学校、清河中学，共11所学校组成。2014年进行了调整，协作体成员校调整为北京一零一中学、上地实验学校、温泉二中、六十七中、农业大学附属中学、上庄第二中学，共6所学校。

第二，协作体活动。

成员校之间长期形成的工作默契保证研修工作的顺利开展。每学期伊始，北京一零一中学作为基地校都会召集成员校召开校本研修交流会，共同讨论协作体本学期的协作体活动；各成员校进行交流、总结上学期各校开展的校本研修活动，并提出新学期的研修工作计划。

北京一零一中学作为协作体基地校，通过组织活动将协作体成员校凝聚在一起，形成团体，从而为教师研修提供更大的平台。例如，2013年至2015年先后组织开展了"我的校本研修故事/案例""教育智慧""课例研究"等征文活动，评选过程和结果都获得海淀区教师进修学校的支持和认可，为参与征文的教师个人积累了发展资源。2015年协同协作体成员校的职初教师们一同参加"板书评比"和"演讲比赛"，其中成员校的教学领导也来我校担任了活动评委。

北京一零一中学积极分享校本研修活动，形成优质资源的辐射，推动成员校的校本研修工作和教师的共同发展。学校教科研室每周都会将学校周安排以邮件形式传递给成员校的负责领导，欢迎成员校教师来北京一零一中学参与相关研修。所开展的骨干教师研究课活动和一些区级教研活动都会吸引成员校相应学科教师的参与。成员校负责领导也会率领学校的青年教师参加北京一零一中学教师发展学校开展的职初教师通识研修讲座。

第三，协作体研修效果。

北京一零一中学校本研修协作体各成员校之间存在着规模、生源和办学质量的差异，校本研修工作具有各自的特点。北京一零一中学作为优质学校，积极开展交流活动、组织具有普遍参与价值的教师研修活动，体现了协作体的意义，而且规范了各校教师研修工作。不论是对成员校管理工作，还是教师本人，都有一定的积极作用，尤其是我校也曾组织本校的骨干教师到协作体成员校听课评课，第一时间对教师进行指导，成员校教师表示这样一对一的指导效果很好。而北京一零一中学的研修工作也获得了海淀区教师进修学校的肯定，2010 年和 2013 年都曾获得"海淀区研修者优秀成果奖"。

（2）与区级研修衔接情况

北京一零一中学的校本研修坚持在促进教师专业化发展的同时，不加重教师的工作负担，因此十分关注与区级研修的衔接。一方面，通过与海淀区教师进修学校的积极沟通，提高校本研修的规模和级别，尤其是骨干教师研究课活动，学校出面邀请专家点评，为上课教师提供精细指导，提高了教师参与校本研修的积极性。另一方面，深化区级研修，夯实教师教学基本功，帮助教师适应北京一零一中学学生学情，形成自己独特的教学风格。例如，区级新教师研修只开展一年，第一学期为通识研修，第二学期为学科研修。学校配合区级新教师研修的主题，为新教师提供更具针对性的指导和帮助，与区级研修一起帮助新教师奠定职业发展基础。

（3）与其他机构的研修合作情况

我校作为北京市农村中小学教师研修工作站学校之一，近七年来，共有 71 位教师来到我校参加学习，他们分别来自昌平、延庆、密云、海淀、通州、顺义、平谷、门头沟、房山、大兴共 10 个区县，遍布语文、数学、英语、生物、政治、化学、物理、音乐、体育、地理、信息技术 11 个学科。

在研修期间，我校为每一位教师都精心配备了指导教师，这些指导教师都是市区级学科带头人、骨干教师，教育教学经验十分丰富，有自己独特的教育教学思想。除了全程跟导师听课、备课、参加教研活动之外，教师们还可以根据自己的需求和兴趣参加学校的校本研修活动（如骨干教师研究课、职初教师通识研修讲座）、聆听高端讲座、参与学校对外交流。我校优质教育教学资源百分百与各兄弟学校的教师们共享，以学员带学校，拓展研修空间；一些骨干教师也会走入学员所在的农村学校开展教学讲座和听课、授课活动，许多活动辐射到学员所在的区县，提升北京一零一中学优质教育资源的辐射力。许多学员回到原学校后都成了业务骨干，几十人被评为各区县的学科带头人和骨干教师。

例如，在第九期农村研修站的学员座谈会上，学员教师都表达了对北京一零一中学所提供的研修，特别是教师发展学校对他们给予的系列化研修和帮助表达感谢。尤其是他们在校研修期间，学校提供了很多便利条件，不论是学校领导还是自己的指导教师，都为他们的学习提供帮助，帮助他们很好地融入学校的日常工作中。他们认为北京一零一中学的教育教学理念和思想激发他们反思自己的教育教学工作，重新审视自己的职业，对自己未来的职业发展有着重大的影响。

5. 外省市教师参与我校的校本研修

五年来，我校的校本研修先后接待了来自内蒙古、陕西、山西、贵州、江西等地的教师，教师们在我校进行至少一周的学习，不仅跟随对应学科教师参加教研组内的听课、备课活动，而且会参加学校的其他教师研修活动，聆听专家报告、参加常态课点评、参与"课例研究"评比工作，完全分享了我校的教师校本研修资源。

（二）校本研修亮点与反思

1. 工作亮点

从研修创新来看，学校成立了专门的教师发展学校来组织管理教师校本研修工作，并启动链式引领项目来指导教师校本研修的整体架构和工作思路，通过将老、中、青年教师形成学习链，实现学校内部研修资源的生态循环；同时拓展校外资源，形成专家指导团队，并整合进学校的链式团队里，形成分层分类的学习共同体，利于分层分类研修的开展。采用多种多样的研修形式，除了传统的讲座、评比和研究课外，还能与时俱进，紧跟当前教学研究的潮流，开展课例研究活动，引导教师们带着问题反思自己的教学，通过问题研究来总结自己的教学，并且将这种研究与学校开展的"生态·智慧"课堂教学实践活动相结合，形成教师教学研究氛围，同时提炼学校教学经验和特色。

从课程设计来看，研修充分体现了以校为本的特点，充分整合学校优质的师资团队直接参与教师研修，既注重研修课程的整理规划，也关注教师的实际需求，以讲座、观摩课、读书笔记、论坛、讲台等形式展示、分享本校教师的教学经验和思考。内容涉及学校历史、教师理想、学生管理、教学能力、职业发展等教育工作的各个方面，为不同层次教师提供借鉴，引发共鸣和思考。

从研修时间来看，学校没有把教师的培养看成是一个短期的集训，而是更注重研修的实际效果和长远作用。教师研修本质上也是对人的培养，也要遵循教育规律，所以活动贯穿职初教师工作的始终，循序渐进，与新教师适应工作的速度相接近，使其有足够的时间消化和实践研修的内容，也可以及时解决出现的问题。同样，其他教师研修也是一个长期的过程，是对教师潜移默化的熏陶和影响。

从成果固化来看，我们重视教师校本研修工作的过程带给教师在教育教学理论和实践工作中的变化与提升，同时也注重研修成果的积累和固化。"十二五"期间，教师发展学校开展的讲座研修、常态课和公开课、研讨会议、教研组活动、班主任活动都进行了录像，并将这些影像资料刻盘保存。

各学科教师形成了大量的专著、译著、优秀论文等。学校也会对教师的教育教学成果进行整理、编辑，并印刷成册发放，为我校的校本研修不断注入新的研修资源。

从研修资源辐射力度来看，学校善于开发自己的校本研修课程，形成了规范化、体系化的研修方式，而且注重整合校内外资源，整合校内外研修，合而为一或者是深化拓展，减轻教师研修负担，形成精品研修。另一方面，发挥作为优质学校的社会服务作用，通过校本研修协作体和农村教师研修站等形式辐射优质研修资源，实现共赢。在宣传推广方面，学校领导郭涵校长、严寅贤副校长、程翔副校长、熊永昌副校长、平亚茹校长助理、曾丽军校长助理、毛笋主任都曾多次在国家级、市区级校本研修交流会、祥云行动、国培计划、人教社研修等活动中介绍我校校本研修的优秀经验。此外，还有多篇校本研修文章在国家级、市区级期刊上发表，扩大我校校本研修的影响力。

2. 工作反思

在教师校本研修工作中我们也发现了"十三五"新的工作突破点。

完善信息化研修平台，探索研修的新途径。信息化研修平台的完善，能够更好地管理和开展校本研修。积极开发和利用网络媒体，完善网络研修平台，形成网络学习共同体，全面地记录和反映出全校教师参与校本研修的次数、收获、效果等，将教师的研修过程更加完整地保存下来，作为提升和反思的材料。

促进教师教育观的更新，适应时代的需求。当前的教育改革对教师的能力，特别是学科素养"宽"的能力提出了新的要求。信息云时代，教师研修急需与时俱进，教师思想创生的频率和深度要远远强于学生，才能引领学生思想创新的生长，这是对于教师而言最具发展性和挑战性的能力。如何激发教师可持续的思想创生能力？如何保持教师强劲的课程开发能力？学科交集，边界融合……对于我校教师研修的内涵需要深层拓展创新。

回顾与展望

北京一零一中

101 郭沫若同志1955年为北京一零一中题写校名，
并释其含义为："百尺竿头更进一步"

一、自主课程实验的收获

（一）拓宽学生视野，促进学生多元发展

北京一零一中学充分利用社会资源，把课程资源的开发延伸到社会大课堂中，在拓宽学生视野，培养学生综合素质方面，充分发挥了课程引领的优势。例如，"企业管理模拟"课程的学生多次参加"走进 IBM"职业见习日活动；"学生公司"课程的学生参观了普华永道会计事务所；"戏里人生"课程的学生利用周末到专业剧院听戏，并和梅葆玖先生等著名京剧演员交流，真切感受京剧演员的生活；"心理学是什么"课程的学生多次参加中科院心理所的开放日活动等。学生在活动总结中写道"只有和优秀者的交流中才能感受到真正优秀的人，他们最优秀的是人格和努力"。像麋鹿保护、动物园的人文关怀、戏剧展演、微型电影剧本创作、中国古老哲学话题的自我阐释等，这样的社会体验是学生最需要的，是一种"细雨湿衣"的熏染。

学生的自我教育意识和能力有了很大提高。学生在教育活动中更加自觉自立、积极主动，能够创造性地思考和行动。学生已经逐渐学会自己设定发展目标，监督自己去实现这些目标，并评价自己实践结果以继续发展。

在学校中有很多学生社团，社团的建立相对容易，但怎样保证活动的质量和效果，着实是一个难题，因为社团是一个相对松散的组织，社团的活动效果也不是很好评定，但社团部的学生却充分发挥聪明才智，把三十几个社团分成 10 组，每 3 个社团就有一个社团部的干事在监督和管理。如果某个社团定期没有活动或效果不明显，则发出警告，长期不活动则取消该社团，这样的管理制度得到落实并很好地执行。社团部的干事们，在活动中学会了对同学负责、对社团负责、对工作负责，而这份责任是他们主动并且自觉自愿承担的。因此学生会社团部成员在对社团的自主管理中培养了责任意识。

此外，为满足学生的多元化发展，学校以及教师组织学生开展各种课题研究、科学实验，并带着成果参加国家性以及世界性的比赛，在拓

宽学生视野的同时，也让学生在比赛中磨砺自己的意志，在获奖时收获成功的喜悦。

2015 年上半年，我校科技创新活动课程与竞赛成绩如表 9-1 所示。

表 9-1　部分竞赛成绩表

奖项	人数	获奖时间
第 15 届北京市中小学生金鹏科技论坛	10 人	
加拿大计算机竞赛（北京赛区）暨清华大学程序设计邀请赛	1 人	2015 年 3 月
第 35 届北京青少年科技创新大赛奖项	20 人	
第十三届北京青少年科技创新市长奖	1 人	

（二）促进教师专业发展

教师能够在学科课程教学和开发校本课程的过程中发展兴趣，发挥特长，实现职业价值。提高教师为学生发展服务的教育意识，为教师专业化发展提供机会和平台，发挥教师在课程建设中的主导作用，提高了课程意识和课程开发能力。

一批教师借助校本课程展示、锻炼、提升了自己，在平凡的教师工作中脱颖而出。比如，学校德育处一位教师开设"玉文化"课，用自己的兴趣和爱好带动了一批学生了解中国传统文化；一位团委教师在紧张的团组织工作的同时，开设"电视摄像艺术"，并带领部分学生进行"微型电影的制作和研究"的课题研究，研究成果获得全国青少年科技创新大赛综合实践活动评比二等奖；"企业管理模拟"的教师带领学生参加全国学生商业挑战赛取得优异成绩等。

教师们在课程开发过程中不断摸索，撰写出多篇有关自主课程实施的自我反思或活动案例，在中国教育学会、中央教科所、北京市基础教育研究所组织的各级各类高中新课程改革实践征文中获得多项一等奖和二等奖。

教师的自我教育理念正在转变为教育行动。教师们意识到，教师的教育旨在唤醒和激发学生自我教育的潜能，推动其形成自我教育的意识和能力，课堂教学模式不断涌现新的积极转变。例如，"以过程为目标"的实验选修课中促进学案导学模式功能的转变的作用：增强学案的倾听功能，增强学案的指导性，引导学生反思，引导学生把感性经验上升为理论认识。

为了加强师资队伍建设，适应学校自主课程实验的需要，北京一零一中学教师发展学校设计了"教师专业发展链式引领项目"，由我校名师以专题研究促进教师团队专业成长的校本培训方式展开。在专家指导下，我校名师带领青年骨干教师，吸收优秀职初教师，共同组成项目组，针对项目组确定的主题开展为期2～3年的研究。2010年链式项目立项8个子课题，"自我教育"课题项目下达后，为保证自我教育的内容进入课题研究，我们在2012年组织专家对课题进行了中期检查，一方面促进项目的研究，另一方面要求各子课题增加自我教育的内容。2012年年底，链式项目共立项14个子课题。

（三）促进学校整体发展

自主课程实验为学校特色发展提供了空间和平台。学校特色发展要求学校根据自身实际设计发展蓝图，要求自主建构与之相配套的课程，实施有利于特色建构的课程方案，如果没有自主课程实验的相关保证，如自主会考的权利，学校将很难实施个性化的课程实施策略。几年来，学校在新课程理念支撑下，通过课程建设构建国家、地方、学校三级课程模式，建设特色课程，提高课堂效率，形成办学特色，建设特色学校，教学效果显著，这些努力使北京一零一中学初步形成了自我教育的办学特色。

自主课程实验促进学校创新人才培养模式，有利于学校探索拔尖创新人才早期模式，比如学校以自主课程实验为契机构建了北京一零一中学人文实验班和钱学森理科实验班为基础的拔尖创新人才培养课程群。

学校依靠自主课程实验不断取得新的办学成绩。近几年高考成绩赢得社会赞誉，艺术、体育、科技不断取得新成绩，现在太空中有三颗小行星是以我们科技成就卓越的学生姓名命名的。2011年高考，我校学子表现优异，文理总平均分均以较大的优势名列海淀区第二名，文理绝大多数学科总平均分都名列海淀区第二。个别学科，如文科综合名列海淀区第一，共有209人考分在600分以上，在北京市600分人数减少1000多人的情况下，我校600分以上人数依然达75%，文科600分人数北京市增加90多人，我校增加了20多人，文理重点率继续保持

100％，文科柯梦琦同学 675 分，以一分之差与状元失之交臂，获北京市第二名，理科邢开源同学以 150 分的满分摘得数学单科状元。

2012 年高考：文科语文、英语、文科综合总平均分海淀区第一，其他第二；共有 173 人考分在 600 分以上，文理重点率继续保持 100％，钱学森理科实验班的平均分高达 643 分，文科实验班的平均分为 601 分，文科李赞同学以 668 分（含加分）获北京市第二名，理科张洲同同学以 711 分（含加分）进北京市前五；有 150 多名学生获得北京大学、清华大学、香港大学等国内一流大学自主选拔加分，另有近 30 名学生被哥伦比亚大学、杜克大学、纽约大学等美国排名前三十的大学录取，占申请出国留学学生总数的 80％。

二、自主课程实验的反思

（一）学校的课程领导力、教师的课程理解力和执行力需要不断提升

学校要加强自主课程实验规划的科学性，为教师的课程开发提供思想、制度和资源的支持。学校要采取积极的评价、适当的物质和精神激励等，为教师的专业发展和课程改革找到支撑点和生长点。更重要的是，通过研讨交流、典型榜样等方式，培育一种合作、对话、反思和慎思的文化，并通过文化内化形成教师个体自觉的行为方式，这同样需要一个长期的过程。

课程领导力是基于学校对于课程建设的整体构建，为学校整个课程体系提供指导的总方向。北京一零一中学要发挥校长领导下课程体系建设的系统化、科学化，为教师实施教学过程提供良好的背景环境。与此同时，教师的课程理解力和执行力也需要不断地提升，因为作为一名教师，首要任务就是要积极地完成各项教学任务。完成教学任务的具体目标就是教学管理目标的落实，就是让学生在教师的实践指导下，达到各项综合素质和知识技能的提高。为完成目标，需要教师对课程有深入、透彻的理解力，并将课程内容深入浅出的教授与学生，执行好这一环节进而达到目标要求。教师的理解力、执行力的提高要在实践中不断摸索，不断积累，及时反思，不断提高，以较强的责任心、认真的态度、

循循善诱的耐心帮助学生实现在学校全面发展的目标。

(二)应不断完善配套制度，保障改革持续深入

课程建设是自主课程实验的核心，虽然学校在早期的课程建设方面取得了一些经验与成果，但从规划设计到具体实施还有很多有待完善的地方，而且面临资源短缺、师资不足、经费紧张的结构性矛盾。特别是教师在尽最大努力实践课改提出新理念，而参与课程建设，开发校本课程成为教师继模块教学、班主任管理等之后新的工作领域，增加了很多的工作内容，在时间、精力有限的前提下，如何保证课程开发的质量以及后续开发、持续开发成为需要关注的问题。

任何一项变革必须有相应的制度支撑，这也是北京一零一中学今后自主课程实验的重点工作，即学校自主课程实验的系列制度分析与研究，包括开发机制、激励制度、评价制度等，只有形成科学有效的制度，才能保障课程改革取得持续的成效。

(三)课程体系还有待于不断完善

课程建设是一个动态的过程，必须体现学校的特色和学生的需求，这要求我们的课程体系也必须是一个发展和开放的体系，需要学校一如既往地去面对问题，不断完善北京一零一中学自我教育理念下的特色课程体系。

未来几年，课程体系建设依然是我校的核心工作。我校的思路是：使基础课程、发展课程、能力拓展课程更加科学化，充实和调整相关课程内容；不断自主实验课程、学生发展指导、研究性学习、心理健康教育、创造发明等核心课程和优质课程，构建学生会、微电影社、模拟联合国、金帆乐团、话剧社等多个品牌社团。进一步拓宽视野，做到"引进来、走出去"，优化国际课程建设，适应多元社会需求，使学校课程体系更具国际化、民族化和校本化特色。要建立健全学生自主选择课程制度，推广 CAP 课程建设。进一步健全完善基于学科、基于学校课程体系建设成立的组织机构，更好地保证学校课程的实施，激发学生学习的主动性，最终让学生获得多元化发展。

(四)模块教学还需进一步研究调整

校本选修与国家必修、选修课程的组合搭配尚需完善。作为课程改革的主阵地，北京一零一中学在模块教学方面做了很多研究、探索与尝

试，也总结了不少经验与做法，但仍然需要进一步的探究、实验与调整。学校接下来将会进一步将统编教材校本化、学案化，以期更有利于学生自主学习。探索校本选修课与国家必修课程和选修课程之间的内在关联，进一步研究如何将三者更好地整合在一起，形成一个富有弹性和延展空间的有机整体，并进一步通过整体排课设计，在开设时段和选课便利方面做好系统支持。

（五）考试评价也需不断探索调整

进一步调整会考及相关课程评价的相关安排和组织管理以及模式研究，使其发挥更有效的作用。高中会考是课程的终结性评价，在考试时间上应贴近教学实际，学完一门课程考一门。会考是高考改革的基础，应正确处理好高中会考与高考的关系，使会考在高校招生录取和对学生发展性评价等方面发挥应有的作用。北京一零一中学将进一步健全高中会考组织管理系统，提高管理水平。

在新的历史机遇面前，在全面实施素质教育、追求优质特色发展、培养具有国际视野的拔尖人才之路上，我们必须要有创造、有担当、有作为，找准目标，准确定位，力求在推进课程改革的过程中，探索拔尖创新人才培养的新思路、新路径。探索"自主课程实验"的实践经验，这是我们脚下的路；追求教育的理想，这是我们心中的路。虽然与目前的教育现状尚有一定距离，但只要我们每位教育践行者坚实而成功地迈出一小步，相信我们的教育就会向前迈进一大步。

三、面向未来的课程展望

北京一零一中学始终将课程的建设定位于可持续性、可发展性，因为在未来的课程设置上依旧是学校培养学生的重要把握方向。在过去的教育变革中，我们可以看到有许多学校的课程建设聚焦在课程的实施上，实际就是基于国家设定的课程，尤其集中精力在核心课程，也同时是考试课程上，这样其实从源头处就窄化了学生的学习。这种学习所塑造的人，一定善于考试，学习基础高度一致，人才的普适性突出，而且也因为考试规定，脑子里有预设问题的答案，标准化，即思维僵化。尽管我们在国际学业测量中，有很好的成绩表现，而欧美也都到中国来考察学习基础教育的经验。然而我们自己要看到，这个成绩是有预设条件，而且取得这个成绩有代价。北京一零一中学从自主课程实验伊始，就避免出现为培养高分学生而开展的课程设置，我们始终坚守守正出新的办学观念，秉持着"将学生培养成为具有担当意识和能力的未来杰出人才"这一育人目标，在课程建设上更是施行自我教育的学校课程建构理念，自我教育的目标之一是学生的自我实现。教育改革在每一阶段都会因适应社会发展而进行调整，北京一零一中学明确教育目标及改革目标，守正出新，不盲从，依托扎实的教育教学理念，将教育改革融入办学思路中，为培养适应社会的杰出人才而努力。

新高考的改革，为自主课程建设的推进提供了新的契机，同时也带来了新的思考。《国务院关于深化考试招生制度改革的实施意见》旨在突破考试文化的制约，深入推进素质教育，培养高素质人才。如何抓住这一改革发展的契机，认真总结经验，突出问题导向，进而形成深化普通高中课程改革的新思路和新举措，是当前每个学校必须认真思考和回答的问题。

我校结合自主课程改革以来的经验，以及新高考改革的背景，认为突破点在于选课走班。这个变点的意义在于，给已经固化的高考模式增加了可选择性。自我教育的办学特色与之目标性一致，因为也增加了新高考改革后我校继续实施自主课程实验的可能性。

未来学校课程建设，应该依旧将重点放在国家课程的校本化实施、地方课程的校本化实施以及校本化课程的建设上。需要学校在行政、教研以及教师方面进行整合，为学生可选择性的课程提供师资、内容上的保障，为学生可选择性的课程提供方向和指导。要做到这一点需要我们进行：

第一，整合分类，体现全方位的师资储备力量；课程建设中，师资力量的储备能够保证课程的整合分类良好运行。面对新高考的改革，教师、教研组以及学校行政部门都需要做好准备。第二，多样扩展，培养学生思维拓展能力；课程的样态是多样的。第三，体现自主，满足学生课程需求，学校课程的建设与实施需要共同进行，要满足学生的发展需要。课程建设，最终要服务于因材施教。

　　课程建设是一个长效的过程，需要基于区域指导，学校课程围绕办学目标和核心素养的实现进行规划。然后，动员本校教师，全员参与，争取把学校原有的文化建设和课程实施中的优势进行拓展和优化，并且吸纳社会优势资源，发展学校课程。在未来的课程建设中，我们不需要追求课程的总量，更希望实现课程实施的高质量。